比較法
Comparative Law

滝沢 正［著］

三省堂

はしがき

　筆者がフランス法の研究を始め、さらにはその教育にも携わるようになってから、早くも40年が経過した。このように外国法を対象として仕事をしてきた関係から、その関心はおのずからより広く比較法にも及ぶことになる。それがとりわけ比較法研究に熱心な伝統を有するフランス法であったことも、無関係ではないように思われる。フランス本国には、古くは近代比較法学の確立に決定的役割を果たしたサレイユやランベールがおり、近時においてもダヴィドやアンセルなど著名な比較法学者を輩出している。タンク先生やブラン-ジュヴァン先生とは、比較法の国際会議でいつも親しくさせていただいてきた。他方わが国における杉山直治郎、野田良之両先生は、フランス法研究の先達であるが、同時に日本の比較法学の形成と発展に関して中心的存在であった。すなわち、杉山先生は早くから比較法の重要性を多くの論文で力説され、わが国最初のセンターとして中央大学に本拠を置く日本比較法研究所の設立を推進され、初代の所長に就任された。野田先生は独自の比較法文化論を展開するとともに、東京大学における比較法講座の開設に努力され、初代の担当者となった。しかし、残念なことに両先生とも、法学徒の勉学に便宜な比較法の概説書を著されることはなかった。

　もちろん、英米法やドイツ法など他の外国法、また法哲学や法史学といった他の基礎法分野、さらには実定法の研究者であって比較法に関心を広げられた学者も当然おられる。さらに近時では五十嵐清、大木雅夫両先生のように比較法を専門とする学者により本格的研究が行われるに至り、若干ではあるが比較法の概説書や訳書の刊行もみられるようになった。しかし、比較法は実定法各分野と異なり関係法規を有しておらず、また相対的に新しい法分野であるが故に、何をもって比較法学の対象とするかについていまだ確たる内容が形成されておらず、試行錯誤の段階であるということができる。諸外国の概説書を参照しても、基礎理論のみを扱うもの、法系論を中心に論じるもの、法の継受や統一法に力点を置くもの、さらには比較実定法を対象とするものなど内容的振幅が極めて大きい。本書を執筆した動機のひとつには、これらさまざまな傾向を統合して、わが国の比較法の講義としての内容につき筆者なりの統一的体系を提案することにあった。

　外国法専攻者として比較法についておのずから関心をもっていたものの、本格的には勉強する機会はなかった者が本書を纏めるに至った直接の契機は、実は講義担当という「外圧」による。比較法は専門家が少ない分野であり、もともとの

専門のフランス法ではなく比較法の講義担当を依頼される機会が増えた。まず1991年より東京大学教養学部において、ついで1999年からは上智大学法学部において講義を行うようになった。さらに2004年以降は上智大学法科大学院の発足に伴い、そこにおいても比較法の講義を引き受けている。2009年には東京大学法科大学院においても講義を担当することになっている。かくして近時は、フランス法との講義負担の比重が逆転するに至っている。講義の機会が増えると、講義案や資料の配付ではなくテキストの便利さが感じられるようになる。ところが手頃な概説書となると、わが国では皆無である。本書の他の執筆動機は、講義では十分に扱いきれなかった部分を含めて、比較法を講義される先生方や受講される学生諸君に便宜を図ることにあった。

ところで、2004年より法科大学院が発足し、実践的な法学が幅を利かせている。法学が実務から遊離した空理空論であってはいけないことは確かであるとはいえ、基礎法学的な土台を欠く技術偏重の法学教育というものでは、長い目でみた場合に真にすぐれた法曹を育てることとはなるまい。実定法を専攻する者にとって考え方を深める上で比較法的な広い視野をもつことが有益であるということを実感してもらうべく、本書の構成と記述に工夫を凝らした。もっとも、比較法担当者としてはいまだ「駆け出し」であり、現実にこうした意図をどれだけ具体化することができたかについては、はなはだ心もとなく思っている。大方のご批判を得て、将来よりよいものに改めていきたい。

比較法の書物を曲がりなりにも刊行できたのは、最初に東京大学でご指導たまわった故野田良之先生、その後上智大学で長く同僚としてご教示いただいた大木雅夫先生のほか、現在理事長を務めている比較法学会を中心として教えを受けている多くの先学・同輩の学恩による。お名前をいちいち挙げさせていただくことはしないが、感謝申し上げたい。

著者が『フランス法』を刊行した直後より、上智大学において法学部長・図書館長・法科大学院長といった学内の業務に忙殺される日々が10年ほど続き、『比較法』の執筆は断念しつつあった。本書が遅ればせながら出版できたのは、ひとえに三省堂編集部の鈴木良明氏の忍耐づよい励ましによる。お礼の一言を述べさせていただきたい。

2009年1月

滝沢　正

目　次

はしがき

序　論 ―――――――――――――――――――――――― 1
第1節　比較法の講義 ――――――――――――――――― 1
　　1　講義の名称　1　　2　講義の開講状況　3
第2節　本書の叙述の基本方針 ―――――――――――― 6
　　1　対　象　6　　2　構　成　8　　3　照　準　10
第3節　参考文献 ――――――――――――――――――― 11
　　1　指示に関する原則　11　　2　基本和書　12　　3　基本洋書　13

第1編　比較法の基礎理論

第1章　比較法の観念 ――――――――――――――― 16
第1節　比較法の概念規定 ――――――――――――― 16
　　1　定　義　16　　2　学問的性格　18
第2節　比較法と隣接諸学 ――――――――――――― 19
　　1　基礎法学との関係　19　　2　実定法学との関係　22

第2章　比較法の効用 ――――――――――――――― 23
第1節　実務的効用 ―――――――――――――――― 24
　　1　渉外的な法の適用　24　　2　国内法の改善　25
　　3　共通法の定立　26
第2節　学問的効用 ―――――――――――――――― 27
　　1　外国研究の深化　27　　2　法の一般理論への寄与　28
　　3　比較法的な視野の拡大　29

第3章　比較法の方法 ――――――――――――――― 30
第1節　対象の選定 ―――――――――――――――― 31
　　1　対象国　31　　2　対象事項　33
第2節　比較の実施 ―――――――――――――――― 35
　　1　外国法の認識　35　　2　比較の実践　37

第4章　比較法の歴史 ――――――――――――――― 39
第1節　西欧における歴史 ――――――――――――― 40

1　前　史　40　　2　確　立　43
　　第2節　わが国における歴史 ──────────────────── 45
　　　1　前　史　46　　2　確　立　49

第2編　世界の諸法体系の現状（法系論）

第1章　法系論序説 ──────────────────────── 56
　第1節　法系論をめぐる議論 ───────────────────── 57
　　　1　積極的立場　57　　2　消極的立場　58
　第2節　各種の法系論 ────────────────────────── 60
　　　1　第二次世界大戦前　60　　2　第二次世界大戦後　62
　　　3　わが国の法系論　65
　第3節　法族分類の要素 ───────────────────────── 66
　　　1　様々な要素　66　　2　本書の立場　68

第2章　法規範に対する認識による分類 ───────────── 70
　第1節　法観念 ────────────────────────────── 70
　　　1　社会統制規範の分化　70　　2　法の社会統制機能　72
　第2節　法技術 ────────────────────────────── 79
　　　1　理　念　80　　2　運　用　82
　第3節　法　源 ────────────────────────────── 86
　　　1　形　態　86　　2　種類と効力　90　　3　規範としての性格　93

第3章　法制度を支える仕組みによる分類 ───────────── 96
　第1節　裁判所 ────────────────────────────── 96
　　　1　組　織　96　　2　法　廷　101　　3　訴訟手続　105
　第2節　法律家 ───────────────────────────── 109
　　　1　養　成　109　　2　種　類　111　　3　法秩序の造形者　113

第4章　比較法的にみた日本法 ───────────────── 116
　第1節　固有法の時代（上代） ─────────────────── 117
　　　1　先史時代　118　　2　原史時代　118
　第2節　中国法継受の時代（中代） ──────────────── 122
　　　1　律令法の導入（上世）　122　　2　融合法への移行（中世）　126
　　　3　武家法の支配（近世）　129　　4　中国法継受の特徴　134
　第3節　西欧法継受の時代（近代） ──────────────── 136
　　　1　フランス法の優位　137　　2　ドイツ法への転換　145

3　アメリカ法の浸透　*153*　　4　西欧法継受の特徴　*156*
　第4節　総　括 ··· *162*
         1　特　質　*162*　　2　法系論における位置づけ　*165*

第3編　世界の諸法体系の変動

第1章　法の継受 ··· *170*
　第1節　法の継受をめぐる問題状況 ·· *170*
         1　意　義　*170*　　2　歴　史　*171*
　第2節　継受の形態 ··· *172*
         1　輸出国の対応　*172*　　2　受入国の対応　*175*
第2章　法の統一 ··· *178*
　第1節　法の統一をめぐる問題状況 ·· *179*
         1　意　義　*179*　　2　歴　史　*180*
　第2節　統一の形態 ··· *181*
         1　対象区域と対象事項　*181*　　2　統一手法　*184*
第3章　法変動の潮流 ··· *186*
　第1節　イデオロギーの衰退 ·· *187*
         1　宗教からの自立　*187*　　2　団体思想からの自立　*189*
　第2節　法技術の接近 ··· *190*
         1　ローマ法の伝播　*190*　　2　国際化の進展　*193*

補　論　　比較法研究の手引き ··· *195*
         1　日本語による比較法の文献　*195*　　2　日本語による外国法の文
         献　*198*　　3　日本語による比較法・外国法に関する雑誌　*200*
         4　欧文の文献　*201*

　　本書の章別主要参考文献　*203*
　　事項索引　*208*
　　人名索引　*211*

装丁＝志岐デザイン事務所（下野　剛）
組版＝木精舎

凡　例

1、本文中での人名の表示の場合
    ・日本人名の場合、
        日本人名（生年－没年）
        日本人名（生年－没年〔就任年－辞任年〕）
    ・外国人名の場合、
        外国人名（原語、生年－没年）
        外国人名（原語、生年－没年〔就任年または来日年－辞任年または離日年〕）

2、本文中での外国語原綴の表示の場合
    ・日本語（英語、フランス語、ドイツ語、イタリア語、スペイン語の順序により、必要に応じて1から5か国語を表示、ほかにラテン語表示もある）

序　論

第1節　比較法の講義

　比較法は、科目自体が実定法科目のように十分認知されているわけではない。そこで、講義の名称と開講状況についてまず説明する。

1　講義の名称

(1)　「国際比較法」と「比較法文化」　　比較法の講義は、単に「比較法」と呼ばれる場合のほか、「国際比較法」とか「比較法文化」という名称が用いられることがある。著者が東京大学教養学部において担当してきた科目名がまさにこの両者であった。しかし、いずれの用語法も必ずしもより妥当なものであるとは認めがたい。一方で「国際比較法」については、比較法は複数の法体系に属する法を対象として比較し、相互の異同を明らかにすることにあるが、今日ではそこでいう法体系とは基本的に国家を前提にして成立している。したがって、比較法は当然に国際的要素を含むものである。比較言語学や比較文学に国際を付加する必要がないこと以上に、屋上屋を重ねる表現といえよう。教養学部国際関係論専攻の提供科目という特殊な理由が大きいと推測している。外国でもこうした命名は例をみない。

　他方で教養学部相関社会科学専攻の提供科目である「比較法文化（comparative legal cultures, culture juridique comparée）」については、法の比較をなすにあたっては、単に法規の条文だけを表面的に対照させることでは不十分であって、そのような法が成立するに至った歴史的、文化的背景にまで立ち入って考察することが不可欠であることをこの表現は示唆する。外国でもこうした表現を用いることが近時頻繁に見受けられる。しかし、単に比較法といった場合でも当然にこうした考察方法を射程に入れているわけであり、法文化論的側面を重視する立場を表明する名称として理解できるものの、講義名としてはいささか冗長である。また実定法の存在とその相互の比較という比較法の基本をおろそかにして、安易に文化論一般に流れてしまうおそれもないわけではない。

(2)　「比較法」という名称自体の問題点　　これとは別に、比較法という名称には、あたかも比較法という法が存在しているように誤解を与えやすい

という批判がある。憲法、民法、刑法などと表現する場合には、同名の実定法が存在しており、わが国のように制定法主義を採用する国では通常同名の法典が整備されている。これに対して、比較法という実定法は存在しないのであって、異なる法体系に属する実定法の全部または一部を対象として比較を行う学問を示す。実定法の解釈論を直接の研究対象とする実定法学に対して、これに属しない法分野は基礎法学と呼ばれるが、比較法は明らかに後者に含まれる。ところで基礎法学では、法哲学、法社会学、法史学さらには法人類学といったように、既存の学問分野に「法」という文字を冒頭につけて対象を限定する名称が一般的である。これに倣うとすれば法比較学ということになろうが、比較法に関しては不適切である。前提となる比較学という学問が存在しないからである。外国においてもこの学問の名称は、ドイツ語でのRechtsvergleichungを除けば、英語でもcomparative law、フランス語でもdroit comparé、イタリア語でもdiritto comparato、スペイン語でもderecho comparadoであって、すべて日本語でいう比較法に相当する名称が広く用いられており、わが国でもこの呼称が慣用となっている。そこで本書でも、比較法という呼び方で統一している。

　名称についてさらに敷衍するならば、法哲学、法社会学、法史学などには、その基礎になる哲学、社会学、史学といった学問があり、これを法学の分野に特化して研究するものであるのに対して、比較法については、法比較学としようにも比較学という土台となる学問が存在しないと述べた。そうしたことから、のちに詳述するように、比較法は独立した学問分野ではなく、実定法を比較する際の方法論にすぎないのではないか、とする見解も有力に主張された。しかし、比較により個別実定法への寄与を超える法学の成果も多く導かれるのであって、法学という広い学問分野の一部をなすことは疑いない。その意味では、「比較法学（comparative jurisprudence, vergleichende Rechtslehre）」という表現が、比較言語学や比較文学に倣って考えられ、その性格を示すもっともふさわしい表現であろうと思われる。したがって、慣わしとなっている「比較法」という表現を本書で一貫して用いているけれども、その場合でもこうした意味で理解していただきたい。

　やや長々と比較法という名称について述べてきた。その意図するところは、これが単に呼び方をどうするかという問題を超えて、比較法がいかなる学問

的性格を有するかに関する認識を反映しており、この議論を通じてそうした問題の一端をまず理解していただきたいと考えたからである。

2　講義の開講状況

　国際的な関係が目覚しく発展した今日では、我々は自国法の枠内にのみとどまって生活することはできず、様々な面で外国法と関わりをもつに至っている。法学部でも国内法のほか、国際関係法と総称される科目が多く開講されるようになっている。国際法や国際私法のほか諸外国法さらにはそれらを総体的に扱う比較法の知識も同様に益々重要性を増している。しかし、わが国における比較法の講義は、それほど古くから行われていたわけではなく、また今日でもそれほど多くの大学で開講されているわけでもない。

　(1) 歴史的背景　　わが国で比較法の講義が比較的近時まで設けられることがなかった点については、日本における法の近代化に関する特殊な事情を指摘することができる。すなわち、わが国は明治維新以降に欧米列強に倣って法治国家体制を整えることに努め、そのため外国法を積極的に導入することにより法典編纂を成し遂げていった。これに伴って、イギリス法、フランス法、ドイツ法などを立法モデルさらには解釈モデルとして研究する必要が生じ、これらを対象とする外国法の講義が大学法学部において次々と開設された。もっとも、当初は日本人で外国法を本格的に講義できるものはいなかったため、お雇い外国人教師が担当することが多く、日本人学者が本格的に担当するのは大正期以降である。いずれにせよ、わが国における外国法の講義は実用目的が強く、近代的な法学教育の成立と軌を一にし、長い伝統を有する。

　これに対して比較法は、わが国では実用目的から遠く、諸外国法の総合的研究という学問的性格を強くもつものとして考えられてきた。外国法の実用的利用が念頭に置かれていた時代には、比較法の講座はいわばあまり役に立たないものであり、各大学で開設されるという客観的状況にはほど遠いものがあった。わずかに若干の先駆的学者が関心を示したにとどまる。たとえば、明治期には穂積陳重教授による法系論に関する卓越した研究があり、昭和の戦前期においては杉山直治郎教授が当時におけるフランスの比較法の発展に触発されて多くの論説を著した。

　ヨーロッパでは事情はわが国とまったく逆であった。各国では自国法が自

律的に展開してきたため外国法を実用的に参照する必要性は低く、大学において外国法の講義はほとんどなされない。せいぜい諸外国法をまとめて、その特徴を概観する比較法を開講すれば足りた。他方で比較法には、立法共通法を探るという直接の実用目的が強く意識された。ヨーロッパでは近代的国家法が成立する以前には、共通法（ユース・コムーネ、jus commune）の基盤が存在したからである。こうしたことが、まったく異なる法族を認識するという学問的性格が強い外国法講座よりも、実用目的にも使える比較法講座の発展を促した。

(2) **現　状**　第二次世界大戦後に至ってわが国でもようやく比較法の講義が開設されるようになるものの、現在でも法学部・法学科を有する全国およそ100大学のうち比較法を講じている大学は、30校程度にとどまる（資料としてやや古いが、日本学術会議比較法学研究連絡委員会「比較法および外国法科目の開講又は設置状況」法律時報66巻8号、1993年）。法科大学院を加えると、現在50講座程度であろうか。講義開設を困難にしている事情として、外国法に加えて比較法を講義する意義が依然として十分には浸透していないことがある。さらには教えるべき実定法科目が増大しているため、これに加えて基礎法学の科目をふやす余裕がないことがあろう。しかし同時に、比較法を本格的に講ずることができる専門家が極端に少ないことも関係していよう。比較法研究を行うためには複数の外国法に関する知識が必要であり、さらにその前提として複数の外国語に通暁していることが不可欠となる。西欧諸国の学者でもこの要件を満たすのは並大抵でないところ、日本ではそもそも語学的ハンディが顕著である。さらに、各国の法文化的背景にまで踏み込んだ比較考察を行うことによって、一層実り多い成果が期待できるのであって、実定法に限られない幅広い知識も望まれる。1つの外国法を十分に習得することですら困難であるからして、比較法は要するに講義することが他の科目以上に困難な科目なのである。

そのため、比較法という講義名でわが国で開講している30ほどの大学のうちには、必ずしもその名に十分には値しない講義が相当数含まれている事態が見受けられる。ひとつには、比較法の名の下に特定の外国法とりわけ英米法の講義が行われる事例である。そこには意識的または無意識的な比較法と外国法の概念上の混同がみられる。またひとつには、実定法専攻者が専門

とする法分野につき比較実定法を講じる事例である。民法学者でドイツに留学経験をもつ者が、日本民法と対比させながらドイツ民法を講ずるといったたぐいである。こうした比較実定法は確かに広義では各論の一部として比較法に含まれよう。しかし、比較法総論の部分を完全に捨象した講義には、明らかに限界がある。これらを除くならば、比較法の本格的な講義が行われている大学はさらに半数以下になる。

　具体的な状況を若干付言しておこう。外国法とは区別された比較法の学問的自立性が広く認識された戦後も、比較法の講義はしばらく経過してからはじめて開設されている。まず比較法を専攻する若手の研究者が輩出し、これらの者のポスト確保のために科目を新設するかたちで講義が開始されている。大木雅夫先生が1959年より立教大学において、民法を講義されていた五十嵐清先生が1962年より北海道大学においてこうした経緯で担当を始めている。東京大学において比較法の講座が開設されたのはやや遅れて1969年であって、事情が異なる。初代担当者には杉山直治郎教授のフランス法の後継者であり比較法文化論を提唱される野田良之先生が、定年間近にフランス法講座から移籍して就任された。

　このように1970年代には一見したところ隆盛を迎えた比較法であるが、その後急速に危機的状況に陥っている。何よりも比較法の専門家がその後ほとんど育っていないからである。象徴的なのが東京大学の講座であって、開設4年にして野田先生が定年退官されると、その後30年間以上にわたり比較法原論担当の専任教員がおらず、大木先生以下すべて非常勤講師に頼る状況が続いている。野田先生が移られた学習院大学では1974年に比較法文化論講座が開設されているが、先生の退職後は後継の専任教員はいない。北海道大学の五十嵐先生も定年退官され、あとを継がれた木下毅教授も中央大学に移られ中途退官された。3人の中ではもっとも若くその後1970年に上智大学に移られ長らく比較法の講座担当となられていた大木先生も上智大学を1998年に退職され、私があとを継いで講義している。法学部以外としては、1990年に教養学部に比較法の講座を開設した東京大学はユニークであるが、私を含めてすべて非常勤講師でまかなってきた。より若手の方で比較法を講じておられる現役の先生方はもちろん複数あげることはできるけれども、本業は外国法であったり実定法であったりする方も多く、正直なところこれら

三先生に匹敵する本格的な比較法の業績は公表しておられない。加えて、法科大学院の開設に伴う実定法重視の傾向は、基礎法学全体の将来に暗い影を投げかけており、とりわけ比較法の後継者難は深刻である。

第2節　本書の叙述の基本方針

本書において扱う対象、全体の構成および読者としての照準は以下のとおりである。

1　対　象

(1) 対象の広い設定　　実定法については、制定法主義を採用する場合にはこれを規律する法規がとりわけ法典のかたちで存在するので、対象が明確である。これに対して、比較法は他の基礎法分野と比べてもその成立が遅いこともあって、対象領域が明確に定まっていない。単に外国法を講じる者は除いても、ある者は基礎理論を扱い、ある者は法系論や統一法を扱い、またある者は特定の実定法の比較を行い、それぞれが比較法の講義を自称している。そこで本書では、これまで比較法の対象とされてきた様々な事項をできる限り網羅的に組み入れた。外国法に視野を拡大した柔軟な法思考を法学徒に対して涵養するためには、幅広い関心に対応できるように注意を払い、比較法の多様な切り口を提示することが有益であると考えたからである。比較法に関わるすべての事項をバランスのとれた配置の中で、体系的に整理してしかるべき位置づけを与えることに配慮した。

具体的にはどのような事項が対象として考えられようか。まず比較法の基礎理論とされる領域がある。比較法の観念、効用、方法、歴史といったものである。ついで比較法の中核をなすものは、世界の諸法体系を具体的に比較考察する部分である。この点に関しては、著者により扱い方がきわめて多様である。各人がそれぞれの立場から比較法を構築しようとする試みとして積極的に捉えるべきと考え、包括的に取り上げることとした。法系論が中心となるが、日本法の位置づけ、法の継受、法の統一、比較法史などを重視する立場もあり、これらを相互に関連づけて配置することにした。すなわち、比較法原論に含まれる事項を総合的に対象としている。

(2) 比較実定法の除外　　比較法として多様な事項を盛り込むにしても、比較法の射程を各実定法の具体的比較にまで及ぼす比較実定法については、

本書の対象外とした。比較法担当者は特定の専門とする法分野に関してはこれを各講義において行うことができるとしても、あらゆる分野にわたって概説書で記述することは個人の能力を超える仕事となる。さらにそうした限界は共同執筆で対応できるとしても、具体的事例に即して扱うならばその領域は際限なく拡大する。たとえば、比較民法、比較商法、比較民事訴訟法、比較刑法、比較刑事訴訟法、比較憲法、比較行政法、比較労働法といったぐいの内容であり、これでも税法とか経済法とか知的財産権法とか環境法とか洩れた分野からはクレームが付こう。さらには比較民法ひとつを取り上げても、家族法でも財産法でも対象としうる。家族法で婚姻法を扱う、婚姻法で成立要件を扱う、成立要件で近親婚の範囲を扱うといったように、広狭なんでも可能である。財産法で契約法に限定するとしても、あるいは売買、賃貸借、請負、寄託といった契約類型ごと、あるいは契約締結、契約履行、契約不履行といった場面ごと、あるいは土地賃貸借、家屋賃貸借、工作機械賃貸借といった用途ごと、といったように多様な比較検討が可能である。

　本書では紙幅の関係から比較実定法は一切扱わず、したがって、いわゆる比較法原論のみを対象としている。実定法で頻繁に用いられている表現に従うならば、比較法原論が総論であるとすれば、比較実定法は各論に相当し、本書は比較法各論には及ばないということである。これら無数に存在する事項の比較実定法を実行するにあたっては、比較法原論で得られた知識や技術を駆使することが、成果をあげるために不可欠である。しかし同時に、比較法原論の内容は、具体的な比較実定法を通じて確実な知識として肉付けされ、理解が深まるはずである。したがって実際の講義においては、理解を深めるためにこうした実定法のいずれかを実例として取り上げて実際の比較を試みることは有益であり、著者が担当している講義でも、毎年テーマを変えて講義の最後の部分で時間を割いて比較実定法を実践している。講義担当の方には、是非実行して頂きたいものである。

　なお比較実定法に関しては、諸外国では独立した講義科目として比較民法、比較行政法などが開講されることがみられるが、わが国では比較憲法以外はほとんどみられない。もっとも、各実定法の講義において継受母法を中心として外国法に言及がなされることがある。またわが国の実定法学者が、研究書においてあるいは論文において個別に比較実定法を実践している例はきわ

めて多く、学会や共同研究会でもしばしばこうした切り口から研究報告が行われている。代表的な文献については巻末に補論「比較法研究の手引き」として掲げておいたので、関心のある方はそこまで立ち入った勉強をされることを期待したい。

2 構　成

(1) 全体的構成　　まず第1編において比較法原論のうち、その基礎理論にあたる内容について扱う。第2編と第3編では、基礎理論以外の各国の法体系の比較を具体的に扱う。比較法の中心課題とされる法系論のほか、日本法論、比較法史、法の統一、法の継受等をすべて正面から対象とする。

　第1編である基礎理論を論じる事項については、どの程度細部に立ち入って説明するかは論者によって異なるとはいえ、ほぼ共通する内容が扱われてきた。すなわち、比較法の観念、比較法の効用、比較法の方法、比較法の歴史といった序説的問題である。この部分に重点を置く立場も見受けられるが、抽象的議論が中心であって、これのみでは比較法に対する興味を殺いでしまうおそれが強いし、具体的成果も乏しい。本書では、努めて簡略にしかしわかりやすく扱うことに留意した。

　これに対して、法体系の全体の具体的比較に関わる事項については、何に重点を置いて扱うかは、論者によってきわめて多様であった。比較の基礎をなす諸法体系間の異同の認識のうち、相違点と共通点のいずれに重点を置くかにより、大きく2つの立場が区別される。法体系の多様性の認識を強調するならば、学問的には法系論が中核をなすことになる。ダヴィド（René David）やツヴァイゲルト（Konrad Zweigert）といった近時の有力な比較法学者がこの立場をとる。大陸法と英米法、資本主義法と社会主義法、西欧法と極東法といった切り口の比較研究も、これに含まれる。

　法体系の共通性の認識を強調するならば、学問的には法体系相互の影響関係に注目し法の継受や統一法さらには普遍的な潮流を探る比較法史が中核をなすことになる。統一法では、実践的に立法共通法の形成を目指す考え方もある。ヨーロッパ大陸諸国においては共通法の土台があり、実定法志向でこれを比較法の中心課題とする比較法学者も多い。そもそも近代的な比較法学成立の直接的契機となったのが、国民国家の成立に伴い分断された法を、ヨーロッパ域内で立法的に統一する可能性を探ることであった。

本書では、必ずしも一般的な区分として認知されているわけではないが、アゴスチーニ (Eric Agostini) 教授が試みたところに従い、「世界の諸法体系の現状」(第2編) と「世界の諸法体系の変動」(第3編) というまとめ方をした（参照、滝沢正「紹介：Eric Agostini, Droit comparé」比較法研究52号、1990年）。前者においては諸法体系の異同がいわば静的に捉えられ、いわゆる法系論に関わるもろもろの論点が網羅される。後者においては諸法体系の異同が生じるに至ったゆえんをいわば動的に解明しようとするものであって、法の継受や法の統一さらには比較法史に関わる論点を一括している。このことにより、比較法という土俵の上で議論されている様々な事項を、その性質に応じて適切に位置づけつつ万遍なく紹介することに努め、偏りのない知識の涵養を目指した。

　(2) 法系論の構成　　第2編で扱われる法系論は、伝統的に比較法の中心的テーマであり、本書でももちろんこれがひとつの重要な対象事項となる。その際とりわけ次の2点に留意し、構成も工夫して執筆した。第1に、法系論を扱うにあたって各法族別にその特徴を順次概説するという通常の方法を採らなかった。すなわち、ある法族の形成史、以後は法観念、法源、裁判所、法律家を論じるといった構成ではない。それが外国法の羅列になりかねず、相互の特徴を対比する上で不十分と考えたためである。外国法の講義が充実していない西欧諸国では諸外国法の概観を得るためにこの方式でもよいかもしれないが、わが国では外国法科目と重複し適切でない。むしろ法族分類の要素と考えられる事項に即して各法族を横断的に比較することにより、様々な論点をよりよく理解しうると思われる。具体的には、法観念、法技術、法源、裁判所、法律家といった角度から比較検討を加えた。そのため各法族の歴史的、法文化的背景や全体的特徴については、部分的には随所で指摘しているものの必ずしも体系的に説明していない。読者におかれては各自が外国法の概説書で補完することが前提となる。

　第2に、法系論における世界の様々な国の法体系相互の関連づけに加えて、日本法のその中における客観的位置づけを理解できるように工夫した。日本法の特徴は外国法との比較を通じてよりよく把握できると思われるからである。具体的には、第2編にとくに章を設けて外国法との関係でみた日本法の形成過程につき、かなり詳細に説明した。同時に法族分類の各要素に即して比較する際にも、日本法との連関を常に念頭に置いて言及することに努めた。

このことにより、実定法を中心に勉強する者が、比較法的に視野を拡大しようと考える際に知的刺激に富んだ内容となることを目指した。比較法を学んだ成果としては、諸外国法の位置づけを知ることと同時に、諸外国法との対比で日本法の特質を知ることが期待されるからである。

　(3) 本書の構成　　以上の方針を踏まえた本書の構成は、次のとおりである。

　第1編　比較法の基礎理論
　　　第1章　比較法の観念
　　　第2章　比較法の効用
　　　第3章　比較法の方法
　　　第4章　比較法の歴史
　第2編　世界の諸法体系の現状（法系論）
　　　第1章　法系論序説
　　　第2章　法規範に対する認識による分類
　　　第3章　法制度を支える仕組みによる分類
　　　第4章　比較法的にみた日本法
　第3編　世界の諸法体系の変動
　　　第1章　法の継受
　　　第2章　法の統一
　　　第3章　法変動の潮流

3　照　準

　本書は、法学部および法科大学院における比較法の受講生に照準を合わせたものであって、テキストとして利用が可能な概説を目指している。したがって、比較法の基本事項をもれなく理解していただくことを念頭に置いている。各論点については、著者自身が調べたことや伝えたい内容は際限なくあるわけであるし、その中には議論が激しくたたかわされてきた事項も含まれる。研究書や研究論文であればこれを詳論することもよいであろうが、テキストであれば過度に立ち入ることは著者の自己満足が中心であり、読者には迷惑な場合が多い。これまでの書物には、とりわけ比較法・外国法のような範囲が明確でない法分野では、著者が「知っていること」を書く傾向が強くみられた。本書では、意識して読者に「伝えるべきこと」を書くことを主眼

とした。そのため、かなり重要と思われる事項であっても難解な論点は省いたところがあり、逆に基本的と思われる事項については、繰り返し説明している個所も二、三にとどまらない。

　叙述の仕方としては、易しいことを難しく書くことは愚行であって論外であるが、難しいことでも十分勉強すれば難しく書くことは可能であろう。私としては、難しいことでも平易にすなわち初心者にもわかりやすく書くことに努めたつもりである。ただし、論じ足りない事項は多い。講義担当者におかれては、講義に際して重要とお考えになるテーマについては、細部の論点に立ち入った説明を補充されることをお願いしたい。他方、読者におかれては、関心をもったテーマがあれば、次の参考文献の項で示唆するところを手掛りとして自ら考察を深めていくことが望まれる。

第3節　参考文献

　参考文献については、本書においてどのように指摘する原則を採用しているかを示したのち、ここではテキストとして利用可能な基本的文献についてのみ、和書と洋書に分けて紹介する。

1　指示に関する原則

(1) 関連文献の指示　本書で叙述している各部分に関連する文献は、直接に引用したり言及しているものおよび著者自身が内容を敷衍しているものに限り本文中に括弧内で紹介している。これを除いては該当個所に注を付して参考文献を個別に指摘することは一切せず、本書の巻末に「章別主要参考文献」一覧を設けて、まとめて掲げる方針をとった。学界における共通の理解を平易に解説することを旨とし、研究書との相違を意識しつつ、概説書としての読みやすさに配慮した結果である。私自身あえて参考文献を参照しながら本書を執筆することは避けたことも関連している。各論点につき立ち入った考察をする際に利用されたい。

(2) 一般的文献の指摘　比較法に関する一般的な参考文献については、この欄では比較法の概観を得るためにテキストとして利用が可能な基本的文献に限って掲げている。より立ち入った比較法の勉強を目指す者のためには、本書の巻末に補論として「比較法研究の手引き」欄を設けて、比較法のみならず外国法に関する代表的文献を含めて著書を中心として多数紹介し、必要

に応じて解説を加えた。比較法全体について一層の理解を深めるために参照されたい。

2 基本和書

①ガッタリッジ／水田義雄監訳『比較法』(1964年、早稲田大学比較法研究所)

②五十嵐清『比較法入門』(1968年、日本評論社)

③高木武『比較法から比較憲法へ』(1973年、鳳舎)

④ツヴァイゲルト＝ケッツ／大木雅夫訳『比較法概論・原論上下』(1974年、東京大学出版会)

⑤ホール／宮本安美訳『比較法と社会理論』(1975年、慶応通信)

⑥大木雅夫『比較法講義』(1992年、東京大学出版会)

①、④、⑤はそれぞれイギリス、ドイツ、アメリカの代表的比較法学者の手になる概説書の翻訳である。④は、訳出されたのは前半の原論の部分だけであり、各論には及んでいないにもかかわらず、上下2冊からなる大部の訳書である（同訳書の書評として、野田良之・比較法研究37号（1975年）がある）。入門という原題を概論と訳出された理由と推測している。したがって、「**3 基本洋書**」で掲げた文献としては、⑥にあるフランスを代表するダヴィドの著書の邦訳のみがないことになり、残念である。もっとも、これらの訳書にしてもいずれも絶版であるため、図書館で参照するしかない。

②は比較法原論に関して書かれた諸論文を骨格としてまとめ、入門書の体型に整えた要説である。わが国で最初の概説書として貴重であるが、執筆から時期が大きく経過しており既に絶版である。五十嵐教授はドイツ法が専門であるが、広く文献を参照しかつ内容はいたって穏健中正であり、比較法が何であるかを知るために好都合である。ただし、成立の経緯からしてやや体系性に欠ける点が残念である。

③は前半部分で比較法の基礎理論を扱い、後半部分で比較実定法の一分野である比較憲法（の基礎理論）を扱うという構成である。著者の高木教授は杉山門下であり、フランスを中心としてもっぱら基礎理論に詳細であるが、既に絶版である。

⑥は大木教授の講義内容をほぼそのまま盛り込んだ本格的概説書であり、西欧法のほかロシア、ソヴィエト連邦の法にも詳しい。唯一現在でも入手可

第3節　参考文献

能な書物であるが、この概説書にしてもその後改訂されておらず、たとえば社会主義法については、旧ソヴィエト時代の記述となっているように、近時の動向は別途補う必要がある。この概説書には著者の独創的見解が随所に散りばめられており、その語り口が読んでいて講義の様子を彷彿とさせる。そのため、比較法に関する一定の知識をもった者には、知的刺激に富んでいる。しかし、初心者が独習するにはやや個性が強い内容であり、また記述も相当詳細でかつ高度な内容に及んでいるので、いきなりこの概説書のみで勉強するにはよほどの覚悟が必要である。

総じて、最新かつ手頃なテキストが和書としてまったく刊行されておらず、初学者にとってははなはだ不便である。

3　基本洋書

ⓐ Harold Gutteridge, Comparative Law, 2 ed., 1949

ⓑ René David et Camille Jauffret-Spinosi, Les grands systèmes de droit contemporains, 11 éd., 2002

ⓒ Konrad Zweigert und Hein Kötz, Einführung in die Rechtsvergleichung auf dem Gebiete des Privatrechts, Bd. 1 Grundlagen, 3 ed., 1995 ; Bd. 2 Institutionen, 3 ed., 1995

比較法に関する洋書は数多い（巻末補論の「比較法研究の手引き」を参照）が、ここでは世界的に定評のあり、外書講読のようなかたちで利用可能なイギリス、フランス、ドイツの古典的文献を3点のみをあげた。既に言及したように、ⓐの翻訳が和書①に掲げた訳書であり、ⓒの原論部分の翻訳が和書④に掲げた訳書である。いずれについても名著であるため、とりわけ邦訳のないⓑを含めて他言語への翻訳が以下のように多数あるので、原著の言語よりも他の言語のほうがより得意な者はそれを参照するのもよい。なお、ⓑについては、下記のほかにもスペイン語、ポルトガル語、ロシア語、フィンランド語、ハンガリー語、イラン語、中国語訳がある由である。

ⓐにつき、Gutteridge, Le droit comparé, 1953

ⓑにつき、David and Brieeley, Major Legal Systems in the World Today, 3 ed., 1985

　　David und Grasmann, Einführung in die grossen Rechtssysteme der Gegenwart, 1966

　　David, I grandi sistemi giuridici contemporanei, 1967

ⓒにつき、Zweigert and Kötz, translated by Weir, An Introduction to Comparative Law, Ⅰ The Framework, 1987 ; Ⅱ The institutions of private law, 1987

第1編
比較法の基礎理論

比較法の基礎理論に関する論点として、比較法の観念、比較法の効用、比較法の方法、比較法の歴史に分けて考察する。

第1章　比較法の観念

比較法の観念については、比較法そのものの概念規定を行うことにより、また比較法と関連を有する隣接諸科学との関係を検討することにより、明確にすることができよう。

第1節　比較法の概念規定

比較法の概念を明らかにするために、まず定義を試み、ついでその学問的性格について考察する。

1　定　義

比較法は「2つ以上の異なる法体系に属する法の全部または一部を相互に比較して、その間の異同を明らかにすることを目的とする学問」である、と定義することができる。一見したところでは何ら問題がないと思われる定義であるが、厳密に考えていくと必ずしも自明とはいえない点もある。以下では代表的な議論について指摘しておく。

(1) **法体系の意義**　まず、「2つ以上の異なる法体系」という場合に、その法体系をどのように捉えるべきであろうか。有名な法格言に「社会あるところ法あり（Ubi societas ibi jus）」とあるように、法体系を有する社会組織の範囲は様々に考えられる。定款や就業規則を有して一定の目的追求のために集合する会社のような団体相互でも、規約に基づいて自治を行う集団たとえば町内会とか学会とかマンション管理組合の相互でも比較法は成り立つといえる。ましてや条例や規則を有する地方自治体相互での比較法はりっぱに成立する。しかし、今日もっとも確固とした法体系を有する社会は国家であるから、比較法といえば通常は国家法相互の比較を指すことになる。本書でも、もっぱらこの意味で比較法を観念している。

ただし、国家法を前提とする場合であっても、そこでいう国家法とは何かという問題が残されている。わが国のように単一国家であればともかく、連邦国家であれば連邦と州のいずれの法を中心とするのかを考える余地がある。

たとえば我々はよくアメリカ法といっているが、アメリカ合衆国では50の州が基本的にはそれぞれ独自の立法権を有している。アメリカ法は実は連邦法とあわせて51の諸法によって成り立っているわけである。同様にイギリス法と一言でいっているが、連合王国はイングランド、スコットランド、ウェールズ、北アイルランドから成り立っているから、それがイングランド法の意味であるのか連合王国法の意味であるのかで、内容が大きく異なってくる。イングランドではコモンロー（英米法）が支配しているのに対して、スコットランドではシヴィルロー（大陸法）が支配しているからである。さらには、欧州共同体（EC）のように超国家機関が出現し国家法の上に独自の法秩序を有するようになれば、状況は一層複雑さを増すことになる。

　国家法を対象とすることに疑問がない場合であっても、特定の国家法相互でのみ比較できるのか、また比較する意義が認められるのかという問題がある。比較の対象国法は文明国の法に限定されるのか未開国の法も含めるのか、資本主義国家の法と社会主義国家の法のような根本的に異なる社会経済体制をとる国の法相互の比較は可能なのかといった議論であり、のちに比較可能性をめぐる問題として述べることになる。

　(2) 法の意義　次に「法の全部または一部」という場合の法が、比較の対象とされる諸国で同一の存在形態をとっているとは限らない。制定法で規律している国もあれば、判例法の国もあろうし、さらには慣習法の国もあろう。自国の状況を前提として他国の法をその枠内でのみ捉えて比較するのでは、不十分となろう。法源のあり方さらにはその機能の相違を踏まえるべきことになる。

　一層問題であるのは、ある国では当然に法による規律の対象となっている事項が、他の国では法以外の規範、たとえば道徳とか宗教とか習俗による規律に委ねられている事態がみられることである。こうした場合に、法の範囲を共通に法と観念されている事項にあらかじめ限定することが考えられるが、あまりに対象が狭くなり実質的成果が得られないという弊害がある。しかし、そうであるからといって法規範以外に対象を過度に拡大して指定すると、漠然として比較に困難をきたすことになる。機能的比較、法文化的比較の必要性とそれが含む問題点であり、比較法の方法に関連して後述する。

2　学問的性格

　比較法の定義に関連して指摘しなければならない点は、比較法の学問的性格である。比較法は単なる比較方法であるか独立した学問であるかという問題であって、この論争はかつて盛んに行われたことがある。

　(1) 比較方法説　　比較法が単なる方法にすぎないことを最初に主張したのは、1900年にパリで開催された第1回比較法国際会議におけるポロック (Frederick Pollock) であるから、近代比較法の成立と同様に古いといえよう。同旨の主張はその後も多いが、もっとも明確なかたちで述べているのはガッタリッジ (Harold Gutteridge) である。彼によれば、比較法は実定法を対象とするのであるから、比較対象となる実定法研究の一部となる。したがって、固有の学問的対象は存在せず、独立した法分野とは認められない。たとえば、ある国の民法と他の国の民法を比較研究する作業は、比較法ではなく民法研究として捉えられるのであり、民法研究に比較方法を用いていると考える。比較法とは、実定法研究の1つの方法に便宜的につけられた名称にすぎないわけであり、「比較法は実定法の侍女 (ancillary, ancillaire) である」といわれたりする。序論の講義の名称で言及したように、確かに憲法、民法、刑法といった法が存在しているようには、比較法という法が存在しているわけではないことは事実であり、それなりに説得力を有する主張である。ダヴィド (René David)、アスカレリ (Tulio Ascarelli)、タンク (André Tunc) など同調者も多い。この学問の名称が比較法 (comparative law, droit comparé) ではなく、ドイツにおいて法比較 (Rechtsvergleichung) と表現されるに及んで、方法説を助長した。

　(2) 独立学問説　　しかし、そのように割り切ってしまってよいものか疑問が残る。そもそも法学において学問が何を意味するのかが問題であって、法規範体系が存在しない法学分野に学問がないということはない。確かに法学においては、固有の法規範を解釈する当為 (Sollen) の学問、すなわち実定法解釈学が中心であることに特殊性がある。しかし、存在 (Sein) を対象とする法学分野の研究が学問にならないことはない。法哲学、法社会学、法史学などとともに、基礎法学として一括されている比較法・外国法は、Seinを対象とする。したがって、「比較法の素材としての実定法」と「実定法のための比較研究」では、そもそも目指すところが異なっている。ある国の民法の解釈のために他の国の民法と比較を行うことは、実定法研究のために比較方

法を利用するものである。これに対して、両国間の民法の異同を明らかにし、その原因を探ることは、いずれの国の実定法解釈学でもなく、独自の学問的営為ということになる。もちろん比較実定法の成果が、ある国の実定法をより深く理解し、よりよく解釈する手掛りとして利用することはできる。しかしこの場合にあっても、比較法が実定法の補助学問としても有効ということであり、単なる手段ということとは異なる。比較法には独自の目的があり、しかも Sein の探求を旨とすることにより、一般論としてより科学としての学問に近いところに位置しているといえよう。

　比較法が独立した学問であって、固有の目的を有すると考える者もサレイユ（Raymond Saleilles）、ランベール（Edouard Lambert）のように当初からあり、今日では多くの者が独自性を認めている。この立場を採る考え方にも大きく分けて2つの流れがある。1つは異同のうち同一性により力点を置く普遍主義的な捉え方である。複数の外国法に共通する原理が比較法により導きだされれば、経験的に普遍的な法のあり方が推測される。この成果は特定の国の実定法を改良するためにも利用できるが、それとは関係なく行うことも十分可能である。実践的にはむしろ国家法を超える統一法の形成、立法共通法を構想する際に役立ち、当初はこうした立場からの独立学問説が有力であった。

　他の1つは、異同のうち相違点により力点を置く歴史主義・文化主義的な捉え方である。複数の外国法の間の相違点が明らかにされると、普遍的な法原理がなぜ通用しないのかという背景の分析に進み、歴史や文化的伝統に支えられた一国の法の特質がより明確に把握できる。法系論は類似する法体系をまとめて分類するものであるが、異なる法族相互の根本的な分岐をもたらす要素、特殊性が生じるゆえんが分析される。

第2節　比較法と隣接諸学

　隣接諸学としては、一方で比較法がその一角を占める基礎法学との関係が問題となり、他方で実定法学との関係が問題となる。

1　基礎法学との関係

　(1) 比較法と外国法　比較法ともっとも密接な関係を有するのは外国法である。比較法は複数の法体系、その実は外国法を比較することによってその間の異同を明らかにし、そこから学問的ないしは実践的な帰結を導き出そ

うとするものであるから、外国法それも複数の外国法の知識を当然に前提とする。外国法を知らずして比較法を行うことは定義からして不可能である。

このことを是認しつつも、しかしながら外国法が一方的に比較法に奉仕する関係に立つわけではないことに注意が必要である。外国法研究は、自国法を前提としつつこれとの対比において当該外国法の特徴を把握することを、意識的ないしは無意識的に行っている。たとえば、日本人研究者が外国法を研究する場合には、通常は既に有する日本法の知識が土台となった角度から分析を行う。ところがその場合には、その法思考枠組の外に欠落した事項が生じる。他方で、外国法を当該の外国で説明されているとおりに日本で説明することも、決して最良の手法ではない。その国で当然に前提とされており、しかし日本法とは異なる書かれていない重要な事項がありうるからである。外国法研究を上記のいずれにも偏った見方ではなく行い、公正な評価を加えるためには、両者をつなぐものとしての比較法の知識が必要となってくる。

こうした両者の緊密な関係から、比較法と外国法は「比較法・外国法」といった名称で一括して基礎法学分野の中で扱われることが多い。また、比較法という講義名で日本法との比較を視野に収めつつ特定の外国法を扱うことがしばしば見受けられることが、そのことの当否は別として十分に理解される。

(2) 比較法と法社会学　　法は特定の社会において機能しているものであるから、同一の法制度であってもそれぞれの社会で異なる働きをすることがあり、逆に異なる法制度であっても実際にはほぼ同一の働きをすることがある。そこで法規の表面的な異同だけではなく、その実態に立ち入った比較を行う必要がある。いわゆる機能的比較といわれるものであり、これを実践するためには法社会学の助けが必要となってくる。ホール（Jerome Hall）はこうした観点から「比較法社会学」を提唱している。

もっとも、法のあり方のすべてが実態の問題に還元できるわけではない。法的には、何よりも特定の法規を有していることや特定の判例法を形成していること自体に重要な意義がある。条文や判例の内容を中心とする比較研究が基礎になければならず、比較法は基本的にはこうした法の外形的相違に着目するものといえる。実態研究は、その延長線上により深い研究として位置づけられる。

(3) **比較法と法史学**　比較法と法史学は、それぞれ地理的な軸と時間的な軸で特定の実定法を相対化して考えることを可能にする点で共通する。地理的な軸で各国法に異同があることの前提として、歴史的に各国法が分岐したり、統合したり、影響しあったという背景があり、両者は相互依存的である。法系論でも家族の歴史に倣った歴史的系譜を重視する立場が、「法系」とか「法族」という名称に示されている。単に現行法のみを考慮にいれて、法史学的な基礎を欠く比較法は、厚みを欠くものとなろう。法文化的比較の場合には、法文化を理解するために歴史的由来が前提とされているため、法史学の助けが必要であることが一層明瞭である。

　なお、比較法をもっぱら法史学的観点から行う、逆の立場からいえば法史学をもっぱら比較法的観点から行う「比較法史学」という学問が唱えられることもある。19世紀においては、一方において普遍法史、進化論的比較法が主張され、両者が強く結合したことがあり、他方において民族法史が主張され、国家法の独自性の強調という別の意味で両者が結合したことがある。今日では、比較法は法史学の裏づけは考慮するものの現行法が中心であり、法史学は比較法の考慮を入れつつ過去の事実の考察が中心であるというように一応の棲み分けをしている。

(4) **比較法と法哲学**　法哲学は法の一般的原理を追求し、その性質を普遍的に妥当するものとして究めることをひとつの大きな課題としている。その点において比較法における共通法、普遍法の探求と類似する面を有する。もっとも法哲学においては思弁的に考察を深めていくのに対して、比較法においてはむしろ経験的に諸国の実例を認識することを基本としている点に相違がある。

　歴史的には比較法が近代的な形態で確立する以前において、哲学者が法に関してその思索を深めるために諸外国法にも視野を広げることをなしており、そのことが比較法学が発展する先駆をなした。イギリスのベーコン（Francis Bacon）、ドイツのライプニッツ（Gottfried Wilhelm Leibniz）、イタリアのヴィーコ（Giovanni Batista Vico）、フランスのモンテスキュー（Charles de Montesquieu）などである。逆に比較法学者の立場に哲学が影響を与えることもあり、19世紀前半の普遍法史にはヘーゲル（Georg Wilhelm Friedrich Hegel, 1770－1831）哲学が、19世紀後半の進化論的比較法にはダーウィン（Charles Robert Darwin, 1809－82）以来

の社会進化哲学が、20世紀初頭の立法共通法には新自然法の哲学が影響している。

2 実定法学との関係

実定法の諸分野との関係として、国際的ということで比較法と関連が深い国際関係法の2分野をまず取り上げ、ついで国内実定法を扱う。

(1) 比較法と国際私法　国際私法は、国家間にまたがって生じた法的問題につき、関連する諸外国法のうちいずれを適用して解決するかを決める法である。対象は国際的であり私法が中心となるが、法規としては国内法が主として規律し公法的性格を有する。適用される法が対象事項の性質決定によって一律に決まる場合、すなわち当事者の国籍、不動産の所在地、不法行為の行為地などから導かれる場合には、形式論理からすると比較法との関係は生じない。しかし、反致などで外国の国際私法規定を知ることが必要となる場合がある。他方で、契約など準拠法を選択できる場合には、実質面で比較法とのつながりが深くなる。A国法とB国法のいずれを適用することで、どのような法的効果の違いがみられるかという考量に直結するからである。こうした比較法の国際私法がらみの実務的効用については、次章「比較法の効用」の第1節**1**の「渉外的な法の適用」の個所で詳述する。多くの外国法と接する機会があることも相俟って、西欧の国際私法学者には比較法に関心をもつものが多く、わが国でも山田三良 (1869−1964)、江川英文 (1898−1966)、西賢 (1928−) はその代表例である。またドイツにおける比較法研究の中心がマックス・プランク外国私法・国際私法研究所であることは、両者の関係を示唆して象徴的である。

また、国際私法においては、異なる国家法のいずれを適用するかを複雑に考えなければならない。それならばむしろ統一法を制定すれば問題は根本的に解決されることから、国際私法学者には比較法の1分野である法の統一に関心をもつものが多い。対象として想定される法規としては国際取引法、国際決済法、国際仲裁法などが中心となるが、国際私法に関する準則そのものも含まれる。この点は第3編第2章の「法の統一」において詳述する。

(2) 比較法と国際公法　国際公法は、国家相互の法的関係を規律する実定法である。比較法は諸国家の国内法を対象とするものであり、それ自体実定法としての性格をもつものではない。この限りでは両者は無関係というこ

とになる。しかし、国家を単位として2国以上の法関係が問題となる点では共通し、そのことに由来して比較法が国際法に寄与する重要な場面がある。すなわち、国際司法裁判所規程38条の法源についての規定である。その第1項には、国際法上の法源として、a）条約、b）国際慣習法、c）文明国が認めた法の一般原則、d）判決およびもっとも優秀な国際法学者の学説、が列挙されている。これらのうちc号は、各国でどのような法の一般原則が共通に定立されているかを比較法により確認することで明らかにすることができる。欧州人権条約にも同様の規定があり、ほかに類似するものとして国際人権規約B規約には「諸国の全体が認めた法の一般原則」を、欧州経済共同体設立条約には「構成国に共通する一般原則」を法源とする規定がある。

(3) 比較法と国内実定法　　比較法は独自の学問ではなく実定法研究のひとつの方法論であるとか、実定法の侍女であるという立場があることは、既に紹介した。このように比較法が実定法研究に有用な方法であることは疑いない。しかし、その域を出るものではないという点については異論も多い。他方で、実定法が比較法に寄与するところも実は大きい。比較法各論すなわち比較実定法を具体的に行う場合においては、各国の実定法の知識が必要であることは言うをまたず、不可欠の素材である。比較法総論すなわち比較法原論についても、法系論においては一般的な法観念、法技術、法源のあり方、裁判所や法律家の仕組みのほかに、実定法の内容の全体的な相違が法族分類の重要な基準とみる立場もある。基準とまではしないにしても、法族分類に具体的肉付けを与え、また各法族の理解を深める際に有益となる。この点は第2編第1章第3節の「法族分類の要素」で詳述する。法の継受や法の統一においても、その一般的手法は別として、具体的に実行されるのは個々の実定法領域が中心である。かくして実定法の裏づけを欠く比較法は、抽象的となり机上の空論となりかねない。

第2章　比較法の効用

　比較法を学ぶ意義と言い換えてもよい。比較法に限らず純粋な学問は何か直接の利益があるから行うというものではなく、学問すること自体に意義があり、効用はおのずと生じることも多い。逆に実用性が疑われていない応用

的な学問の成果が、兵器に使われたり環境に悪影響を及ぼすこともある。直接に有用性が認識できる実学の真の社会的効用は、別途幅広い視点から考えることが必要である。法学のうち主要部分を占める実定法学は、実用目的がきわめて明確である。これに対して、基礎法学として一括されている法哲学、法史学、法社会学などは、一見したところ実用と縁遠いことに特徴があるが、比較法・外国法は基礎法学の中にあっては相対的に実用的意義も広く有することが特徴である。

第1節　実務的効用

　実務に直結するのは実定法であるから、比較法はここでは実定法の利用を補助する性格を有することが、特徴となっている。

1　渉外的な法の適用

(1) 外国法適用のための補助的機能　　渉外的な法関係において、外国法が直接に適用されることがある。この場合に第1に必要とされるのは当該外国法の知識である。しかしこの外国法を正確に知るためには、比較法の知識が不可欠である。比較法と外国法の関係の個所で指摘したように、両者には密接なつながりがあるためである。また外国法は多様に存在しており、そのすべてに通暁することは困難であるので、比較法により法系論的に対象となる外国法の大まかな位置づけと特徴を把握していれば、当該外国法を利用する際に重大な誤解をしないですむことになろう。この点は、法系論の意義の個所で詳述する。

(2) 準拠法選択のための固有の機能　　A　準拠法の事前選択　　渉外的な法関係における適用法規は、国際私法の準則にのっとって決定されるのであるが、当事者の意思が尊重される契約法分野においては、当事者の合意により準拠法を選択することが認められている。特別な取り決めがなければ国際私法の原則どおりに準拠法が決まるため、それでもかまわないという選択肢もある。しかし、自己の取引に有利なあるいは自分が使いやすい準拠法を探すということになれば、比較法を実践することになる。その際の準拠法としては自国法、相手方の国法のほか第三国法の可能性もあり、選択の幅は広い。

　B　準拠法の事後適用　　国際私法の準則によって準拠法が決まったのち

に、比較法的な法適用が必要となるまたは可能となる場合がある。必要となる場合というのは、ある外国法の適用が決まったときであっても、その法規が他国の公序良俗に反しない限りで適用が認められるという黙示の留保がついているとされる。したがって、適用を予定されているある外国法が他の外国法からみて公序良俗違反の規定であるかという限定された局面ではあるが、異なる国家法の間で比較が必要的に行われる。

　比較法的な法適用が可能となる場合というのは、適用可能な外国法が事後的に複数認められ、当事者にとってより有利な国家法の適用を選択できる事態であるとか、逆に外国法を適用するときにおいても相互主義にのっとり自国法で認められている内容以上の請求はできないといった対応が規定されている事態である。この場合には、必然的に関連する実体法そのものの全体的な比較を行って法適用の判断が行われることになる。

2　国内法の改善

(1)　自国法の立法的整備　　国内で立法作業を行う際には、外国法を参照せずにまったく独自に行うことが可能であるし、外国法を模倣したり参考にするにしても特定の一国のみを対象とすることでも差し支えない。前者の場合は比較法と無縁といえようが、後者の場合ともなれば既にそこに比較法の契機が含まれている。単一の外国法であっても自国法に取り入れる判断をする際には、必然的に外国法と自国法との比較作業がなされるからである。

　しかし国際化した今日では、諸外国の様々な法規を広く参考にして比較を行い、よりよい立法を目指すのが通例であり、そのほうが成果も大きいといえよう。実はわが国は、こうした比較法的手法の利用において世界の手本となる国である。明治以降における近代的法典編纂にあたってこのような手法が採用されてきたことは、第2編第4章で詳述するところであるが、周知のとおりである。日本法は諸外国法の複合的継受から成り立っているといっても過言ではない。法典整備がなされたのちも、その修正や特別法の制定にあたって比較法は同様に有効である。今日においても、わが国では各省庁でも法制審議会でも法制局でも最低限英米独仏の4か国の法制を調査し、さらに必要とあればそれ以外の国の特徴的な法制も加えて、比較参照しつつ立法作業をするのが慣わしとなっている。

　外国法を参照することは、自国において既に存在する問題を立法的に解決

するためになされるのが、通常の場合である。しかし時としては、自国において問題が自覚されていない事項について、比較をなすことによって現行法制度に批判の眼が呼び覚まされ、新たに立法上の問題が発見され立法に至る効用もあろう。

　外国法を参照する実益は、実定法規範の内容であることが通例であるが、立法技術という面でも考えられる。すなわち、条文の構成をどうするか、法規によりどこまで詳細に規定するのが妥当であるか、のちの裁判所の判断に委ねることがふさわしいのはいかなる部分であるか、法典に組み入れるか個別立法で規定するか、擬制、準用といった法技術を多用するか同じ事項を繰り返して規定するか、など多岐にわたる。

(2)　自国法の解釈、適用の改善　　立法作業が諸外国法を比較参照した上で行われた場合にとりわけ重要となるが、自国法の妥当な解釈や適用態様もまた、立法の模範となった外国法や類似する立法を有する国における運用状況を参考にすることが有益である。立法継受が全面的に特定の外国法に基づく場合には、とりわけ継受母法の解釈、適用さらにはその背景にある歴史的伝統を知ることが自国法の円滑な運用に欠かせない。近代日本法であれば、フランス法やドイツ法、さらにその元になっているローマ法ということになる。わが国の実定法学者のあいだでフランスやドイツに関する外国法研究が盛んであるのは、故なきことではないのである。

3　共通法の定立

(1)　立法共通法の策定　　国内法の改善にあたっては、もっぱら自国法を前提として外国法は参照の素材となるが、国家相互の立法作業、すなわち条約の策定ということになれば、対等の立場から妥協点を交渉して探ることになる。ましてや多国間での条約による規範定立ということになれば、諸国家法の最大公約数を探ることになる。複数の異なる法体系の共通点を研究することであるから、まさに比較法の課題のひとつである立法共通法の探求を実践する場といえよう。

　近代比較法の成立そのものが、実は法の統一、立法共通法の形成と切っても切れない関係にある。19世紀を通じた国民国家の形成と各国独自の法典編纂に伴い、ヨーロッパにおいては中世以来存在していた共通法（ユース・コムーネ、jus commune）の伝統が崩壊する。国内レヴェルにおける法の統一が国際

レヴェルにおける法の分立をもたらしたわけである。この克服がヨーロッパでは比較法の重要な課題となり、1900年の比較法国際会議の開催をもたらす有力な動機となった。

(2) **共通する法原理の発見**　国際司法裁判所規程は、係属する事件を裁判する際に準拠する法規として、「条約その他の制定法源」、「国際慣習法」に続いて「文明国が認めた法の一般原則」をあげている（38条1項c号）。こうした国際条理法の発見には比較法の協力が不可欠である。同様の規定は常設国際司法裁判所規程にも置かれていたが、近時は欧州人権条約にも見受けられる。他方で、国際人権規約B規約は、「諸国の全体が認めた一般原則」を、また欧州経済共同体設立条約（ローマ条約）も、欧州共同体裁判所が係属する事件を裁判する際に準拠する法規として「構成国法に共通する一般原則」をあげている。これらにおいては、建前は既存の条理法の適用であるが、その実態においては国際裁判所による比較法的作業を通じた共通する法原理の発見である。

第2節　学問的効用

学問的効用としては、外国研究と法の一般理論への寄与のほか、比較法的な視野の拡大という根本的な学問上の意識への働きかけが重要である。

1　外国研究の深化

(1) **外国法研究**　外国法研究に対する比較法の意義については、両者の関係の個所で既に触れた。すなわち、外国法を正確に把握するということは、その法をその国で説明されているとおりに理解することでは必ずしも十分ではないことが多い。自国法の知識しかもたない自国人に対して当該外国法を客観的にかつ正しく提示するためには、比較法的視点をもたなければならない。ある場合には、その国では当然に前提とされており説明されていないことまで言及して、はじめて特定の法制度の意義が理解されよう。ある場合には、自国と同じ法制度ではあるけれども、異なる社会的状況の中で相当に異なる社会統制機能を果たしていることを指摘する必要があろう。またある場合には、法によっては定められていない事項にまで言及して、法規律の範囲の相違を明確にする配慮が必要となろう。

(2) **外国研究・地域研究**　外国研究や地域研究は従来は各学問分野ごと

に行われることが主流であって、フランスの文学であれば文学者により、ドイツの歴史であれば史学者により、ヨーロッパの地理であれば地理学者により担われてきた。ところが近時は、外国語学部、国際関係学部、国際文化学部といったところで、各国 (たとえばブラジル、サウジアラビア) または各地域 (たとえばラテンアメリカ地域とかポルトガル語圏、中近東地域とかイスラム圏) の総合的研究を行うことが増えている。その際にその国の政治、経済、社会、地理、文化、歴史などと並んで、法を知ることが全体のより深い研究につながる。それぞれの分野について、他国との対比からその特徴や客観的性格をよりよく理解できるという比較研究の意義が見出されるのであるが、比較法は、法が一国の社会のあり方を規定する要素を強く有するだけに、当該国や当該地域の全体像を把握する上で重要となってくる。

2　法の一般理論への寄与

(1)　**普遍的な法のあり方の認識**　諸外国法の比較により共通する事項を抽出して、この法の普遍的な特質を利用することにより、特定の実定法というのではなく法学一般の理解を深める上で資するところがある。一方で現代的視点からは、各国の実定法を基礎としつつそれを超えて共通する法の一般理論を経験的に求めることができる。同様のことは歴史を超えて貫徹する法の一般理論を追求しうる法史学についてもいえることである。先験的、思弁的なアプローチである法哲学と相補い、成果をより充実したものしうる。

他方で歴史的視点からは、とりわけ比較法史というかたちで諸国における普遍的な法の発展法則といったものが見出されたとするならば、ある国で過去の法の状況につき欠けている部分があったり、法の意義について不明な部分があったときに、それを埋めていくための有力な手段となろう。

(2)　**各国法の特殊社会的制約の認識**　比較法は、普遍的な法のありようを示す面とはまったく逆に、同時に各国の特殊な法の存在形態をも明らかにしてくれるものである。法制度が明白に異なる場合のほか、同一の法が国によって異なる機能を果たしていることがあり、逆に異なる法が社会的には同一の機能を果たしていることもある。こうした特殊性は比較を通じてはじめて理解可能となり、自国法のみを扱っていては決して気づかない。このことは、法を支える歴史、社会、文化と法との関わりに注目させる効果を有し、また法の社会的機能に関心を向けさせる効用がある。

3 比較法的な視野の拡大

(1) 法の地理的相対性の認識 きわめて間接的な学問的意義であるが、ある意味でもっとも本質的なことがらであり、重要である。比較法を通じて法の多様なあり方を知ることが可能となり、諸外国法との対比で自国法を相対化して考える態度が身につくことが期待できる。こうした態度により、世界の諸法における自国法の正確な位置づけがわかり、自国法の特徴を客観的に把握しまたその理解を深化させることも可能となる。

若干敷衍してみたい。法学部とりわけ法科大学院では、実定法を中心として法解釈学を勉強することになるが、その際には現在の実定法をあたかも唯一正しい規範であるかのように学ぶ。六法全書に載っている条文にとどまらず、最高裁判所が採用しているその条文の解釈まで金科玉条のごとく覚えることになる。その中には重箱の隅をつつくような議論も含まれる。法学が実学であり、法曹として活躍しようと思うのであれば、自分が使う道具である法を技術としてそのぐらい知悉するのでなければ、法実務家として役に立たないのは確かであろう。

しかし、法学が社会科学の一角を占めており、いやしくも学問として大学で学ぶということであれば、徒弟的修業による法技術の修得だけではやはり不十分であり、実定法の現状を客観的に分析したり、批判的に考察する視点の涵養も必要である。そうでなければ、新しい問題に対処できないし、社会の変化に応じた法規制のあり方を考える素養も身につかないことになる。そこにこそ基礎法学として一括されている学問の存在意義があるわけである。過度の単純化という謗りをおそれずに述べるならば、法哲学はあるべき法との対比で、法社会学が生ける法との対比で、それぞれ実定法を批判的に検討する学問とすれば、法史学や比較法は実定法を中核としつつ現在の法を絶対視せずに、歴史という縦軸でも地理的空間という横軸でも、法が社会的存在であって、相対的なものであることを自覚させてくれる。現行法は変動を繰り返してかつてとは異なる今日あるような法になっているわけであり、また他国の法と決して一様なものではなく異なるあり方を示している。法という文化に規定された社会制度は、自然科学の公式などとは違って唯一絶対のものではないのである。法学を勉強するときは、こうした柔軟な視野をもつことが必要であって、これを「法史学的な視野の拡大」と対比させて、「比較

法的な視野の拡大」と呼んだわけである。

(2) 若干の実例　西欧法として一括することも可能である大陸法と英米法の間でも、実は法のあり方の相違は大きい。英米法と大陸法のかなり根源的な相違に関する、比較法学者のいくつかの言葉を紹介しておこう。「フランスの法律家が始めてイギリス法を学ぶときには、かれが慣らされてきた法的思惟の衣装をぬぎすてることが必要である。かれはかれがフランスで学んだことを、すべて忘れねばならないのである。そして『新しい科学』としてのイギリス法の学習にとって、フランス法学は余り役に立たないか、或は却って有害でさえありうることを、かれはわきまえねばならない。」(ルネ・ダヴィド『イギリス私法研究入門』1948年)。「あなたがこれまで法学を勉強してきたことを忘れようと努めなさい。決してこれまで故国で問題にアプローチしてきたような仕方でその問題にアプローチしてはなりません。恐らく道に迷ってしまうでしょう」(マックス・ラインシュタイン『比較法』1968年)。「大陸の法律家にとって、コモンロー (common law) は、何か《uncivil》(野蛮な) ものであり、イギリスの法律家にとって、大陸法 (civil law) は、何か《uncommon law》(普通でない) もののようにみられていた」(大木雅夫『比較法講義』1992年、東京大学出版会)。

　ごく身近な一例をあげよう。わが国では実定法を分類する際には、公法と私法に分類し公法を先にして憲法、行政法などと配列するのが常である。六法全書でも、法学部のカリキュラムでも、司法試験科目の順序でもこのことは明瞭である。ところが英米法諸国においては法の支配 (rule of law) の考え方の下で公法と私法の区別は重視されず、また両者を峻別してきた大陸法諸国においても、わが国とは異なり伝統的に私法を先にして民法をまず配置する (参照、滝沢正「フランスにおける私法と公法」上智法学論集52巻1=2号、2008年)。こうした相違に対する知的驚きから背景の探求へと関心が向かうならば、法知識に一挙に厚みが加わることになる。

第3章　比較法の方法

　比較法の方法としては、まず対象の選定を行うことが必要であり、しかるのちに比較の実施に関わる具体的な手順が問題となる。

第1節　対象の選定

　比較法で扱う対象を確定することがまず必要となるが、対象国と対象事項に大別することができる。

1　対象国

　対象国を決める際にそもそも対象から除外される国があるのかどうかがかつて盛んに問題とされた。まずこの比較可能性をめぐる問題を紹介する。ついで具体的に選定する際の考慮事項を検討する。

(1)　比較可能性をめぐる問題　　法の存在形態や法が規律する領域の範囲は、各国によって異なっている。ある国で制定法が規律している事項が、他国では慣習法が規律していたりするし、さらにはある国で法によって規律されている事項が、他国では道徳や宗教が規律していたりする。ところで、かつて近代比較法学がヨーロッパにおいて成立した1900年頃には、ヨーロッパ大陸内部の国々における比較のみが念頭に置かれていた。それ以外の法にまで対象を拡大することは思いもよらず、「比較しうるものだけが比較の対象となる」ことが当然とされていた。均質な基本的性質を有する諸法の間で共通立法を目指すというかたちで比較がなされ、大陸ヨーロッパにおける統一法を探ったり、自国法の改善に役立てることが目指された。ランベールやガッタリッジに代表される考え方である。

　これに対して、第一次世界大戦後にまず英米法が本格的に視野に入ってくると、制定法ではなく判例法によって成り立っており、相当異なる法技術を有する国も比較法の際に考慮に入れざるをえなくなる。さらに第二次世界大戦後に東西冷戦が生じると、資本主義法だけではなく社会主義法にまで比較の視野を広げていくかが問題となる。この点に関しては、社会主義法学者の間で資本主義法学者よりも相互の比較について否定的な考え方が強く支配していた。社会経済体制が根本的に異なっている国の諸法間には、共通する比較の基盤がないと考えたためである。1960年代以降になると、第三世界の民族解放の動きや独立によって、宗教や習俗と結合したさらに異なる諸法の存在が明らかとなる。制定法を念頭に置きつつ、共通立法を探求することを比較法の唯一の課題とすることでは到底済まされなくなる。多様な社会統制のあり方のひとつとして法規範を考えて、比較法の領域を狭く考えないで対処していくことが必要となる。法の多様な発展を認識するという面が強調され、

法文化的比較が主流となっていく。「比較したいものがすべて比較の対象となる」とせざるをえなくなるわけである。ある国の尺度によれば他の国では法がおよそ存在しないことになり比較不可能となるのであるが、より広い比較の視点をもつことにより比較が可能になる。このようにして今日では、比較の対象国にはとくに制限はなく、その目的に応じて自由に選択するのがよいと考えられている。

　(2) **選定の態様**　**A　国別比較と法族別比較**　国別比較は、国家法を単位として比較をなすものであり、ドイツ法とフランス法を、スカンジナヴィア5か国の法を相互にといった比較である。法族別比較はより広い単位で対象を捉えるものであって、英米法と大陸法、資本主義法と社会主義法、西欧法と極東法といった比較である。特定の国家法はいずれかの法族に分類することが可能であるから、国別比較を行う場合にはそれぞれが属する法族との関連を考慮することが必要である。逆に法族別比較を行う場合には、それを構成する国家法を抜きにしては具体性と説得力に欠ける。したがって、実際には重点の置き方の違いという面があり、両者は併用しつつ比較を実践することが有益となろう。

　B　母法秩序比較と娘法秩序比較　本章第2節「比較の実施」で述べるが、体系的比較、マクロの比較を行う場合には、母法秩序の比較で十分である。そこに特定の法族の特徴がもっとも明瞭なかたちで示されているからである。英米法の判例法主義の基本が何かは、イギリス法を検討すれば十分であろうし、大陸法の制定法主義の基本が何かは、フランスの法典編纂を検討すれば理解できる。社会主義法の特質はソヴィエト法を検討すれば基本がわかる。しかし、母法秩序比較が絶対的なものというわけではなく、ある法族の特徴の変形した多様な広がりを知るためには、娘法秩序も視野に入れることが有効なことがある。

　逆に、項目別比較、ミクロの比較を行う場合には、娘法秩序が重要となることが少なくない。特定の事項に関しては、それぞれの国が国情に合わせて法制度に工夫を加えることを行っているからである。また項目別比較の場合には、研究するテーマの選択に応じて対象としてふさわしい法族や国家法が異なりうる。わが国との関連でいうならば、近代法の基礎を知るためには、継受母法であるフランス法やドイツ法が重要であり、遺伝子組換えの特許の

ような最先端をいく現代法を知るためには、アメリカ法の状況の検討が欠かせない。対象事項でいえば占有の意義についてはドイツ法の議論が参考になり、信託の制度についてはイギリス法との比較が有意義であり、社会保障法についてはスウェーデン法などスカンジナヴィア法に特徴がある、といったたぐいである。

2 対象事項

(1) 法の分類の意義　比較法を行う場合に、漠然となそうとしてもどの事項から着手してよいのかわからないことが多い。仮に一国の法体系の全体を扱って比較するにしても、具体的には対応する事項を探さなければならない。したがって、対象事項を決定する際には、各国で行われている法の分類、たとえば公法と私法、民事法と刑事法、実体法と手続法、さらには民法と商法、財産法と家族法、物権法と債権法、用益物権と担保物権といった分類を手掛りとして比較を行うことが便宜である。

しかし、法の分類については、どのような基準でこれを行っているかということ自体が国によって異なることがあり、法の分類方法自体が実は比較法の対象となりうるのである。コンスタンチネスコ（Leontin Jean Constantinesco）は、法族分類の要素としてこれをあげているほどである。したがって、ある法体系における分類に応じて比較することが、比較のあり方を一定の枠にはめてしまうことになりかねない。たとえば、英米法では問題解決型の分類が採られており、それは土地法、契約法、不法行為法、会社法といったものであり、先の大陸法の理論的分類とは根本的に相違する。こうした留保をつけつつも、法の分類に応じて対象の目安をつけ、これを切り口にして検討することは、比較の有効な手段であろう。

(2) 主題の絞り方　比較の対象としては、法制度の全体を扱うことも可能であるが、厖大となるので、その場合にも具体的作業としては主題を絞って比較を行うことが通常である。主題としては、すぐに変化してしまうもの、立法者の一筆で容易に改廃されてしまうものは不適当であり、ある程度不変であり、その国の法秩序を特徴づけるものでなければならない。第2編第1章第3節で詳述するが、これをダヴィドは恒常的要素と可変的要素、ツヴァイゲルトは様式形成要素と非様式形成要素、コンスタンチネスコは規定的要素と代替可能要素と呼んで区別している。

主題としては、恒常的要素、様式形成要素、規定的要素に属するもののうち、その外国法に特徴的な法制度であって、しかも様々な法分野に関連する事項であることが、出発点としては望ましい。他の分野から切り離された独自性の強い事項であれば、単独で扱いやすいという利点はあるものの、構造的に全体との関連性を見失うおそれがある。一国の法制度全体に目配りがきく発展的な主題でありながら、それ自身核となるものをもつ事項がよい。

　比較をする場合に、対応する法制度が存在すれば、その異同を検討することが容易である。しかし、ある国の法体系にのみ存在し、その特徴を際立たせる法制度であれば、対応する法制度は他国には当然ないことになる。英米法における信託（trust）が例としてよくあげられる。もちろん、対応する法制度というものは名称が同一である必要はないし、逆に同一の名称の法制度が存在するということだけで、同一の機能を果たしていることを必ずしも意味しない。そうした留保を付した上で、特徴的法制度を比較することに重要な意味があり、ツヴァイゲルトがこの点を強調している。すなわち、同じような社会的要請が両国にあるとすれば、代替機能を有する法制度ないしは法外の制度が他国にも存在するはずであり、それを突き止めていくのが比較法の醍醐味である。その上で、なぜ異なる法制度に発展していったのかを考えるならば、法制度の背景や全体の特徴を把握することもできよう。

　こうした代替機能を追究する考え方は、次に述べる機能的比較と称せられて、共通法を探る比較立法を乗り越えた西欧の学者たちによって頻繁に主張されるに至っている。しかし、こうした手法を無原則に拡大していくならば、結局はどの国でも手段は異なるものの同じような規律を実現しているといった結論に落ち着いてしまう危険があり、コンスタンチネスコが強調する点である。その意味で機能的比較は両刃の剣である。特徴的法制度を法技術、道具概念としてもっているか否かは、やはりその法制度の特徴として押さえておかなければならない面を常にもっている。

　(3)　比較法に親しむ事項　　比較法の対象事項は従来私法のうち財産法、とりわけ価値の等価交換という普遍性を有する債権法分野が中心とされてきた。西欧において比較法の主たる関心が法の統一という実用目的にあったためである。各国の歴史や文化に規定されることの多い物権法や家族法は比較法に親しまないとして長い間対象から除外されてきた。この点については、

第3編第2章で詳述する。しかし、比較法が類似する法の比較にとどまらず、積極的に異なるものを文化的背景を踏まえて機能的に比較することにより、相違の原因を知りそれぞれの特徴を把握し、法族分類に資することができる。今日では物権法や家族法はもとより公法や刑事法さらには手続法などを含めて、あらゆる法分野が関心に応じて比較の対象になりうると考えられている。法文化的比較の観点からは、異なる特徴がみられる法分野がむしろ積極的に比較の対象に取り込まれている（参照、加藤雅信『所有権の誕生』2001年、三省堂）。

第2節　比較の実施

　まず外国法を認識することが比較法の出発点となり、次の段階でこの知識を前提として比較の実践が行われる。

1　外国法の認識

(1)　外国語の修得　　2つ以上の異なる国の法を比較するということになると、少なくとも1つは外国法ということになり、多くの場合すなわちいずれもが同一の言語を用いているのでない限り、外国語を知らなければならない。よい翻訳があればそれを利用するということでも一向にかまわないのであるが、自己の関心をもつあらゆる事項にそうした事態は必ずしも期待できないからである。

　外国語の文章は、単語に分解して日本語に置き換えて理解するということではなく、外国語のままで理解することが肝要である。逐語的な翻訳が必ずしも正確な翻訳にはならないのである。単語は訳語と一対一で対応しているわけではなく、また言語によって文法構造も異なっているため、翻訳は必然的に意訳となる。直訳が横のものを縦にするだけの置き換えという悪しき意味で使われるのと同様に、意訳も自己の考えを無原則に入れてしまう悪しき意味で使われることがあるが、本来の内容を自然なかたちで正確に日本語で表現するという意味での意訳が望ましいということである。

　外国語一般の理解のほかに、法の用語は日常用語とは異なる使い方をすることが少なからずあるため、注意が必要である。その国の法律用語辞典で確認する、さらにはその国の権威ある概説書に従って訳語について十分に考える必要がある。たとえば、同じ語源の言葉であるが、英語のjurisprudenceは法理学、フランス語のjurisprudenceは判例、ドイツ語のJurisprudenzは法解

釈学という異なる意味で用いられている。法的責任はフランス語では responsabilité であるが、英語では responsibility という言葉は存在するが用いられず、liability と表現する。英語の real property, personal property は不動産、動産という意味であるが、フランス語の類似した表現である droit réel, droit personnel は物権、債権という意味である。こうした例はあげだすと際限がない。

(2) 外国法の修得 **A 資料の収集** 外国法を修得する具体的手順としては、まず資料の収集が必要となる。日本語で書かれた、あるいはその言語に自信があれば第三国語で書かれたものでも信頼に足る文献であれば、それを参照することでよい。原典主義と称して日本や第三国の文献を間接的としてしりぞける考えもある。しかし逆に外国法を扱うものとして説明されているから、当該国の文献よりも客観的記述を心がけている面がある。すなわち、当該国の文献がややもすれば当然のこととして言及していない部分をあぶりだす効用や、当該国の文献が自国の法を美化しすぎている点を是正する効果が期待できる。原資料を絶対視することが必要な場面もあるが、比較法ではとりわけ偏狭にすぎよう。もっとも、多くの場合は少なくとも確認の意味で最終的には原資料にあたることが求められる。

外国法に関する資料としては、法令集、判例集がその中で基礎資料ということになる。しかし同時にこれに関する学説も軽視することはできない。法源のあり方や法制度全体の構造連関は、いきなり基礎資料を参照しても必ずしも十分にはわからないので、むしろ学説を頼りに見当をつけておくことが不可欠であるからである。実定法についても、程度の差こそあれ同じことがいえる。概説書やコンメンタールは重要な参照資料となる。自国の実定法を考えても、六法全書に載せられている条文はまず確認する必要があるとしても、それだけを参照してその法分野を理解できるなどと誰一人思わないであろう。

B 資料の閲読 翻訳資料でない場合は、原資料にあたることになるので、先に述べた語学力と専門用語の使い方を熟知しておかなければならない。比較が多くの国を対象としたり、扱う事項が多岐にわたるという場合には、到底一人の力では及ばなくなる。そうしたときには、研究の組織化が必要となる。学会が特定の主題を決めてシンポジウムを開催するというアドホック

な形態もありうるし、大がかりな出版の企画を前提にした、または研究所などを母体とする恒常的な形態もある。共同研究では共同研究者相互のチェックにより理解の誤りが修正されることも期待される。

2 比較の実践

(1) 相違点と共通点の発見　A　項目別比較と体系的比較　実際に比較をしていく場合に対象を具体的にどのように設定するかによる区別である。項目別比較はミクロ比較とも呼ばれるが、特定の法制度を取り上げる。たとえば、婚姻制度、絞って婚姻の成立要件、さらに絞って婚姻適齢といったものを比較する。これに対して体系的比較は、マクロ比較とも呼ばれるが、一国の法体系全体を比較する、たとえばフランス法とドイツ法の特徴を対比的に捉えるといったものである。さらには英米法諸国の判例法主義と大陸法諸国の制定法主義を比較するといったものも含まれる。

項目別比較を行うにあたっては、その意義を理解するためにやはり全体との関連を常に考えて比較しなければならないし、逆に体系的比較を行うといっても、ただ漠然と全体を見比べても一般論となってしまい、説得力を欠くので、項目別比較を踏まえてなすことが望ましい。目的に応じていずれを目指すにせよ、他方の手法を併用することが比較を一層実りあるものとしよう。これを徹底して実行することは困難であろうから、特定の法制度について理解しようと思うならば、一国の法制度は相互に関連していることが通例であるから、少なくとも対象事項の周辺に位置する法制度については一応の知識を有すべく努力することになる。たとえば、国家賠償責任法を研究しようと思うならば不法行為法一般であるとか、行政契約を研究しようと思うならば民事契約法一般であるとか、労働契約を研究しようと思うならば民法上の雇用契約であるとかの調査は不可欠である（参照、滝沢正「行政法と民法典」日仏法学24号、2007年）。

一般的にはどのような手順で比較を行ったらよいのであろうか。まず項目別比較が体系的比較よりもやさしいので行うことになろう。できるだけ具体的な特徴的制度を設定することは当然として、それが様々な法分野に関連する主題であることが望ましい。なぜならば構造的に全体に関連した主題であれば、当該外国法全体の中でそれがどのような位置を占めているのかという点に関心をもたざるをえず、この問題を核として関心を広げていくことがで

きるからである。すなわち、体系的比較に自ら進んでいくことになる。ある法制度は有機的な一体をなした全体の中で機能しているわけであり、困難ではあるがそこまでやらないと真の比較法とはなるまい。

　B　制度的比較と機能的比較　　制度的比較は構造的比較ともいわれるが、静態的に法制度を比較する。実定法の解釈を中心とする比較がこれに相当し、通常これを手掛りとして比較がまず行われる。これに対して機能的比較は、動態的にこの制度の実際の働きを加味して比較するものである。その制度を担う人に着目して、実際的な社会統制機能を考慮する。法文化的比較においては、必然的に機能的比較の面が重視される。この機能重視をつきつめていくと、結局はどの法も同一のことを目指しているといった普遍主義の結論になる危険がある。ある問題を解決するために、特定の法枠組を用いていることが重要である局面もあり、法文化論はこの根拠づけにも有効である。法系論では、制度的比較という側面が通常重視されるものの、両者はたがいに補い合う関係にあるといえよう。

　一般的にはどのような手順で比較を行ったらよいであろうか。制度的比較が出発点となるが、それが社会統制の中でどのような役割を担っているのかについても考慮する。項目別比較に体系的比較を加味するのとは別の意味で、その事項がどのように機能しているのかを、法社会学の助けを借りて探求することになる。制度的比較では対応関係がよく示すことができないような法制度については、とりわけ機能的比較が不可欠となる。

　C　解釈学的比較と法文化的比較　　解釈学的比較は、現行の実定法を中心として比較し、その間の異同を明らかにすることに重点を置く。法文化的比較は、現行法に限定せず歴史的伝統を重視し、また実定法を取り巻く文化的背景を重視する。まず解釈学的比較から始めることになるが、より一層比較の内容を深めるためには、法文化的比較に進むことが必要となろう。ある国ではもっぱら法的解決に委ねられている問題が、他の国では法以外、裁判以外の解決に拠っているとすれば、法の次元で視野を広げる体系的比較や機能的比較でも不十分となる。比較法学もそこまで研究を拡大すると隣接科学の協力が不可欠となり大変である。法に中心を置きつつ、歴史的背景や社会統制機能を有する道徳、宗教、習俗などに関心を広げていく努力をする以外にない。たとえば、社会主義法は一枚岩であるということが主張されること

があったが、ソ連と東欧諸国では運用が異なろうし、ましてや中国やキューバでは歴史的、文化的背景がまったく異なるので、同一の運用がなされていることは考えられない。こうした伝統の重みは、ソ連の崩壊と東欧の脱社会主義の過程で、その後どのような方向を選択するかにおいて顕著となった。

(2) **評 価**　評価としては、一方において客観的に相違が生じてくる理由を探求することがある。ここまで考察を進めてくると、項目別にとどまらない体系的比較、制度的にとどまらない機能的比較、解釈学的にとどまらない法文化的比較の手法という、より高度な手法を考慮に入れざるをえなくなる。比較の項目は全体の構造の中で位置づけられなければならないし、法制度は実社会での機能まで目配りしなければならないし、特定の法制度を生み出した政治体制、経済構造、文化的伝統を認識しなければならないからである。比較対象である法をこうして様々な要素により関連づける作業を通じて、相違の原因が明らかとなってこよう。原因は複数存在することも当然ありうるわけで、その場合には何が重要な要素であるかの優劣を確定することまで実践することが望まれる。ここまでは比較法のSeinのレヴェルにおける評価に関わる学問的営為である。

他方において、この客観的成果を場合によってはSollenのレヴェルにおいて生かして実用目的に使うことが可能であり、これも比較法の重要な役割である。自国法のより良い解釈の提言のために参考とする、自国法の立法的改善に役立てるということもあろうし、共通立法すなわち統一法への手掛りとすることもあろう。客観的な異同の認識とその理由や背景の解明が的確になされていれば、その実務的な利用は目的に応じて自在になすことができよう。

第4章　比較法の歴史

比較法はいつから成立したといえるのであろうか。一方では、比較法は、およそ複数の法が存在する場合に常に行われる知的営為であるから、その成立は法の成立と同様に古いという見解がある。他方では、近代的な国民国家とその法を前提としてこれらの諸法の相互の連関を考える学問であるとすれば、近代市民法が諸国で成立した後ということになるので、当然に新しい。後者の立場に立つポロックは、1900年の第1回比較法国際会議をもって開始

したとする。このように見解が根本的に分かれているので、後者の狭い意味での比較法の歴史を「確立後」とし、前者の広い意味での比較法を「前史」として区別し、紹介する。なお、全体を西欧とわが国に分けて論じる。

第1節　西欧における歴史

西欧については、先述したように1900年を境界とし、前史と確立後に分けることができる。

1　前　史

独立した学問としての比較法の成立は近時であるとしても、法の比較研究そのものはきわめて早い時期からみられ、古代オリエントに遡ることができる。

(1) 古　代　　A　オリエント　　東方のオリエントの楔形文字法においては、シュメールのシュメール法典、アッシリアのアッカド法典、バビロニアのハムラビ法典などが知られているが、相互によく似た内容をもつ。諸国の法の間で比較が行われ、影響があったものと推測されている。わが国でも原田慶吉教授の詳細な研究がある。

　B　クレタ、ギリシャ　　西方の地中海世界においても、エジプト文明がクレタ文明に影響を与えており、さらにクレタ文明がギリシャのラケダイモン（スパルタ）に影響を与えている。クレタの伝説的人物であるミノス王は優れた立法家であったことが伝えられており、法においてもギリシャと相当の交流があったものと考えられている。

　これに続いてギリシャ本土における文明の展開がみられる。ギリシャは都市国家であったので、各都市国家につきスパルタのリュクルゴス（Lykurgos）の立法やアテナイのソロン（Solon）の立法などが知られている。プラトン（Platon, B.C. 427 – B.C. 347）は『法律』の中でクレタ人、スパルタ人を登場させており、『国家』では都市国家の法律を比較して、理想国家の構築に利用した。アリストテレス（Aristoteles, B.C. 384 – B.C. 322）は『政治学』の中でギリシャの都市国家の国政に関する153の法社会学的比較をなしており、ほかにも『アテナイ人の国制』や『ニコマコス倫理学』等を著している。私法の領域では、テオフラストス（Theophrastos, B.C. c.373 – B.C. c.287）が『法律について』の中で、種々のギリシャ法を比較して、とりわけ売買法の普遍的原則を浮き彫りにす

ることを試みている。

　C　ローマ　　ローマ時代には一般にローマ法の発達には目覚しいものがあったが、比較法は低調であった。それはローマ人がとくに怠慢であったとか、尊大であったというわけではなく、周辺の法がはるかに劣っていたためであろう。すなわち、初期の十二表法制定の際にはギリシャ法が研究されたことが伝えられている。また属州間やローマと属州間に適用される万民法 (jus gentium) には、ギリシャ法や属州の法の影響も部分的に認められる。しかし、ローマ法の優位性は全体として明白であり、キケロ (Cicero, B.C. 106 − B.C. 43) は外国法である蛮族法を「混乱したほとんど嘲笑すべきもの」と評しているほどである。ただ、当時の唯一の比較法的著作として『モーゼの律法とローマ法との対話』が400年頃に編纂されており、主として不法行為と刑法に関して、2つの法体系の類似点と相違点が明らかにされている。教会法の形成がこの時期に意識されている点でも興味深い。

　(2)　中代　　A　上世　　この時期にはゲルマン民族の移動とそれに伴う西ローマ帝国の滅亡後の混乱があり、ローマ法とゲルマン法の対立、融合は各地でみられたものの、とりたてて指摘すべき学問的な比較法の展開はない。これに対してローマ法が依然として一元的に支配していた東ローマ帝国においては、ユスティニアヌス帝 (Justinianus, 483 − 565〔527 − 65〕) の下で、ローマ法を集成するユスティニアヌス法典、後世の呼び名の「市民法大全 (Corpus juris civilis)」(529 − 565年) が編纂された。しかし、この偉大な法典は603年から1076年まで失われていた。

　B　中世　　中世においては、発見されたユスティニアヌス法典に代表されるローマ法と「教会法大全 (Corpus juris canonici)」(1583年) にまとめられたカノン法が絶対的な権威を獲得していたので、ヨーロッパ大陸ではそれ以外の法については関心を引くことがなかった。当時はボローニャ大学などにおけるこれらの研究を基礎として、共通法（ユース・コムーネ）が支配していた。ただし、直接に適用されたのは慣習法であり、中世も末期に至ると各地の慣習法の比較研究が行われるようになる。フランスのボーマノワール (Philippe Beaumanoir, 1246 − 96) が著した『ボーボワジー慣習法集』は、その典型である。

　C　近世　　近世の前半においても、大陸諸国においては国内の各地に形成された慣習法の比較研究がとりわけフランスを中心として盛んとなった。

ドマ（Jean Domat, 1625 – 96）やポティエ（Robert Joseph Pothier, 1699 – 1772）である。しかし、一般的には普遍法の考え方が強まり、比較法は低調であった。理性法としての自然法の思想が支配的となり、デカルト（René Descartes, 1596 – 1650）がこれを基礎づける。国境を越える普遍的な法のあり方が探求され、国家法を前提とするわけではないところから、国際法の形成がもたらされる。ヴィトリア（Francisco de Vitoria, c.1485 – 1546）、スアレス（Francisco Suarez, 1548 – 1617）、グロチウス（Hugo Grotius, 1583 – 1645）などである。ドイツにおいては少し遅れてプーフェンドルフ（Samuel Pufendorf, 1632 – 94）、トマジウス（Christian Thomasius, 1655 – 1728）、ヴォルフ（Cristian Wolff, 1679 – 1754）などが出て、自然法に基づく法の体系化が模索される。ライプニッツ（Gottfried Wilhelm Leibniz, 1646 – 1716）は『法律の学習と教授の新方法』において、法の劇場（theatrum legale）を構想する。普遍法史の立場に立脚した法系論の先駆といえようが、具体化はしえなかった。

　これに対して、イギリスにおいては、コモンローが独自に展開していたため、大陸との比較の視点が早くから育った。15世紀にはフォーテスキュー（John Fortescue, c.1394 – c.1476）が『イギリス法賛美論』と『イギリス統治論』を著し、イギリス法とフランス法を対比している。16世紀に入ると、セント-ジャーマン（Christopher Saint-Germain, c.1460 – 1540）が『神学博士と法学徒との対話』において、カノン法とコモンローを比較している。さらに17世紀にはフランシス・ベーコン（Francis Bacon, 1561 – 1626）が『学問の権威と進歩について』において、イングランド法とスコットランド法について比較を行っている。スコットランドでは大陸法が支配していたのである。

　大陸で支配的であった自然法に基づく普遍主義的傾向に対して、歴史主義の先駆をなすような法の多様性を認容する学者が17世紀後半以降に現れ、各国で比較法の祖とされる。イタリアのヴィーコ（Giovanni Batista Vico, 1668 – 1744）は『新科学原理』において、文化の多様性に対する理解を示しつつ、その中にある普遍的な要素を認識することに努めた。フランスのモンテスキュー（Charles de Montesquieu, 1689 – 1755）は『法の精神』において、政治体制や法制度の多様性を地理的風土や環境、あるいは道徳的、社会的要因に基づいて解明しようとした。また『ペルシャ人の手紙』においては、フランスと東洋の法律や慣習を比較した。いずれも孤高な研究にとどまり、追随者は見出

しえずに終わっている。

(3) **近　代**　　国民国家の形成に伴い、法の分野においても近代国家法の確立に意が注がれたため、学者の関心の中心は国内に向けられており、比較法は一般に下火となる。そうした中で2つの異なる動きが注目された。1つはドイツにおいて歴史法学派に対する普遍法史学の立場である。ティボー (Anton Friedrich Justus Thibaut, 1772 – 1840) は、非ヨーロッパの法制度にも注目する。フォイエルバッハ (Paul Johann Anselm von Feuerbach, 1775 – 1833) は同様の立場から世界法史を構想するが、断片的で未完に終わっている。他の1つはダーウィンの進化論の影響を受けた比較法学である。バッホーフェン (Johann Jacob Bachofen, 1815 – 87) の『母権論』、メイン (Henry Sumner Maine, 1822 – 88) の『古代法』など普遍法史の立場から比較法史学の成果がみられた。こうした流れを汲むものとして、ドイツでは『権利のための闘争』を著したイエリング (Rudolph von Jhering, 1818 – 92)、イギリスではポロック (Frederick Pollock, 1845 – 1937)、メートランド (Frederic William Maitland, 1850 – 1906)、ヴィノグラードフ (Paul Gavrilovich Vinogradoff, 1854 – 1925) らが出たが、時代は既に確立期に到達している。

2　確　立

一方において研究の組織化が進展し、これに伴い研究の深化もみられた。

(1) **研究の組織化**　　A　各国における組織化　　イギリスにおいては、1869年にオックスフォード大学、1894年にはロンドン大学で比較法の講座が設けられており、また1895年には比較立法・国際法協会が設立され、雑誌も刊行された。ドイツにおいては1878年に比較法学雑誌が刊行され、1894年には比較立法・民族学国際協会が設立されている。フランスにおいては、1869年に比較立法協会が設立され、1876年には司法省に外国立法局を設けている。大学における講座も19世紀半ば以降に次々置かれるようになる。

B　国際的組織化　　まず1900年にパリで比較法国際会議が開催され、近代比較法学の確立を印象づけた。これはフランスのサレイユが提唱したものであり、総括報告者を担当している。ほかにイギリスのポロックやガッタリッジ、フランスのランベールやタルド (Gabriel Tarde, 1843 – 1904) も参加し、世界の学者が一堂に会する記念すべき学会であった。その内容は2冊の報告書にまとめられており、その後の比較法学の基礎となる文献となっている。

2000年にはその100周年を記念する法学国際協会の大会が開催されたが、100年前には参加者のいなかったアメリカが主催国となり、ニューオリンズのチューレン大学を会場としたことは、時代の変化を感じさせる。

　恒常的な組織としては、1924年に比較法国際アカデミーが設立され、1932年にハーグで第1回の国際会議を開催している。第二次世界大戦で中断したのち、1950年からは4年に1回比較法国際会議を開催している。部会をたくさん設けてあらゆる法分野について総花的に扱う学会である。フランスの比較立法協会が事務局として中核を担っている。1950年には国連のユネスコの下に比較法国際委員会が設置され、1955年からその下の法学国際協会（International Association of Legal Science, Association internationale des sciences juridiques）が、主題を絞って毎年学会を開いている。

　ほかに国際連盟の補助機関として、1926年には私法統一国際協会が設立され、国際動産売買法の成立に尽力している。国際連合の下では1968年に国際連合国際商取引法委員会（アンシトラル, UNCITRAL, United Nations Commission on International Trade Law）が設けられ、成果をあげている。法分野別の国際学会としては、国際法、国際私法の研究を中心とする国際法協会（International Law Association）、憲法に関する世界憲法学会などがあり、アンリ・カピタン協会（Association Henri Capitant）のようにフランス語圏の学会やローエイシア（LAWASIA, アジア法学協会）のように地域別の国際学会も多い。

　(2) 研究の深化　講座の開設に伴い比較法の専門家が出現するようになる。イギリスにおいては、ガッタリッジ（Gutteridge）が出て、英米法と大陸法の比較研究を開拓する。その著書である『比較法』は古典的名著である。また植民地支配と関連してアジア・アフリカ法の研究が進んでいる。

　アメリカにおいてはパウンド（Roscoe Pound, 1870－1964）が社会学や人類学の成果を比較法に取り入れ、ウィグモア（John Henry Wigmore, 1863－1943）は『世界の法体系の概観』を著していることが注目される。しかし一般には若い国では自国の法形成に関心が向かいがちであって、伝統的に比較法は発展をみていなかった。ところが第二次世界大戦後に至り、一方で世界戦略と関連してソヴィエト法や日本法といった外国法研究が急速に発達し、他方でユダヤ系学者のヨーロッパとりわけドイツからの流入があり、目覚しい発展をみせる。後述するラーベルもその一人であるが、ラインシュタイン（Max Rheinstein）、

シュレジンジャー（Rudolf Shlesinger）、メリマン（John Henry Merryman）、アインテーマ（Hessel Yntema）などが代表的学者である。またルイジアナではかつてフランスの植民地であった関係で、フランス法研究、比較法研究がチューレン大学、ルイジアナ州立大学を拠点として盛んである。カナダでもフランス植民地であったという同様の理由から、ケベック州のモンレアル大学、マッギル大学で比較法研究が盛んである。

　ヨーロッパ大陸ではドイツにおいて、ラーベル（Ernst Rabel, 1874－1955）が1926年にカイザー・ヴィルヘルム外国私法・国際私法研究所の初代所長となり、ドイツにおける比較法学を確立している。その後この研究所はマックス・プランク研究所と名称を変え、ツヴァイゲルト（Konrad Zweigert）、ケッツ（Hein Kötz）、ドロープニッヒ（Ulrich Drobnig）などが出て、伝統を引き継いでいる。

　フランスにおいては、サレイユ（Raymond Sareilles, 1855－1912）が「文明諸国民の共通法」を説き、1920年にはリヨン大学に比較法研究所を設立している。ランベール（Edouard Lambert, 1866－1947）は立法共通法を構想し、国際的な法の統一を提唱する。レヴィ-ユルマン（Henri Lévy-Ullmann）は1931年のパリ大学の比較法研究所の設立に尽力し、以後フランスにおける比較法研究の中心のひとつとなる。フランスでは伝統的に統一法を念頭に置く普遍主義が有力であったが、こうした理想が国家主義の台頭で裏切られた第二次世界大戦の後に出たダヴィド（René David, 1906－90）は、ガッタリッジの現実主義的な思想の影響も受けて、法族による相違を強調する。もっとも、西欧法を統一的に理解する立場をとる点で、普遍主義的伝統と無縁ではないという見方も可能である。アンセル（Marc Ancel, 1902－90）は、新社会防衛論に立つ刑法学者としても著名であり、ロディエール（René Rodière, 1907-81）は海商法の専門家であるが、比較法の組織化を推進し、比較法の概説書を著した。タンク（André Tunc, 1917－99）やブラン-ジュヴァン（Xavier Blanc-Jouvan, 1930－）のように、今日では大西洋を越えたアメリカ法との比較や交流も盛んである。

第2節　わが国における歴史

　わが国における比較法の確立は西欧よりも遅れ、第二次世界大戦後となるので、前史の期間は一層長くなる。

1 前　史

(1) 上　代　中国から律令が導入される前の時代であるから、固有法が支配していた時代である。固有法を有するといっても、習俗や祭祀と十分に区別された内容をもたず、また確立した法体系も知られていない。しかも他国の法との交流がなかったわけであり、そもそも比較法が成立する余地がなかった。

(2) 中　代　**A　上　世**　外国法である中国法への関心が高まり、継受が行われる。律令は中国から輸入した法制度であるため、自覚的ではないにせよ、外国法を受け入れるにあたって比較研究が行われた。先進国である中国の法制をかなりよく研究した跡がうかがわれ、さらにこれを日本の実情に合わせて変更も加えており、今日でいう比較法的視点に立った法典編纂をしている。たとえば、律は中国におけるよりも刑罰がやや緩和されている。令は全体として簡略化されており、またわが国の実情に合わせて一層異なる内容をもつ。令の註釈をなしたものに惟宗直本の『令集解』があり、中国と比較をした部分があり、比較法研究の先駆にあたる。当時は近代以前でめずらしく法律学が組織的に研究された時代であって、式部省の下に大学や国学が置かれ、その明法道で明法博士により法学教育が担当された。惟宗もその一人である。

B　中　世　この時期には外来文化との熾烈な交流は低調となり（894年遣唐使の廃止）、比較法研究と呼びうるものはみられない。中国においては王朝が交代するたびに新たな律令の制定が行われたのに対して、わが国では天皇の系譜が統治の実権を失っても断絶することがなかった。そのため、異なる律令制の導入や新たな律令の編纂が継続的に行われることがなかった。しかも当初編纂された律令もそのままのかたちで適用されることは急速になくなっていく。律令法が慣習法化して各地に形成された荘園法のほか、武家や寺社における特殊な背景の下に武家法や寺社法が展開していく。律令の固有法化に応じて中国法への関心は後退し、中国法との注目すべき比較研究もなくなる。

C　近　世　近世初期の戦国時代には、中国文化とはまったく異なる西欧文化が、キリシタンの布教活動の一環としての南蛮人の渡来により知られるようになる。ところが、来朝者の手になる比較文化論に及ぶ文献が多くみ

られるのに対して、鉄砲伝来といった科学技術面での影響は大きいし、キリスト教の受容と拒否にも興味あるものがあるが、日本側の比較文化論に及ぶ文献は少なく、法の面での交流にいたってはまったく不明である。

　西欧との交流という面では、大友、大村、有馬の三大名がローマ教皇に少年使節を派遣したことも注目される。その際にヨーロッパの制度をみて感想を述べたことが、遣欧使節報告として残っている。その中で、ヨーロッパでは法が整備されていることを、日本の状態と比較して感嘆している。しかしそれ以上の具体的記述はなく、また日本は鎖国政策へと転換しており、実際上そうした知識がわが国で生かされる余地はまったくなかったと思われる。

　江戸時代においては、鎖国政策が採られたものの中国に対してはオランダとともに門戸が開かれており、朱子学の導入など文化面での交流は一定程度みられた。しかし法の面では、幕府は独自の武家法を発展させており、他方で律令は朝廷側の利用してきた法規であることからも、参照に積極姿勢はみられない。その中で荻生徂徠（1666‐1728）が『明律国字解』を刊行し、中国の律の歴史を調べていることが注目される。

　危険な思想とみなされたキリスト教を含む西欧文化との比較は、江戸時代に入るときわめて困難な状況に置かれるが、新井白石（1657‐1725）は『西洋紀聞』(1709年)、『采覧異言』(1709年)、『東雅』などの比較文化、比較言語の書物を著している。禁教下で潜入したイタリア人宣教師シドッチ（Giovanni Batista Sidotti, 1668‐1714〔1708‐14〕）からの聴取に基づいた一連の業績であり、外国文化に対する高い感受性がみられるが、いずれも法学を直接に対象とするものではない。江戸時代の末期に至ると、蘭学、洋学の研究が盛んとなり、多くの蘭学者が出現しており、西欧文化に対する大きな関心がもたれるようになる。しかし、自然科学、博物学が中心であって、幕府の統治に関わりが深く、また法観念もまったく異なる西欧法については、研究されることがなかった。

　(3) 近　代　開国とそれに続く明治維新政府の欧化政策により、西欧の文物が大量に流入し、法についても例外ではない。しかし、わが国で比較法学が本格的に確立するのは、第二次世界大戦後をまたなければならない。もっとも、西欧法の導入にあたっては当初こそ無自覚な継受がみられたものの、徐々に比較法的視点が重視されている。外国法の翻訳と研究の実績は、のち

の比較法の発展の基礎となっている。旧民法にしてもボワソナード（Gustave Emile Boissonade）の比較法的知見が随所にあり、穂積、富井、梅の編纂になる民法典はフランス法とドイツ法を中核とする比較研究の所産である。また、これとは別に純粋に学問的に比較法を研究する動きも一部にみられたので、紹介する。

A　独自の先駆的業績　わが国における近代比較法学は、穂積陳重（1855－1926）によって自覚的に研究された。穂積は法系論に早くから関心を示し、1884年に「法律五大族ノ説」を提唱した。さらに1904年にはこれを展開した「比較法学研究の資料としての新日本民法」を英文で発表している。そこにおいては7法族の分類が示されており、のちの西欧における有力な法系論に近似した内容となっている。未完の主著『法律進化論』においては、世界の法の発展を進化論の影響の下に集大成する試みをしている。ほぼ同時期に末岡精一（1855－94）は『比較国法学』を著し、国法学を日本で初めて本格的に研究すると同時に、比較法にも関心を示し、比較公法を開拓した。

B　西欧比較法学の紹介　フランス法の杉山直治郎（1878－1966）は、1918年に「比較法の観念に就いて」と題する論文において、サレイユとランベールに拠りつつ比較法学というものをわが国の学界に初めて紹介した。1938年の「比較法の総合的体系」においては、新自然法論に立脚しつつ比較法を観念した。第二次世界大戦後においても「比較法の現在及び将来」において、わが国の比較法学の遅れに警鐘を鳴らしている。杉山門下では石崎政一郎（1895－1972）は労働法の専門家であるが、比較法の基礎理論に関する多くの論稿によりその発展に寄与した。刑法学者の牧野英一（1878－1970）も、日本法理が盛んな時代に西欧の比較法の精神を紹介する様々な論説を発表している。

英米法の研究者は、歴史的、社会的、文化的背景の理解が外国法研究に必要であるという立場から、方法論の再検討の上に立って研究を進めるため、必然的に比較法に関心が高くなる。高柳賢三（1887－1967）や末延三次（1898－1989）は穂積が比較文化論的視点に立つのに対して、むしろ実定法的視点を重視し英米法の特徴を探求した。

他方で、田中耕太郎（1890－1974）は『世界法の理論』（1932－34年）を著し、法を国家的社会に限定せず、一層普遍的なものと解して人類のすべての共同

生活に通有するものとする思想に基づき、法の統一について独自の切り口から論じ、注目された。

比較法研究の組織化の萌芽としては、宮崎孝治郎が台北比較法学会を組織し、比較婚姻法の総合的研究を行った。他方で柚木馨（1902－1965）は神戸商科大学外国法研究会を組織し、現代外国法典叢書を刊行した。これらの仕事は、戦後あらたな装いの下で継続された。法学国際交流の萌芽としてはフランスとの間が注目され、1937年に日本仏語法曹会が設立され、「比較法雑誌」の刊行も行われた。また日仏会館の館長にパリ大学法学部のカピタン（Henri Capitant, 1865－1937）が就任するなどして、学術交流が盛んであったが、第二次世界大戦により中断を余儀なくされる。

2　確　立
(1)　研究の組織化　　A　学　会
まず1950年に東京大学の末延三次教授をはじめ全国の比較法・外国法学者が集まり、比較法学会が創設され、今日までわが国における比較法研究の中心となっている。当初は年2回、その後は年1回の総会を開催しており、そこにおいてシンポジウムと個別報告を実施している。学会の機関誌としては「比較法研究」を刊行している。このほかにも、その後主要な外国法につき二国間での比較法研究を行う学会として、日米法学会、日仏法学会、日独法学会、地域の比較法研究を行う学会としてアジア法学会などが設立されている。実定法各分野の学会でも比較研究は盛んであるが、比較憲法学会、比較家族史学会のように、もっぱら比較研究を目指す学会もある。

B　研究所　　各大学の付属機関として比較法の研究所が設けられる。まず1949年に中央大学に日本比較法研究所が設立される。中央大学なのになぜ「日本」かといぶかしく思う向きもあろうが、初代所長の杉山直治郎教授が日本の比較法研究の中核にしようとした念願がこの命名に込められている。機関誌として「比較法雑誌」を刊行しており、また日本比較法研究所叢書も多く刊行している。中央大学は創立の経緯から英米法研究の伝統が強いが、近時はフランスの大学などとも提携して幅広く国際交流をしている。

1958年には早稲田大学に法学部付属の比較法研究所が設立され、初代所長に中村宗雄教授が就任している。機関誌としては「比較法」を刊行している。早稲田大学もイギリス法の伝統が強く、水田義雄教授を中心として比較法研

究が盛んであったが、近時はドイツ法や社会主義法にも多くの専門家を擁する。さらに、東南アジアおよびイベロアメリカ法の文献の収集に積極的であり、注目される。早稲田大学比較法研究所叢書も多く刊行している。

その後も、1960年には東洋大学に大沢章教授を中心として比較法研究所が設けられ、1963年より機関誌として「比較法」を刊行している。1991年には駿河台大学に和田英夫教授を中心として比較法研究所が設けられ、1992年より機関誌として「比較法文化」を刊行している。

これらとは少し傾向を異ならせるものであるが、同様に比較法研究の発展に重要な寄与をもたらしたものとして、1963年に東京大学に法学部付属外国法文献センターが設立され、諸外国の立法、判例の参照につき、学内外の研究者に多大な便宜がもたらされた。さらに、1993年に同じく東京大学法学部に比較法政国際センター（ICCLP, International Center for Comparative Law and Politics）が設置され、外国大学との交流、とりわけ多くの外国の研究者の受け入れにあたり、各種の雑誌や叢書の刊行も英語と日本語で積極的に行っている。なお、2006年より、両センターと2001年設立のビジネスローセンターが統合され、ビジネスロー・比較法政研究センターとなっている。

(2) 研究の深化　　A　手段の拡大　　a　講座の開設と専門家の出現

第二次世界大戦前に比較法に関心をもっていた者は、いずれも外国法や実定法の講座を担当する者であった。外国法の講座は多く設けられていたものの比較法の講座は皆無であり、したがって体系的に比較法が講義されることもなかった。第二次世界大戦後に徐々に講座の開設がみられ、専門的に担当する学者が現れる。

東京大学においては、1969年に比較法の講座が開設され、杉山直治郎教授の直系である野田良之教授（1912－85）が初代担当者として就任した。もっともフランス法講座からの移籍であり、4年間で定年となり以後は今日に至るまですべて非常勤講師に依存している。これより先の1962年には北海道大学において、民法を担当されていた五十嵐清教授（1925－）が講義を始められた。五十嵐先生の定年退職後は、木下毅教授（1936－）が立教大学から移籍されてあとを継がれたものの、しばらくして木下教授自身が中央大学に移られたため、専任教員が不在となった。私立大学ではこれより早く、立教大学において大木雅夫教授（1931－）が1959年に担当を開始された。1970年

に上智大学に移られたのちは、英米法の木下教授が兼担されていたが、前記のように北海道大学に移籍されたため、専任教員がいなくなっている。学習院大学では1974年に野田教授が比較法文化論の担当として赴任されたが、定年後は専任はいない。上智大学は1970年に大木教授を迎えて始まっているのでさほど早くからではないが、大木教授の退職後の1999年からは滝沢正（1946-）が受け継いでおり、孤塁を守っている感がある。

　　b　研究手法の多様化　　従来の比較法研究は、外国法をわが国に紹介することに重点が置かれていた。いわば、知的に受け入れ一辺倒の状況がみられた。これに対して近時は、比較法の成果、とりわけ比較法的にみた日本法の現状と特徴について、西欧の言語で発信することが行われるようになる。代表的な文献として、Yosiyuki Noda, Introduction au droit japonais, 1966, Dalloz; do. Introduction to Japanese Law, translated by Anthony H. Angelo, 1976, UTP; Hideo Tanaka, The Japanese Legal System, 1976, UTP; Zentaro Kitagawa, Die Rezeption des europäischen Zivilrechts und seine Fortbildung in Japan, 1976, Metzner; Hiroshi Oda, Japanese Law, 1992, Butterworths がある。同時に、国際学会にも積極的に参加して、日本法に関する報告（national report）を提出することが増加している。さらに場合によっては、全体の企画を担当して総括報告（general report, rapport de synthèse）を行うこともみられる。

　　他方において、人的交流という面では、これまでは単に外国の学者を招いて講演を依頼する、授業を担当していただくという形式が主流であった。近時は日本の学者が逆に外国で講演をしたり授業をすることも増えており、さらには二国間または多国間で外国の法学者や法実務家と共同して、研究集会（symposium, colloque）を開催することも、頻繁に行われるようになる。

　　B　対象の拡大　　a　対象国　　まず対象国の拡大がある。伝統的には継受母法であるドイツ法、フランス法にイギリス法を加えた三法がもっぱら研究されていた。戦前の東京大学では選択外国語とも絡んで法学部の学科が英法科、独法科、仏法科と分かれていた。これらのうちイギリス法は、純然たる外国法として研究対象として扱われる傾向にあった。ところが第二次世界大戦後における連合軍による占領以来、アメリカ法を継受した場面が大幅に増加し、また政治的、経済的にもアメリカとの密接な結びつきが生じた。そのためイギリス法から英米法へ、さらにむしろアメリカ法中心へと重点を

移しながら、実定法的にも重要性を増している。

　同時にソヴィエト法、社会主義法の研究が盛んとなる。第二次世界大戦前は共産主義が反体制的として厳しい取り締まりの対象であったため、研究そのものに重大な支障があった。山之内一郎以外に研究者はいない状況であった。戦後期に至り、思想の自由・学問の自由が確立し社会主義法の研究が一気に発展する。ただし、マルクス主義の立場に立つ者による研究がほとんどであり、スターリン（Iosif Vissariovich Stalin, 1879－1953）やヴィシンスキー（Andrei Yanuarievich Vyshinskii, 1883－1954）などの公的立場へ賛同をする論調が強く、批判的見解は稀であった。またソヴィエト法についていえば、社会主義法の側面にのみ注目し、ロシア法時代の研究は手薄であった。ソ連および東欧における社会主義の崩壊は、これらの研究者を一様に戸惑わせることになるが、社会主義国家成立前の歴史など回帰的研究が深くなされるようになり、また社会主義時代の法の批判的検討が行われるなど研究が深化した。

　近時の対象国の拡大として注目されるのは、アジアの諸法への関心の高まりである。中国法については、従来は東洋（中国）法制史というかたちでの歴史研究には大いに蓄積があったのに対して、現代中国の法の研究が遅れていた。当時の中国において法整備そのものが遅れていたという事情も大きい。ところが最近は若手の研究者が多く輩出し、また中国からの留学生で中国法を講じる者も出てきており、ロシア法研究を上回る勢いである。中国との経済的結びつきが緊密となっていることから、中国法の講座を設ける大学が増加しており、また受講生も多い。中国法以外でも、韓国法、台湾法といった極東法に分類できる近隣諸国、東南アジア法、ヒンズー法、イスラム法などに関する講座や専門家も少数ながらみられるようになる。対象としては、アフリカ法や、西欧法でもイタリア法、スカンジナヴィア法、イベロアメリカ法など一層強化されるべき国や地域が依然として少なくない。

　b　対象事項　　対象国と同様に、対象事項の拡大も注目される。これまでは実体法それも民法が圧倒的に中核を占めてきた。これに対して近時は、民法を扱うにしても手続法や司法制度を含めて総体的に比較をなすことも稀ではない。また、憲法や行政法など公法分野、刑事法分野の比較も盛んに行われるようになっている。さらに比較法文化論の立場からは、実定法制度の背景をなす歴史や文化に及んで考察を進めようとする動きがある。変遷極ま

りない実定法のみではなく、それを支える恒常的な要素に着目することは着眼としてはよいが、多くの知識を要することから、有益な示唆を導き出すことまで到達することは容易ではない。

　さらに研究にとどまらず、実践と関わる比較法として近時注目されるものに、法整備支援がある。東南アジアや旧ソ連下にあった中東欧や中央アジアの諸国では、欧米諸国の援助の下に法の近代化を積極的に図っており、ベトナム、カンボジア、ウズベキスタンなどそのいくつかにわが国が深く関与している。名古屋大学大学院国際開発研究科は、こうした方面に特化した独立大学院である。明治維新ののちに西欧型の法典編纂を成し遂げた日本が、その経験を生かしつつどのような国際貢献ができるか、まさにわが国の比較法の水準が試されているといえよう。

第2編 世界の諸法体系の現状（法系論）

世界の諸法体系の現状を対象とする研究を、通常法系論と呼んでいる。法系論については、「法系論序説」として第1章において全体的な問題状況を概観するほか、本体をなす部分については序論第2節の「本書の構成」で述べたように、法族別に扱うという通常の方式はとらずに、法族分類の基準を手掛りとして第2章と第3章において事項別に扱う独自の方式を採用している。どのような事項を取り上げるかについては、第1章第3節の**2**で詳論することになる。また関連して世界の諸法の中における日本法の特質について、最後にとくに章を設けて考察を加える。

第1章　法系論序説

　法系論で扱う対象の呼称は、世界的に必ずしも一致していない。相互に似通った諸国家法をひとつの集合として捉え、大きな法文化的な単位と考えるのであるが、それに対する用語法は多様である。第1に法系 (legal system, système de droit, Rechtssysteme) があり、法系論という用語法はこれに由来する。もっとも、法系に相当する原語表現は一国の法制度全体を示す場合、いわば法体系の意味にも用いられるので、混同を避けるために用いないほうが無難とされる。ダヴィドの『現代の諸大法系』も書名とは裏腹に内部では「法族」という表現を用いている。もっとも、日本語では法系と法体系といった訳し分けは可能であり、五十嵐教授はもっぱら法系の表現を用いる。第2に法族 (legal family, famille de droit, Rechtsfamilien) があり、親類関係にある法をひとまとめにして家族と考えることに由来する。国家法相互が類似しているのは同じ先祖から由来しているとする前提に立つ。第1の用語法についての日本語の法系という言葉も、系譜の意味を含んでおり、同様の発想に基づく。なお言語学においては、上位概念として語族がありその中で語群に分かれるという使い方が一般的である。比較言語学では祖語からの分岐がかなり明確に見てとれる場合がある。法についてはより多様な要素が入り込んでおり困難が多いが、同様の手法が考えられ表現として適切であろう。第3に法群 (legal group, groupe de droit, Rechtsgruppe) があるが、単に類似するものの集まりというニュアンスが強く、あまり多くは用いられていない。第4に法圏 (legal circle, cercle de droit, Rechtskreis) があり、文化人類学での文化圏という表現の借用といえる。

ツヴァイゲルトがこの表現を用いているが、地域的要素が強い。大木教授は法圏の表現を用い、さらには法圏論という表現も用いる。文化一般が地域に根ざして展開する傾向を有するのに対して、法の場合はよりダイナミックに継受が行われることがある。木下教授のように法文化圏とされるのであれば別であるが、やや系譜的意味が弱いように思われる。

以下本書においては、ダヴィドの用語法に倣って、法系論の呼び方の下に具体的には法族という表現を原則としたい。

第1節　法系論をめぐる議論

法系論については、大陸法の学者を中心としてその意義につき積極的な立場と、英米法の学者を中心として消極的な立場とがある。

1　積極的立場

(1)　実践的意義　法系論の積極的な評価としては、世界の様々な法が一定の基準の下に整合的に分類されることがある。世界の諸法の全体的な配置が明らかとなると同時に、特定の国の法制度がその中でどのような位置を占めているか、どのような特徴を有するのかを、これによりはじめて明確に認識することが可能となる。

より実践的には、まず外国実定法の理解を容易にするという意義がある。個別の外国の法制度を考察しようとする場合に、法系論を手掛りとして当該外国法のおおよその位置づけを知っていれば、その国の法を大きく誤解しないですむ。たとえば、判例法主義であるにもかかわらず、その国の制定法規のみを調べたとすれば、その国の法のまったく一部を、しかも不完全にしか知らないことになろう。宗教が法と結合したりさらには法に代替して社会統制しているにもかかわらず、その国の実定法のみを調べたとすれば、その宗教についての理解が法を知る大前提であることからまったく見当違いの理解となろう。法系論は特定の国家法を理解する上での指針の役割を果たす。

法系論はさらに、特定の国の法制度の原型 (archetype, archétype)、理念型 (ideal type, type idéal) をなす法を明らかにし、その特徴を示してくれる。これを手掛りとするならば、その法族に属する諸国の法の特質を把握することが容易となる。その意味では、世界のすべての法でなく法族を代表する法のみを研究しても、総合的な比較法の基礎は十分に修得できるわけであって、個別具体

的な外国法の理解に有益な示唆を与えてくれる。たとえば、英米法に属するカナダ法、オーストラリア法やニュージーランド法の特質は、その原型をなすイギリス法の知識があれば相当程度わかる。

(2) 法思考への寄与 法系論によって世界の様々な法のあり方を知ることは、一国の法を絶対視せず、相対的な見方ができるようになる。先に指摘した比較法的な視野の拡大は、主として法系論によって養われるものである。わが国に関していえば、日本という国は西欧の世界地図でみると東洋の果てに位置しており、かつ島国である。また歴史的にも中国や朝鮮半島を別として、世界の多くの国との交流は少なかった。そのためとりわけ国内で自国の実定法のみを扱っていると、世界の法状況がみえにくい。法系論が、法律家に対してグローバルな視点を育む意義は大きい。

もっとも、比較法が盛んであるヨーロッパ諸国においても、こうした視点が常に確立しているわけではない。近代比較法が成立する契機となった立法共通法を考える発想においては、ヨーロッパ大陸法諸国をもっぱら念頭に置いたものであり、当時は比較の対象としてイギリス法すら視野に入っていなかった。すなわち、英米法と大陸法の国は、異質であっておよそ理解を超える法という認識を相互にもっていた。転機は第一次世界大戦であり、英仏が同盟国となって戦争を遂行することになったためといわれる。同盟する相手国の法を理解できなければ戦時の協力関係を有効に構築できず、国家の存亡に関わるからである。同様に、資本主義諸国からみると社会主義法は人間性を無視した法であり、社会主義諸国からみると資本主義法は滅びゆく矛盾にみちた法という一方的理解がみられた。また西欧諸国からみると独立したばかりの途上国法は遅れた法であって、西欧法に倣って進化すべき法であり、途上国からみると西欧法は世界のひとつの地域の法にすぎず、自らは独自の法を有していると自負していた。グローバルで客観的な視点をもつことがいかに困難であるかを示すものであり、比較法的な視野の拡大は、依然として大きな課題である。

2 消極的立場

(1) 法族分類の可能性と実益への疑問 問題点は様々なレヴェルで指摘されている。もっとも根本的には、少数の法族に分類することがそもそも可能であるかについて疑問が投げかけられている。法系論をヨーロッパ大陸の

学者が積極的に考える傾向があるのに対して、英米法系の学者は総じて懐疑的である。ヨーロッパ大陸では法発展にローマ法以来の伝統を有し、それが域内でまた世界にどのように伝播していったかについて関心が高い。また制定法主義が大陸法の継受を容易にし、かつ各国法のつながりを認識しやすくしている事情がある。これに対して、英米では外国法研究は盛んであっても、法系論まで展開するものは少ない。実利を重んじるコモンローの立場からは、個別の外国法をいかに理解するかがより重要であり、理論的、体系的整序には関心が薄いことが関係していよう。たとえばアメリカでは、占領統治の必要性から日本法、東西冷戦で相手を知る観点からソヴィエト法というように、個別の外国法に関する突出した研究成果が生まれているものの、本格的な法系論は少ない。

(2) **各種法族分類の優劣の不明瞭**　次に、法族の分類が可能であるとしても、いかなる基準で分類するかに応じて多様な法系論が生まれ、優劣がつけにくいという問題がある。比較言語学においては、文法構造や語源といった共通の基準が比較的容易に措定しうるので、分類の客観性の担保がある。これに対して比較法では、実定法のあり方を基準にするか法文化的基礎を基準にするか、実定法でも私法を中心に考えるか公法を中心に考えるかといった基準とする事項のとり方、今日の状況を中心とするか歴史的経緯を重視するかといった時間軸のとり方などに応じて様々な選択肢がある。絶対的な基準といったものは立てることが不可能であり、悪くすると恣意が入り込む余地すらある。また法の領域は言語の領域などと比較して遥かに変化が急である。近時もソヴィエト連邦の崩壊やEUの形成がみられているように、法のあり方の変動は目覚しいが、そこに住む人々が使用するロシア語やフランス語の文法構造が大きく変わるということはありえない。

さらに、たとえ共通する基準の設定ができたとしても、それが一元的基準でない限りは、ある法体系がどの法族に属するのかを決定する際に困難が生じることになる。ある基準によればAという法族に属するとされる国家法が、他の基準ではBという法族に属することがあるからである。これについては基準にレヴェルの相違を設けて重層的に考えることで対処せざるをえないが、しかし重複が多ければ法族に分類する意義がそもそも問われることになる。

第2節　各種の法系論

　世界的な動向を第二次世界大戦の前後で分けて紹介したのち、わが国で公表された法系論にも言及する。

1　第二次世界大戦前

　① エスマン　　フランスのエスマン（Adhémar Esmein, 1848 − 1913）は1900年の比較法国際会議における「比較法と法学教育」と題する講演において、法系論を展開した（『比較法国際会議・講演録Ⅰ』1905年）。区別の基準としては、必ずしも明確ではないものの歴史的形成過程、一般的構造、独特な制度の3点をあげる。具体的には、ラテン法族、ゲルマン法族、英米法族、スラヴ法族、イスラム法族の5つに分けており、古典的な分類を示している。日本を含めた東洋は視野に入っていない。

　② 穂積陳重　　穂積は1884年に法学協会雑誌に発表した「法律五大族ノ説」において、エスマンよりも早くにまったく同様の分類を示していた。その後英文の「比較法研究の素材としての、日本新民法典論」（1912年）と題する論文において、あらたに2つの法族を加えて7つに分類した。歴史的形成過程を重視し、系譜的に把握することを特徴としている。具体的には、シナ法族、ヒンズー法族、マホメッド法族、ローマ法族、ゲルマン法族、スラヴ法族、イギリス法族である。シナ法族とヒンズー法族が追加されたものであり、のちのアルマンジョン＝ノルド＝ヴォルフの7分類やツヴァイゲルトの8分類に近く、今日でも通用するほぼ完璧な法系論のひとつのかたちを提示していると評しうる。アジアにも視点が及んでおり、日本法は明治初年まではシナ法族に属していたが、法典編纂によりローマ法族・ゲルマン法族に移行したとみる。穂積の社会的進化論の見方をそこに看取することができる。

　③ ザウザー‐ハル　　スイスのザウザー‐ハル（Georges Sauser-Hall, 1884 − ？）は、『比較法の機能と方法』（1913年）において、区別の基準として種族を採用した。具体的には、アーリア人種の法、セム人種（コーカソイド）の法、モンゴル人種（モンゴロイド）の法、野蛮国民（ネグロイド、オーストラロイド）の法である。人種に着目することにより、ヨーロッパだけではなく全世界の法を視野に収めることが可能となっている点が注目される。しかし、種族と法の連関がいかにも不自然であり、本人ものちにこの分類を放棄している。日本法は中国法などとともにモンゴロイドの法に分類されている。

④　レヴィ-ユルマン　　フランスのレヴィ-ユルマン（Henri Lévi-Ullmann）は、『比較立法協会50周年記念論集Ⅰ』（1922年）によせた「法の変遷」において、区別の基準として法源の相違を明確に提示する。具体的には、大陸法族、英米法族、イスラム法族である。法源と宗教の関係につき前二者が非宗教法であるのに対して後者は宗教法であり、さらに前二者は法源そのものが制定法主義と判例法主義で区別される。きわめて明快であるものの、単純化と対称配置が過度であり、抜け落ちるものが多い点が批判されており、日本法にも言及がない。

⑤　ウィグモア　　アメリカのウィグモア（John Wigmore）は、ヨーロッパ大陸における法系論とは無縁の立場から『世界の法体系の概観』（1928年）を著しているが、文字通り諸法の概観であってとくには体系づけられていない。具体的には、エジプト、メソポタミア、ヘブライ、シナ、ヒンズー、ギリシャ、ローマ、海法、日本、イスラム、ケルト、ゲルマン、スラヴ、教会法、ラテン、イギリスの16である。日本に滞在し、慶應義塾大学で教えた経験があり、日本法に関する記述は当時にしては価値あるものといえる。

⑥　サルファッティ　　イタリアのサルファッティ（Sarfatti）は、『比較法入門』（1933年）において、区別の基準として歴史的伝統を採用した。具体的には、ローマ型法典族、イギリス型コモンロー族にまず大別され、前者がさらに純粋ラテン法典、ゲルマン法典、ラテン・ゲルマン混合法典、東洋近代文明化国法典の4つに再区分される。イタリアの学者らしくローマ法の伝統をどれだけ受け継いでいるかに焦点があり、したがって完全に西欧中心の分類である。イスラム法すら視野に入っていない。逆に日本法はローマ型法典族の東洋近代文明化国法典に属することになるので、視野に入ってはいるものの独自性は認められていない。フランスのグラッソン（Glasson）も、歴史的伝統を区別の基準とする類似する法系論を展開している。

⑦　マルチネス-パス　　スペインのマルチネス-パス（Martinez-Paz）は、『比較法入門』（1934年）において、区別の基準として法の生成過程を採用した。具体的には、慣習法・蛮族法族、蛮族・ローマ法族、蛮族・カノン法族、ローマ・カノン・民主法族である。ここでも蛮族法（ゲルマン法、アングロサクソン法など）、ローマ法、カノン法の組み合わせであるため、完全に西欧中心の分類である。ローマ法の役割のほかカトリックの勢力が強く教会法の存在感

があるスペイン・ポルトガルを分けた点に特徴がある。最後のローマ・カノン・民主法族としては、ラテンアメリカ諸国を主として念頭に置いており、スペインという著者の出身が反映している分類でもある。

2　第二次世界大戦後

① シュニッツアー　スイスのシュニッツアー（Adolf Schnitzer）は、『比較法学』(1945年、〔2版〕1961年) において、区別の基準として歴史的観念および文化圏を採用した。具体的には、未開民族法族（太古原始民族、土着民族）、古代文化民族法族、近代欧米法族、宗教法族、アジア諸国法族（改訂版ではアジア・アフリカ諸国法族）である。近代欧米法族がさらにヨーロッパ大陸法と英米法に再区分される。過去の法と総合することで歴史的な文化圏を構想し、宗教法やアジア法にも概括的に視野を広げることをなした点は評価できる。もっとも過去の法と現在の法を総合しようとすることには無理があり、分類に明快さを欠く。近代欧米法族として大陸法と英米法の対立の止揚を予測した点も、広い視野であってダヴィドの法系論にもつながる。日本法については、アジア諸国の法の中で歴史を中心として記述がある。

② アルマンジョン＝ノルド＝ヴォルフ　フランス人のアルマンジョン (Pierre Arminjon)、ロシア人のノルド (Boris Nolde)、ドイツ人のヴォルフ (Martin Wolff) の共著になる『比較法概論』(1950-52年) においては、区別の基準として起源と派生関係を手掛りとし、言語学の分類の手法を真似ている。7つの基本となる法族とその派生法の指摘をする。具体的には、フランス法族、ドイツ法族、スカンジナヴィア法族、イギリス法族、ソヴィエト法族、イスラム法族、インド・ビルマ法族である。西欧については詳細な分類であるが、それ以外は軽く扱われており、東南アジア、極東、アフリカは基本的に考慮外となっている。もっとも日本法については、ドイツ法族の派生法という位置づけで言及がある。

③ ダヴィド　フランスのダヴィド (René David) は、『比較民法要論』(1950年) において、区別の基準として、2つを段階的に採用する。第1がイデオロギーであり、主たる基準となる。法が達成しようと努める正義といってもよい。これは宗教的・哲学的信仰によっても、政治的・経済的・社会的構造によっても異なりうる。第2が法技術であり、従たる基準ではあるが併用される。具体的には、西欧法族、ソヴィエト法族、イスラム法族、ヒンズー

法族、シナ法族が区別される。イデオロギーには、宗教法と世俗法という観点のみならず、資本主義法と社会主義法という観点も含まれる。法技術は、西欧法を大陸法と英米法に再区分する際に使われる。

　この法系論には、ヨーロッパ中心の見方から脱却しようとする歴史観が背景にあるように思われる。近世以降ヨーロッパは物質文明、科学技術に優れて世界の中心となり、ヨーロッパの歴史がすなわち世界の歴史となり、ヘーゲル哲学がこれを理論化した。ところが20世紀に入りシュペングラー (Oswald Spengler, 1880 – 1936) によって「ヨーロッパの没落」が説かれると、ヨーロッパが覇権をもつ前はアラブ文明が栄えており、古代には中国、インド、メソポタミア、エジプト等の文明が存在したことが再認識される。そうした中からトインビー (Arnold Joseph Toynbee, 1889 – 1975) のように、6つの文化圏を多元的に捉える見方も出てきた。ダヴィドも明らかに西欧法文化の相対化を念頭に置いている。日本については、シナ法族の一部として一瞥されているにすぎない。

　ついで公刊された『現代の諸大法系』(1964年) においては、法技術の面を重視して修正を加え、同時に名称を一般化したものに置き換えている。すなわち、ローマ・ゲルマン法族、コモンロー法族、社会主義法族、哲学的・宗教的法族である。最後の法族に、イスラム法、ヒンズー法、極東法が含まれる。日本については、極東法の中で中国法と並んで独立して大きく取り上げられている。その後、最後の法族は宗教的・伝統的法族と表題が改められて、イスラム法、ヒンズー法、極東法と並ぶ第4の部類としてアフリカおよびマダガスカル法が加えられる。そこでは伝統的に慣習法が支配しており、これまでの法系分類では無視されてきた地域であったが、特別に関心を向ける必要性から取り上げられている。これによって世界のほぼ全域が法系論の射程に入れられることとなった。

　ダヴィドの『現代の諸大法系』は、後継者であるジョフレ-スピノジ教授 (Camille Jauffret-Spinosi) によって改訂作業が引き継がれて今日に至っている。第10版 (1992年) より、宗教的・伝統的法族とされていたものを「社会秩序と法に関するその他の考え方」とする。宗教的・伝統的法族のそれぞれが独自の特徴を有し、一個の法族ではないことをより明瞭とさせた。また第11版 (2002年) より、社会主義法族はロシア法族とし、歴史的事実として社会

主義法時代を記述する。

④　ツヴァイゲルト　　ドイツのツヴァイゲルト（Konrad Zweigert）は、『20世紀の比較法・渉外法』(1961年) に寄せた「法圏論について」において、ついで『比較法入門』(1971年) において、区別の基準として一元性を放棄し、多元的要素を採用する。法の様式（Stil）を特徴づける5つの要素をあげた。歴史的伝統、特殊な法的思考方法、特徴的法制度、法源の種類と解釈方法、イデオロギーである。具体的には、ローマ法族、ドイツ法族、北欧法族、アングロサクソン法族、共産主義法族、極東法族、イスラム法族、ヒンズー法族である。新版では順序と名称がやや異なるが、ほぼ同内容である。すなわち、フランス法族、ドイツ法族、スカンジナヴィア法族、イギリス法族、ソヴィエト法族、イスラム法族、インド・ビルマ法族、極東法族（非共産）である。穂積の分類に北欧法族を、アルマンジョン＝ノルド＝ヴォルフの分類に極東法を加えたものに近く、ひとつの完成形を示しているといえよう。『比較法入門』は、その後はケッツによって改訂されている。

⑤　マルムシュトレーム　　スウェーデンのマルムシュトレーム（Malmström）は、「法系論」と題するスカンジナヴィア法学13号 (1969年) に寄せた論文においてダヴィドの当初の分類と類似して、西欧法、社会主義法、アジア法、アフリカ法に区分する。

⑥　メリマン　　アメリカのメリマン（John Henry Merrymann）は、『大陸法の伝統』(1969年) において、ほとんど法系論が著されていないアメリカの考え方を示している。ローマ・ゲルマン法族、英米法族、社会主義法族の3分類である。大陸法内部での分岐よりもドイツ、フランス、イタリアなどを一括して、コモンローと対比する。近代化イコール西欧化という思想的傾向が強く、伝統社会から近代社会へという社会進化論に立脚すれば、西欧法以外には関心が向きにくい。

⑦　アンセル　　フランスのアンセル（Marc Ancel）は、刑法学者であり、新社会防衛論を展開したことで知られる。『比較法の効用と方法』(1971年) において、ローマ・ゲルマン法族、コモンロー法族、社会主義法族の3つに宗教法をプラスアルファで付加する。

⑧　コンスタンチネスコ　　ルーマニア出身のコンスタンチネスコ（Leontin Jean Constantinesco）は、4巻からなる大部の『比較法概論』（Ⅰ：1971年、Ⅱ：

1974年、Ⅲ：1983年、Ⅳ：未刊行）を構想し、死後出版の第3巻で分類基準を示したものの、第4巻法系論は未完に終わった。区別の基準としては、ツヴァイゲルトの5つの要素を公法軽視として批判し、国家の観念と役割、市民の基本権などを追加する。法系論については構想のみが示されており、具体的には大陸法族、英米法族、ソヴィエト法族である。

⑨　クルース　　⑥、⑦、⑧は、一時期に盛んであった第三世界の勢力が弱まり、欧米の復権を反映している。イギリスのクルース（Peter de Cruz）の法系論は、さらに先をいく。すなわち、『現代比較法』(1993年）において、ソ連の崩壊に伴う法変動を受けて社会主義法を格下げし、代わってヨーロッパ統合の進展により欧州共同体法を取り上げる。具体的には、大陸法族、コモンロー法族、その他の法族、欧州共同体法族であり、その他の法族のひとつとして社会主義法を配置する（参照、滝沢正「紹介：Peter de Cruz, A Modern Approach to Comparative Law」比較法研究56号、1995年）。

3　わが国の法系論

穂積陳重の法系論がきわめて注目される業績であるが、これについては、既に第二次世界大戦前の世界の法系論に関して述べた。その後においてはわが国における独自の法系論の展開は長い間みられず、諸外国における法系論の紹介が中心であった。とりわけ五十嵐清教授の多くの業績が注目される。そうした状況は今日でも基本的には変わっていないように思われる。

①　野田良之　　野田教授は、非西欧法の国から異なる視点に立つ法系論を発信する重要性を説き、自らは国民性、国民性格学を基礎とするきわめて独創的な見解を提示された（参照、野田良之「比較法文化論の一つの試み」『比較法と外国法』1978年、早稲田大学比較法研究所）。しかし、同調者はみられず、またその後わが国で自己の法系論を本格的に展開するものは少ない。

②　大木雅夫　　大木教授は、著書である『比較法講義』(1992年、東京大学出版会）において、西洋法族、コモンロー法族、脱社会主義途上法族、宗教的・哲学的共生法族とする分類を提示する。ダヴィドの新分類にほぼ沿ったものであり、社会主義法につき時代に合わせた修正を施しているようにみえる。もっとも、法族分類の基準としてはツヴァイゲルトの法の様式を重視する立場でありながら、分類の結果はダヴィドに近く、その間の関連がよく理解できない。また日本法については、西洋法を継受した法として、西洋法族に含

めている点は、ダヴィドやツヴァイゲルトと異なる。

③　木下　毅　　わが国で西欧中心の法系論とは異なる視点を重視して、もっとも積極的に法系論を展開されたのは、木下教授である。論文「東西法文化と法系論」（立教法学34号、1992年）においては、脱ヨーロッパ的法系論を構想したと述べているように、西洋法の相対化をダヴィド以上に突き詰めた見解である。具体的には、西洋法族（大陸法、英米法、イスラム法）、東洋法族（ヒンズー法、東南アジア法、極東法）という二大区分である。一神教的伝統と多神教的伝統により法のあり方が根本的に異なるとする理解に基づく。西欧の比較法学者の発想からはおそらく出てこない、きわめて独創的で大胆な分類である。もっとも、これにより世界の諸法が截然と区別できるかについては、いささか疑問もある。その後は比較法文化の立場から「法文化圏」を最上位に置き、その下に「法系」さらに「法族」を分類するという、より多元的な分類を提示している。また日本法については、文化的背景を重視する立場から極東法族に当然含まれることになる。

④　私　見　　ダヴィドの法系論が分類の視点の置き方という面で比較的単純であるが、世界全体を視野に収めており優れているように思われる。これを時代の変化に合わせるならば、大陸法族、英米法族、宗教的・哲学的・伝統的法族となろうか。社会主義法族に属していた国の帰属は流動的であるが、そのうちソ連や中東欧の旧社会主義諸国は、大陸法族の中でスカンジナヴィア法のようにローマ法の伝統の有無やスラヴ法の特別な地位を考慮して細区分の対象とする。中国法も、市場原理を積極的に取り入れている今日では、社会主義法として扱うよりは、宗教的・哲学的・伝統的法族のひとつである極東法の中で特別に位置づけることが妥当ではないか。

第3節　法族分類の要素

1　様々な要素

(1)　**要素を限定する立場**　　法系論においては、各論者がそれぞれ自己が重要と考える要素に着目して、分類を行っている。少ない区別の基準を立てるものには、たとえばレヴィ-ユルマンの法源、サルファッティのローマ法との連関に着目した歴史的伝統、マルチネス-パスの法の生成過程など、単一の要素に求める立場がある。要素の優劣を考慮に入れる必要がないため、

きわめて明快である。しかし、1つの基準のみで割り切ることには、異論もありうる。

これに対して、ダヴィドは、法族分類の要素たりうる恒常的要素とそれ以外の可変的要素を区別し、前者としてイデオロギーと法技術の2つを指摘する。2要素のうちではイデオロギーの優位とこれを補完する法技術を組み合わせることによって法族を分類することをまず試みて、のちに比重を変えている。複合的視点を導入しつつも、明快さを失っていないと評することができる。

(2) **多様な要素を考慮する立場**　これに対してツヴァイゲルトは法族分類の基準として法の様式をあげ、様式形成要素として5つをあげている。第1は、歴史的伝統である。具体的に念頭に置かれているのは「ローマ法の継受」であるが、副次的には近代におけるフランス法の継受（ナポレオン法典の影響）も考慮される。第2は、法観念・法的思考方法である。具体的には法の分類の仕方、法規範の捉え方、形式重視の度合い、法に期待される社会統制機能などである。第3は、特徴的法制度である。英米法における信託のように、特定の法族にのみ認められる法制度を基準とする。第4は、法源の性質とその解釈である。第5は、イデオロギー、宗教である。

コンスタンチネスコは、規定的要素と代替可能要素を区別し、規定的要素が複数あることを前提としつつも、ツヴァイゲルトの5要素の指摘を批判的に検討する。すなわち、私法中心であり公法も考慮に入れるべきである、歴史的伝統というのは規定的要素とは思われない、独特な法制度は代替可能要素であれば基準たりえないとして、自らは9つの要素を指摘する。第1は法の観念と役割、第2はイデオロギーと教条、第3は所与と構成の関係、第4は経済構造、第5は国家の観念と役割、第6は市民の基本権、第7は法源とその序列、第8は法解釈および裁判官の地位と役割、第9は法的諸概念および基本的法範疇である。

ツヴァイゲルトやコンスタンチネスコになると、法族分類に役立つ様々な要素を網羅するという意図は理解されるものの、多数の要素のいずれを優先して考えるかにより、必ずしも一義的分類に到達しえないという問題が生じよう。具体的な分類をみても、ツヴァイゲルトは、アルマンジョン＝ノルド＝ヴォルフの7分類と相違が見出しがたい。コンスタンチネスコは、具体的

な法系論を展開することなく終わったが、構想においてメリマンやアンセルのきわめて単純な分類と結果において類似する。
2 本書の立場
(1) 基準論の実際の役割への疑問　法族分類の基準が論者により多様であり、また複数の基準それも5つとか9つとなると、具体的適用にあたっては、各国法をどこに属させるかに困難が生じよう。法系論が多様であり決定的に優位する分類がないということであれば、結局は類似した分類に落ち着く。法系論の私見は前節の「わが国の法系論」の個所で指摘しており、ここで私見に基づく各法族の解説を展開することにさほどの意味はない。しかも、わが国においては、外国法の講義が充実しており、ドイツ法、フランス法といった大陸法や英米法、さらにはロシア法や中国法の特徴に関する知識はそこで個別に十分に得られる。そこで法系論を法族ごとに一定の基準により体系的に記述することはせず、前提となる法族分類の基準についても絶対的な要素を指摘することはしない。

しかし、共通して指摘される異論のない要素があることも事実である。そこで以下においてはそうした基準を取り上げ、それぞれの基準によればどのような分類となるかという分析を行う。その際に実定法に直結する要素は除外した。ツヴァイゲルトにおけるローマ法の継受を中心とする歴史的伝統、特徴的法制度がそうであり、これを批判し公法的要素を重視したコンスタンチネスコの国家の観念と役割、市民の基本権もそうである。もちろんこれらの要素が重要でないということではない。たとえば歴史的伝統は、法系とか法族という名称そのものが系譜的に発展の跡をたどるというものであるから、これが無視しえないことは疑いない。中東欧諸国における脱社会主義による西欧法摂取が成功するか否かも、社会主義国家建設以前にどれだけローマ法の伝統に親しんでいたかによって、大きく左右されるであろうことがいわれることは、歴史的伝統の重要性を示唆するものである。ただこうした点は、法の継受に関連して後に検討する。またそれが具体的には、法観念や法源のあり方を規定することになるので、これらを検討する際に言及する。さらに世界の法体系の変動を扱う第3編において、法変動の潮流を形成する要素として言及したい。

(2) 項目別分類の要素　残る要素がここでの対象となるが、大きくは法

第3節　法族分類の要素

　規範に対する認識に関わる事項と法制度に関わる事項となる。前者はダヴィドがイデオロギーおよび法技術とし、ツヴァイゲルトが法観念、法源、イデオロギー・宗教としている3要素であり、コンスタンチネスコがより詳細に論じている7要素である。これを以下では法観念、法技術、法源の3つにまとめた。コンスタンチネスコを手掛りとするならば、法観念としては、イデオロギー、法観念、経済構造が、法技術としては法概念・法分類、法構造が、法源としては、法源、法解釈が含まれよう。

　法制度に関わる事項は、細部に及ぶと実定法の問題となるものの、西欧法内部で大陸法と英米法を対比させた場合に、やはりきわめて重要と思われる。ここでは法を支える制度的要素として各法族に共通に存在し、しかも恒常的なものである、裁判所と法律家を取り上げた。法の適用に関わる制度は、法のあり方を反映している面があり、同時に法のあり方を規制している面があって、法規範に対する認識とも密接な影響関係にある。裁判所は法適用を担う機構でありいわばハード面であり、法律家は法適用を担う人材でありいわばソフト面ということができる。

　法制度を支える仕組みとしては、法の適用ではなく法の形成に関わる仕組みの比較も考えられる。制定法主義を採用する国においては、法律を中心とする制定法が重要であり、これがいかなる機構を通じて成立するかに関心がもたれる。議院内閣制、大統領制、折衷的な両頭制などが指摘されるところである。しかし、この問題は比較政治制度や比較憲法という科目において別個に本格的に扱われることが多いので、ここでは取り上げることはしない。

　なお、大木教授の『比較法講義』においても法系論は体系的に展開されておらず、「法典論」と「法律家論――法秩序の造形者」をとくに取り上げて検討している。これに対して、法の様式形成要素である法観念、法源とその解釈、イデオロギーや宗教は、法圏論を一般的に論じる中で指摘するにとどまっており、また法制度的な面での裁判所もとくには扱われていない。こうした法族分類の要素相互で取り扱いに差異を設けたゆえんは必ずしも明確ではない。なお、法典論は本書でいえば法源の問題の一部ということになろうし、法律家論は本書の法律家にまさに相当するものといえよう。

第2章 法規範に対する認識による分類

第1節 法観念

「社会あるところ法あり（Ubi societas ibi jus)」という法格言がある。人間集団が社会を構成しているといえるほどのまとまりを有する場合には、法が不可欠なのである。しかし、社会を統制する機能を有する規範は法だけに限られているわけではないし、また他の社会規範と常に区別されているわけでもない。さらには、法規範を他の社会規範と区別している社会についても、そこにおいて法にどのような社会統制機能を期待しているかは、異なる。法観念としてまずこうした法というものに対する基本的立場の相違による分類を行う。

1 社会統制規範の分化

(1) 法規範の分化の有無による分類 もっとも根本的には、法規範とそれ以外の社会規範、たとえば道徳、習俗、宗教といったものとが、そもそも未分化であって峻別されていない国と、区別が認識されている国が区別される。法と他の社会規範は、原始社会においては当然未分化であった。したがってどの国でも過去にはるか遡れば、これらが峻別されていない社会であったはずである。今日では、道徳や宗教と一体となった習俗がとりも直さず法（この場合は慣習法という形態をとろう）であるという国は存在しない。もっともアジア、アフリカ、ラテンアメリカなどの諸国の内部には、未開社会が存在していることがあり、そこにおける原住民の生活はこうした状況にあるといえよう。国家法の建前とは異なるこれらのいわば自主法は、国法の根本に抵触しない限りは尊重されている。

(2) 法規範の他の社会規範との結合の有無による分類 法と法以外の社会規範との分化が意識されているとしても、今日の西欧的法観念によれば、法規範は、道徳、習俗、宗教などとは、もちろん共通する部分はあるにせよ別の性格を有する規範であるとされる。たとえば、法規範は外的行動を規制しようとし、国家的制裁を伴うのに対して、道徳は内的精神を規制しようとし、国家的制裁は伴わない。それぞれが別の目的に仕えるものであり、直接に関係はもたず、混同すべきでないとされる。しかし、こうした峻別した扱

いはそれほど古くから認められたものではない。

　A　道徳　道徳、倫理規範との結びつきは、かつては原始的な法観念で刑罰との親近性が高かった時期にはとりわけ目立っていた。しかしたとえば17、18世紀においても、自然法学派の考え方には、法の内容と正義の観念がきわめて近接して捉えられていた。それが近代革命を経るなどして、自然法の内容が実定法化されることにより、また法実証主義が支配することにより、明確な棲み分けがなされるようになった。同時に、社会が高度に組織化されるようになると、価値中立的な技術的法規が多く制定されるようになり、道徳との分離は一層明白に自覚されるようになる。

　道徳は法規範の内容に関わることがあると同時に、法規範とは区別された規範として、しかし単に精神的な内面の規律としてではなく、社会統制の手段として把握されることもある。儒教道徳に基づく礼はまさにそうした典型であり、ダヴィドが極東法を特徴づける哲学的基礎としているものである。法の社会統制の役割の範囲という面から基準となるので**2**で検討する。

　B　習俗　伝統的習俗との結びつきは、慣習法主義の下ではきわめて強かった。慣習法は、習俗（事実たる慣習）のうち法的拘束力を認めることにつき一般の意識が高まったものを指すわけであるから、両者の区別は相対的なものでしかない。今日では、多くの国では法源の形態が制定法や判例法に取って代わられたため、習俗の内容がこれらの法源の中に具体化されることはあれ、直接の結合はない。これに対して、アフリカ諸国・マダガスカルでは国家法とは別に現在でも習俗が慣習法と相当密接な関連を有しており、ダヴィドの分類による伝統的法族という範疇はこれに相当しよう。

　C　宗教　宗教規範との分離はより複雑である。法との連関は道徳や習俗に劣らず深いものがあり、しかもそれらと異なり宗教上の信念から今日でも法規範と結合させて考えている国が少なくないためである。イスラム法はイスラム教と、ユダヤ法はユダヤ教と、ヒンズー法はヒンズー教と直接関連している。これらは、ダヴィドの分類で宗教的法族の範疇に属する。ここで注意すべきことは、宗教的法族という1つの法族が存在するのではなく、宗教との結びつきが深い諸法族を総称していることである。

　宗教を土台とする法族においては、キリスト教では一夫一婦制であるのに対しイスラム教では一夫多妻制を採用しているなど法制度の内容が宗教の影

響で異なってくることは当然として、法に対する基本的な考え方自体が相違することが少なくない。たとえば、イスラムではクルアーン（コーラン）は最高の教典であると同時に法典でもある。そのことに由来して、我々は社会の動向に応じて法が発展するという考えを何の違和感もなく受け入れているが、イスラム法ではこうした法思想そのものが否定されている。法の内容はクルアーンに定められたとおりで確定しており、法が変化するということは、正道を外れることを意味するからである。

宗教規範との分離がもっとも明白なかたちで完成しているのは、キリスト教文化圏である。西欧でもキリスト教の政治との結びつきはローマ時代からあり、中世においてはカノン法という法体系が整備され、大きな影響力をもった。その後もカノン法が訴訟法など世俗法に与えた影響は大きく、また近世にあってもキリスト教を国教とするなどの政策が採られたため政治と結合し、世俗社会のあり方に関わっていた。近代市民革命によって国家と教会の分離、政教分離が実現されたわけであるが、それはたかだか数百年前のことにすぎない。政教分離原則は別の面からは信教の自由の確立でもあった。さらに、社会主義革命においては宗教はアヘンであるとして禁止されたため、反宗教国家であるが、信教の自由は担保されておらず非宗教国家とはいえない。近時の脱社会主義の動きにより、旧社会主義国でも信教の自由が確保されつつある。このようにして、西欧国家を中心として法の世俗化（secularization, sécularisation）が進展した。

もっとも、西欧諸国の間でも、政教分離の度合いは各国の歴史的背景の相違からかなり異なる。フランスのように政教分離がきわめて徹底しており、公共の場から一切の宗教を排除している国がある一方、ドイツのようにより緩やかな分離にとどまる国もある。さらにはイギリスのように国教会をもつ国や、アメリカのようにピューリタンによる建国を基礎とする国もあり、政教分離は一層緩やかである。また西欧法の根幹にキリスト教的思想があることは否定できない。これらの点については、第3編第3章第1節の**1**で「宗教からの自立」として詳述する。

2 法の社会統制機能

(1) 社会統制における役割の相違による分類：西欧法と極東法　　法が他の社会統制規範と分離している社会を前提として、それでは法規範にどの程

度の社会統制機能を期待するかに応じて、第一次的機能を有するものとして積極的に考えるか、二次的機能を有するものとして消極的に考えるかで、さらに区分することができる。このレヴェルから固有に法観念をめぐる考え方の相違による分類といえよう。前者が西欧の法観念とすれば、後者は極東の法観念であり、東西法文化の対立を示すものである。

　A　西欧法　　西欧においては、法は社会を規律するために中心的な役割を果たすことが期待されている。いわゆる「法治主義」の考え方である。西欧ではローマ法以来法は私法を中心として発達してきた。法は私人間の社会紛争につき正しい解決の道筋を示してくれるものであり、理想、善、衡平を体現するものである。個人はこれを具体化した権利を裁判を通じて獲得し、社会的には正義と合致した解決が導かれる。法や裁判はプラスのイメージで捉えられている。法に関わる人々、法律家に対しても一般的に敬意が払われている。英語のlawを例外として法（droit, Recht, diritto, derecho）という言葉は権利を意味することが多いし、同時に正しさ（right, droite, recht, diritto, derecho）という言葉にもつながっている。また裁判（justice, justice）という言葉は同時に正義を意味することが多い。

　B　極東法　　a　総論　　これに対して、極東においては、儒教の思想によれば治者が徳をもって社会統制をするのが本筋であって、法の適用を避ける傾向があり、法は彌縫的手段と考えられてきた。いわゆる「徳治主義」の考え方である。中国の律令にみられるように法は公法を中心として発達する。私人間の社会紛争はこれが生じないように礼規範にのっとって行動することが望まれ、法による解決はこれがうまく機能しなかった場合にのみ介入を要請される。したがって法は基本的に権力者による統治の補充手段であり、徳治が働かないことを前提としている。法や裁判は刑事を中核としてマイナスのイメージで捉えられることになる。法に関わる人々は専門職としてはあまりおらず、いずれにせよ権力の手先であるからして、一般的に軽蔑が支配している。法という漢字の元のかたちは「灋」である。この言葉の解釈は分かれており、旁（つくり）の部分は頭が鹿で足が馬の珍獣である（麒麟や龍と同じく想像上の動物）ことに異論はない。この珍獣が私心を去って（去）水のごとく公平に（さんずい）判断するのが法であると西欧的に理解する者もあるが、むしろこの珍獣が逃げ出さない（去）ように水を湛えた堀（さんずい）を作っ

ておくという理解がよいのではないか。法とは枠付けをしてはみ出さないようにするものという意味になる。すなわち、法には権利と結びつくことはなく、もっぱら規制の面を体現していた。社会の秩序は徳に基づき礼の規律で維持されていくのが基本であり、紛争が生じても平和的に話し合って解決すべきであり、法を適用することは望ましいとは考えられていない。法は社会の安定のために最終的にどうしようもないときに、拠るべき手段であって、いわば必要悪なのである。そうであれば、最小限に存在すれば足りるのであり、あまり社会統制の前面に出ることはよしとされない。いくつかの例をあげてみよう。

b 具体例 まず法が最小限度の規制でよいことは、前漢の高祖の「法三章」の考え方に典型的に示されていよう。すなわち、「汝、殺すなかれ。汝、傷つけるなかれ。汝、盗むなかれ。」である。徳による統治が法による統治に優位する儒教の教えは、論語の中に数多くみられる。代表的なものをいくつか紹介する。「子の曰〔ノタマ〕わく、政を為すに徳を以てすれば、譬〔タト〕えば北辰の其の所に居て、衆星のこれに共するがごとし。」(為政第二・1、以下における論語の書下し文は、金谷治訳『論語』(改訳版) 1999年、岩波文庫、による)。「子の曰わく、これを道びくに政を以てし、これを斉〔トトノ〕うるに刑を以てすれば、民免れて恥ずること無し。これを道びくに徳を以てし、これを斉うるに礼を以てすれば、恥ありて且つ格〔タダ〕し。」(為政第二・3)。「子貢、政を問う。子の曰わく、食を足し兵を足し、民をしてこれを信ぜしむ。子貢が曰わく、必らずや已むを得ずして去らば、斯の三者に於いて何れをか先きにせん。曰わく、兵を去らん。曰わく、必らず已むを得ずして去らば、斯の二者に於いて何れをか先きにせん。曰わく、食を去らん。古えより皆な死あり、民は信なくんば立たず。」(顔淵第十二・7)。第1例は徳治主義そのものを説き、第2例は徳治主義と東洋的法治主義である法家の思想を比較して、徳治主義がより優れていることを述べる。第3例はさらに三者の比較を試みており、道徳国家、経済国家、軍事国家の順でよい統治になるとする。兵は強権政治、東洋的法治主義に通じ、食は利益誘導政治に通じ、信は徳治の結果生じるものであろう。徳治主義が拠って立つ社会規範が礼であり、これに従えばおのずと紛争は回避される。「子の曰わく、恭にして礼なければ則ち労す。慎にして礼なければ則ち葸〔シ〕す。勇にして礼なければ則ち乱る。直

にして礼なければ則ち絞す。」(泰伯第八・2)。礼にしたがえば、人間関係はうまく収まるのである。

　このように、儒教において徳治主義が重視されていることは明らかであるが、そうであるからといって法治原理そのものが不要であるとしているわけではない。あくまで二次的な役割として考えられているのである。「子の曰わく、訴えを聴くは、吾れ猶お人のごときなり。必らずや訴え無からしめんか。」(顔淵第十二・13)。「子張、孔子に問いて曰わく、何如なれば斯れ以て政に従うべき。子の曰わく、五美を尊び四悪を屏〔シリゾ〕ければ、斯れ以て政に従うべし。子張が曰わく、何をか五美と謂う。子の曰わく、……子張が曰わく、何をか四悪と謂う。子の曰わく、教えずして殺す、これを虐と謂う。戒めずして成るを視る、これを暴と謂う。令を慢〔ユル〕くして期を致す、これを賊と謂う。猶しく人に与うるに出内〔スイトウ〕の吝〔ヤブサカ〕なる、これを有司と謂う。」(堯曰第二十・4)。前者では徳治主義が法治原理を背景にして成り立っていることがわかり、後者ではその法治原理が的確に運用されるべきことを説いており、決して法の存在を否定してはいない。

　わが国では、政治のあり方を論じる書物は少ないが、卜部兼好『徒然草』の一節は、法家ではなく儒家の思想が日本でも支配的であったことを示す。すなわち、「世を捨てたる人の、万にするすみなるが、なべて、ほだし多かる人の、万に諂ひ、望み深きを見て、無下に思ひくたすは、僻事なり。その人の心に成りて思へば、まことに、かなしからん親のため、妻子のためには、恥をも忘れ、盗みもしつべき事なり。されば、盗人を縛め、僻事をのみ罪せんよりは、世の人の餓ゑず、寒からぬやうに、世をば行はまほしきなり。人、恒の産なき時は、恒の心なし。人、窮まりて盗みす。世治らずして、凍餒の苦しみあらば、科の者絶ゆべからず。人を苦しめ、法を犯さしめて、それを罪なはん事、不便のわざなり。」(第142段・部分)

　c　補　論　極東法を支える理念の中核であった儒教思想は、合理的でいわば開かれた徳治主義を説いているのであって、専制的でいわば閉じた道徳統治を説くものではなかった。それが時の権力者によって人民を教導するかたちで本来的な利用がなされた時期もあり、わが国では律令制を導入した初期においてみられた。しかし武家法と結合した江戸時代の朱子学のように、人民を支配する道具として利用された時期もあった。明治維新ののちも為政

者に好都合なように儒教が理解されることが少なくなかった。このように、直近の時期における長期にわたる悪しき影響から儒教は古くさい道徳を説くもの、権力者に好都合な思想と思われて、毛嫌いされることが少なくない。しかし、本来的には徳治を中心として礼規範で平和な社会を実現しようとした思想といえる。ただ世の中にはどうしてもだめな人間もいるので、そうした者のために法も配置して最終的には強制して従わせる、というごく常識的で穏健な考え方である。

儒教思想の誤解の典型例として「子の曰わく、唯だ女子と小人とは養い難しと為す。これを近づくれば則ち不遜なり。これを遠ざくれば則ち怨む。」（陽貨第十七・25）がある。女子と小人を女性と子供と理解すると女性差別撤廃条約と児童の権利条約上、儒教はまずいのではないかということになろう。しかし、論語でいう女子は淑女に対する対概念であり、小人は君子に対する対概念である。「徳のない人は男も女も、すぐつけあがったりひがんだりしてだめですね」と言っているのである。さらに徳治に関する議論に関係が深い誤解としては、「子の曰わく、民はこれに由らしむべし。これを知らしむべからず。」（泰伯第八・9）がある。これも、「人民は徳治を行えば従わせることはできるが、その理由を十分に理解してもらうところではなかなか難しい」という意味であり、ごく常識的な内容である。解釈としては、後段を「その内容をむやみに知らせないほうがよい」とするものがあり、統治がうまくいっているのを自慢してはいけない意味と考える。いずれにしても、人民はただ服従させておけばよいのであって、無知蒙昧にしておけ、などという解釈は出てくる余地がない。本文に関して、長いものには巻かれろ、権力盲従でよしというまったくの誤訳が今日でも相当広く流布している原因はどこにあろうか。ひとつは国語の変化であって、「べし」がかつては可能を示していたのに対して、今は命令を示す助動詞であることがある。それ以外ではこれを政治的に使おうとして、国語学者とは異なる解釈を持ち込んだ可能性があり、戦前では問答無用の強権的統治を儒教で正当化するために、戦後では儒教道徳がいかに悪いものであったかを指摘し、批判しようとするあまりに、本来と違った意味を付与したのかもしれない。あるいはもっと単純に、これが論語の一節であることを知らずに、強権的統治を表現する格言として使っていることが、実はもっとも多いのかもしれない。

(2) 社会統制における理念の相違による分類：資本主義法と社会主義法

　法を社会統制のための第一次的な規範として捉える西欧の法観念は、さらに狭義のイデオロギーとの関係で法治主義を究極の目的とするか、別の目的を実現するための手段とするかで分かれる。これまで西欧の法観念として念頭に置いてきたのは、ローマ法以来の法が正義や衡平を体現するものであって、法の支配を理想とし、法への信頼を前提とする考え方であった。しかし、同じく社会統制の中核と考える西欧の法観念から出発しつつも、あくまでこれを手段として捉える考え方が主張される。いずれも20世紀に登場して、個人主義に立脚した伝統的な法による社会規律とは異なる団体主義のイデオロギーに依拠するものであったが、現在は支持を失っている。

　a　国家社会主義　その1つは、国家社会主義の思想であり、ナチズムによって主張された。アーリア民族の優越を説き、人種絶対の立場に立ち、個人主義を否定し非合理的な要素が多い。法を実体的に捉えれば正義や合理性に担保されることになるが、国家社会主義においては国家目的を実現するための正当化手段として法が単に利用される。のちにカール・シュミット（Carl Schmitt, 1888 − 1985）のようにそうした形式論理優先の志向が、ナチズムを増進させたとして批判の対象となる。

　b　社会主義　他の1つは、共産社会の前提としての社会主義の思想である。共産主義はマルクス（Karl Marx, 1818 − 83）やエンゲルス（Friedrich Engels, 1821 − 96）によって主張された労働者階級の優位という団体主義に立脚する。資本主義社会においては、搾取階級である資本家と搾取される階級である労働者に分岐し、両者は経済的利害が対立しているからその間に階級闘争が生じる。共産主義によれば、国家や法は、支配階級である資本家が統治の手段として用いる社会の上部構造である。ところが労働者階級が資本家を打倒し、権力を掌握して共産社会が実現されれば、支配階級と被支配階級の区別がなくなるわけで、そこでは統治の手段も不要となる。いわゆる共産社会の実現後における国家と法の死滅である。したがって、法をどのように構築するかは、マルクスの思想からすれば論じる余地がないことになる。

　「発展の進行につれて、階級差別が消滅し、すべての生産が結合された個人の手に集中されると、公的権力は政治的性格を失う。本来の意味の政治的権力とは、他の階級を抑圧するための一階級の組織された権力である。プロ

レタリア階級が、ブルジョア階級との闘争のうちに必然的に階級にまで集結し、革命によって支配階級となり、支配階級として強力的に古い生産諸関係を廃止するならば、この生産諸関係の廃止とともに、プロレタリア階級は、階級対立の、階級一般の存在条件を、したがって階級としての自分自身の支配を廃止する。

　階級と階級対立とをもつ旧ブルジョア社会の代りに、1つの協力体があらわれる。ここでは、各個人の自由な発展が、すべての人々の自由な発展にとっての条件である。」（マルクス＝エンゲルス／大内兵衛＝向坂逸郎訳『共産党宣言』1992年、岩波文庫）

　ところが、共産社会は一挙には実現することができないことが、ロシアにおいて社会主義革命を最初に実行してみてわかる。そこで共産社会が実現するまでの過渡期として、社会主義社会の時代を措定せざるをえなくなる。社会主義社会ではいまだ共産社会ではないので、これを実現するための手段として法が現実問題として必要となり、それが社会主義法ということになる。将来の理想社会の建設というイデオロギーが重視され、法は第一次的社会統制手段ではあるが、単なる道具であり、しかも共産社会が実現されたあかつきには、消滅すべき運命にあるのである。レーニン（Vladimir Il'ich Lenin, 1870－1924）が主張し、いわゆるマルクス＝レーニン主義における法に対する低い評価が生まれる。

　マルクスは共産革命は資本主義が高度に発達し、労働者の自覚が高まった国、イギリスなどでまず起こることを予想していた。ところが現実はまったく逆で、ヨーロッパにおいてもっとも資本主義が遅れたロシアで最初の社会主義革命が成し遂げられ、共産社会を実現する途を歩みはじめた。その後も社会的不均衡が目立つ発展途上国において、社会主義革命は多く試みられている。高度資本主義諸国はといえば、革命を予防するために社会国家、福祉国家の実現に努め、労働者の地位は著しく向上し革命とは無縁となる。このようにロシアを舞台として社会主義法が展開することになるが、ロシアには独特の法文化的背景が存在した。この国にはトルストイ（Lev Nikolaevich Tolstoi, 1828－1910）にもそうした傾向はみられるが、バクーニン（Mikhail Aleksandrovich Bakunin, 1814－76）のように無政府主義・アナーキズムが盛んな伝統がみられ、これを押さえるために専制的統治が常にみられた。法ニヒリズムの土壌が共

産主義の法思想を受け入れやすくしたと考えられる。しかし逆に、こうした風土において社会主義法を適用していくのは、並大抵のことではない。単に手段にすぎず、将来は消滅するはずの法が、ソ連においてどの国よりも強権的に実施され、官僚支配の国家と人民を抑圧する法が存続し続けた。反共勢力と対峙するためやアナーキズムを抑えて広大な国土を統治する必要性は理解できるものの、こうした矛盾が経済不振とも相俟って結局はソ連の崩壊にまで連なっていったわけである。

第2節　法技術

　西欧資本主義諸国の法の内部では、法技術の相違から大陸法（civil law〔droit civil〕）と英米法（common law〔droit commun〕）が2つの大きな法族として現われてくる。両者の相違は次に論じる法源についても、制度的要素に関連して論じる裁判所や法律家についても、明瞭にみてとれる。世界の法の基本的な存在形態は、イデオロギーによって決まるところが大きいものの、現実の国際社会では大陸法と英米法の国際的通用力が群を抜いて高い。したがって、以下の叙述においてはほとんどが大陸法と英米法の対比に重点を置くものとなっている。

　大陸法と英米法を示す原語は、きわめて多義的である。civil law〔droit civil〕には、いわゆる民法のほか、公法や刑事法に対する民事法、軍事法に対する民間法、国際法や自然法に対する国内実定法などの意味もある。他方でcommon law〔droit commun〕には、衡平法に対する普通法、制定法に対する判例法、教会法に対する世俗法、特別法に対する一般法、大陸法では行政法に対する普通法などの意味もある。シヴィルローとコモンローという対概念として用いられた場合に限り大陸法と英米法という意味になる。このようにシヴィルロー、コモンローという英米法で慣用とされる表現は誤解を生みやすい。そこで大陸法をcontinental law, droit continentalと、英米法をanglo-american law, droit anglo-américainと直截に表現する場合もある。もっとも、大陸法という表現自体にも、日本語でも同様であるがヨーロッパ中心の曖昧な言葉であるという批判がある。大陸はヨーロッパ以外にも世界各地にあるからである。ダヴィドはローマ・ゲルマン法（droit romano-germanique）と呼ぶのがよいとする。単にロマン法（droit romaniste）とするのではローマ法（droit romain) との差異を示しがたく、またゲルマン法を含めたこの法族を形成するその後の法学の寄与に敬意を表するために便宜であるとの理由による。

1 理 念

(1) 実体法志向と手続法志向による分類：大陸法と英米法　西欧の資本主義法は、法に信頼を置いて社会紛争は裁判官によって法を適用して解決され、当事者はその判断で納得してそれ以上文句は言わない。ちょうどゲームが一定の合理的ルールに則って行われ、アンパイアが全権をもってこのルールの適用にあたり、勝ち負けを決めるのと似ている。法技術的にはこれらはさらに、大陸法では実体法を重視し、本当の権利関係が何であるかを追求するのに対して、英米法では手続法重視で、紛争解決のルールを厳密に考えるという点で相違する。契約の履行をめぐる争いの場合に、どちらの当事者に権利があるのかをまず想定するか、それが訴訟の場で主張されたときに裁判官が判断する証拠として足りるかをまず想定するかの違いである。

　実体法重視の大陸法では、法は市民が法的な行動をなす際のモデルと考えられ、当事者に紛争解決の予測を与えることができる。法典編纂を経ていることが通常であり、法は抽象的規範の総体として予めわかりやすいかたちで示されている。法的安定性と予測可能性に富み、一般的正義の実現が確保される。手続法重視の英米法では、法は裁判官が紛争を具体的に解決する際の基準と考えられ、当事者は事前には知りにくい。法典はなく裁判所の先例を中核として具体的解決の総体として素人にはわかりにくいかたちで示されている。具体的妥当性と衡平に富み、個別的正義の実現が確保される。

　これを別の表現にすれば、大陸法では法を行為規範として捉えるのに対して、英米法では法を裁判規範として捉える傾向がある。もちろん、裁判の際に基準とならなければ行為規範として機能しないし、裁判規範であれば当然に行為の際に考慮に入れられるわけで、結局は同じことに帰するのであるが、法の規範的性格が何よりも誰を念頭に置いて考えられているかの前提が異なっている。行為規範として捉える大陸法では第1の名宛人は市民といえるのに対して、裁判規範として捉える英米法では第1の名宛人は裁判官といえる。対象が市民であればアマチュアリズムであり、国民に開かれた法となる。対象が裁判官であればプロフェッショナリズムであり、専門家向けの法となる。大陸法における法学教育は学部の法学部でのジェネラリスト養成であり、英

米法における法学教育は法曹専門学校での法曹養成に特化したスペシャリスト養成となる。

　こうした相違は、法形成の歴史によるところが大きい。大陸法の代表と考えられるフランスでは、それまでの慣習法を成文化して法典編纂をなしている。その場合には法規範の内容は既に市民が服してきたものであるから、行為規範として積極的に受容し、訴訟は二の次である。英米法の代表と考えられるイギリスでは、早くから裁判所における権利救済のかたちで法形成がなされたため、法典編纂が行われなかった。訴訟という手続が重視される場において、具体的に法の内実が確定すると考える。

(2) 具体例の検討　裁判所と法律家のあり方という法制度面での相違については次章で詳細に論じることとし、ここでは実定法上の若干の例をあげておこう。

　民事法では、大陸法においては権利義務の存否という実体的法関係が重視される。契約に関して紛争が生ずれば、本当に債務不履行といえるのか、損害賠償の支払い義務があるのかが、探求すべき中心課題と意識されている。これに対して英米法においては、債務の存在やその不履行を立証するのはどちらの負担であり、どのような証拠を提出すれば立証したことになるのかが、重要である。このことを反映して、大陸法においては、実体法である民法が重視され手続法である民事訴訟法は伝統的に軽視されてきた。英米法においては、実体法よりも訴訟法や証拠法こそがまず学ぶべき法分野と考えられている。

　刑事法では、大陸法においては犯罪事実の解明が重要であり、たとえば刑事被告人が自分が犯人であると弁護士に告げて、それが真実であると思われる場合には、弁護士の任務は法廷ではむしろ真実を示して情状酌量を求める対応が通常である。これに対して英米法においては、有罪を立証するのは警察や検察の仕事であると割り切って、弁護士は被告人の無罪を勝ち取るのが使命であると考え、手続法上の役割に忠実にあくまで無実を主張することが少なくない。

　憲法では、大陸法のフランスにおいては、人権宣言を発布して高らかに人権が守られるべきことを述べるものの、その具体的担保手段にまでは思い及ばない。その結果、人権侵害がみられればまた革命をしなければならないこ

とにもなる。これに対してイギリスでは、不文憲法であるためもあって体系的な人権宣言をもたなかったものの、裁判所における人権救済手続の整備というかたちで、実質的救済が早くから展開した。したがって、議会政治が確立して以降、革命とは無縁の国となる。

　行政法では、行政行為による国民の権利・利益の侵害に対して行政活動をいかに統制するかについて、大陸法においては行政処分が関連法規に適合しているかどうかを裁判所が判断し、違法であれば取り消すという実体的内容の吟味が中心をなす。いわゆる行政行為の適法性の確保である。これに対して英米法においては、行政処分を下すにあたって、市民の言い分を適切に聞いたかという告知聴聞手続（notice and hearing）や、当該処分に理由を付記したかといった適正手続（due process）を重視し、処分の適正さは自ら導かれると考える。

　特殊な分野であるが近時なじみの深い医事法についても例をあげるならば、大陸法では医者が患者に対して医療行為をなす場合にそれが許容されるものであるか否かは、客観的に医師として振る舞うべき行動準則が設けられており、その範囲を超えるかどうかによって判断される。これに対して英米法では、患者の自己決定を前提として、医師が十分な説明と同意（インフォームド・コンセント、informed consent）を尽くしたか否か、患者の意思が文書で確認できるかどうか、他の医師の同意（セカンド・オピニオン、second opinion）があるかなど手続規制が重視されている（参照、滝沢正「生命倫理問題に対する法的対応の二類型」上智法学論集48巻3=4号、2005年）。

2　運　用

　大陸法と英米法が法技術の面からみた大分類ということになるが、さらに大陸法と英米法の内部において下位の区別が可能である。以下のほかにも、スカンジナヴィア法やスラヴ法をどう位置づけるかといった議論があるが、ここでは省略する。

　(1)　大陸法内部における分類：具体志向のフランス法と体系志向のドイツ法　　フランス法とドイツ法の相違を、代表的な法である民法を例にみてみる（他の法分野でも同様の傾向が指摘できることにつき、滝沢正「公法学教育の比較研究」公法研究68号、2006年参照）。フランスでは、民法典の編纂にあたって慣習法を基礎として法実務家が起草にあたっている。そこから具体的で実際的な内容

となっている。これに対してドイツでは、ローマ法の継受とその学問体系であるパンデクテン法学を基礎として学者が民法典の起草にあたっている。そこから体系的で理論重視の内容となっている。

　民法典の編別構成に、こうした相違はもっとも明瞭に示されている。フランスの民法典（Code civil, 原始規定）は3編構成であって、第1編人、第2編財産および所有権の様々な変容、第3編所有権を取得する様々な態様である。わが国の旧民法の呼称になぞらえれば、全体を人事編、財産編、財産取得編に分けるというものであり、ユスティニアヌス方式とかインスティテュティオネス方式と呼ばれる。ユスティニアヌス法典の法学提要（Institutiones, Institutes）という当時の法学校における教科書の編別に由来する。それによれば民法は人の法（jus personarum）、物の法（jus rerum）、債務（obligatio）、訴権の法（jus actionum）に分けられている。フランス民法典は、これらのうち今日民事訴訟法として独立した訴権の法を分離し、前3編の構成を踏襲する。世界の民法典にはこの方式に倣うものが少なくない。わが国のボワソナードの起草になる旧民法も、人事編、財産編、財産取得編、担保編、証拠編の5編から成り立っており、基本的にはインスティテュティオネス方式に依拠している。全体を権利の主体、権利の客体および権利の主体と客体の関係、権利の主体間の関係というように捉えるものであり、素人に理解しやすい。ただ全体として雑然としており、財産取得編が厖大であって構成としては均衡を欠くのが難点である。

　ドイツの民法典（BGB, Burgerliches Gesetzbuch）は5編構成であって、第1編総則、第2編債務法、第3編物権法、第4編家族法、第5編相続法である。わが国の現行民法典はこちらの方式に倣っており、周知のように、総則、物権、債権、親族、相続の5編からなる。ドイツにおいて近世自然法の考え方のうちに成熟してきた体系であり、ドイツのローマ法学者であるパンデクテン学派（Pandectes）の手になるところから、パンデクテン方式の呼称が用いられ、またこれを最初に採用したザクセン州の名を冠してザクセン方式とも呼ばれる。総則において全体に共通する法原則を抽出して規定している点、財産法と家族法、債権法と物権法を峻別している点に特徴がある。より近代的な編別方式であり、理論的に体系化されていると評価されている。

　フランス民法典（1804年）とドイツ民法典（1896年）の間にはほぼ1世紀の

時間差があり、その間における法学の展開を反映していよう。しかし同時に、フランス民法典が慣習法を基礎として法実務家によって起草されたのに対して、ドイツ民法典は慣習法の統一が見通せないがゆえに形成された法理論を基礎とし、学者を中心に起草されたという背景の相違によるところも大きい。法典に何を期待するかも、当然に異なって考えられていたわけであって、パンデクテン方式が唯一考えられる完成された編別構成とは、必ずしも断言できない側面がある。若干の具体例をあげてみよう。

　第1に、総則の存在が理論的であることの最大の特徴とされるが、それが果たして民法全体の総則といえるのか、むしろ財産法総則ではないかという疑問が呈される。また論理的に配列されていることは、裁判官など専門家が使う際には便利であろうが、総則の規定が前提とされた論述や準用が多いことは、素人にとっては決してわかりやすい法典ではない。逆に総則は抽象的で具体性に欠けるため、これまた難解となる。契約がいかなるものであるかを学ばずに法律行為を理解しなければならないのである。法学部に入学したにもかかわらず法学嫌いになる者がわが国で少なくないのは、最初に勉強する民法がパンデクテン方式の総則であることと無縁ではないように思われる。

　第2に、財産法と家族法、物権と債権といった体系的区別を重視することは、その実際的機能をある程度捨象して法典を組み立てることであって、その面でも規定の意味を理解する上で必ずしも最善とはいえない。日本の大学で実際に講義を受ける際にも、債権について勉強していないのに担保物権の機能を理解せよといっても実感がわいてこないという問題がある。他方で保証は債権法でまったく別に扱われる。フランス民法典では、債務法の全体を扱った後に人的担保である保証と物的担保である担保物権を並列して規定してきた。2006年3月の改正ではさらに両者を担保編として独立させている。

　家族法も実は財産法ときわめて密接な関係にある。フランスの具体例をあげるならば、財産取得編の最初の第1章に相続が規定されている。人生におけるもっとも重要な財産取得が額に汗をして労働することよりも相続による場合があることを明確に認識させてくれる配列である。同編の第2章では贈与と遺贈が一括して規定されている。パンデクテン方式では贈与は典型契約の一種とされ遺贈は相続法の一部としてまったく異なって規定されている。しかし、生前か死後かの相違はあれ、両者はほぼ同一の動機に基づき同一の

相手に対してなされる法律行為であることを、フランス民法典は認識させてくれる。2006年6月の改正では名称も無償譲与 (liberalité) と一括している。同編の第5章で夫婦財産制度の一環として夫婦財産契約について規定し、これが典型契約である売買の前に位置づけられていることも同じである。一生を左右するもっとも大切な契約が何かといえば、それは夫婦の間での財産関係をどう取り決めるかであることを示唆している。

　こうした実際の機能を重視して、総則規定を置かないという抽象度の低い方式では、本来理論的にすべてをカバーすべき規定が欠如し、一般理論が典型的事例を規定する個所で提示されるということになる。素人に理解しやすいが、補充して考えるべき余地も大きい。法律行為の一般理論は契約に関連して、契約の一般理論は売買に関連して規定されている。不当利得の一般的制度を規定せずに非債弁済のみを定め、留置権の一般的制度を規定せずに寄託契約などについて個別に定める。生存者間の贈与について一般的に規定することなく特別な形式を必要とする類型のみを定め、胎児の能力について一般的に規定することなく相続権や受贈・受遺権についてのみ定める。このような体系的不備は、結局のちに判例・学説によって補われていくことになる。

(2) 英米法内部における分類：伝統志向のイギリス法と合理性志向のアメリカ法　イギリスでは、アングロ・サクソン法とノルマン法が基礎となり、ローマ法を受け入れなかったことから、伝統に根ざした法が形成された。また近時はヨーロッパの法統合で大陸法の影響が加わる。これに対してアメリカでは、基本的にはイギリス法を継受しながらも、多民族国家であり広大な国土を統治するために誰にも理解可能なかたちで法内容の合理化が図られる。またプラグマティズムの考えの下、道具概念として法を捉え、わかりやすくする努力が強い。ほかにも具体的法制度を取り上げてイギリス法との相違点を指摘するならば、連邦制を採用していること、成文の憲法典の下で司法審査制を実行していることなどがある。またイギリスが欧州共同体の一員として大陸法に接近しているのに対して、アメリカはカナダとメキシコとの間に北米自由貿易地域協定 (NAFTA) を締結しており、経済ブロックとしても自立性が強まっており、法の面でもイギリス法との隔絶が広がっている。論者によっては、大陸法と英米法の区分に代わってヨーロッパ法と北米法という法分類の可能性が唱えられている。

第3節　法　源

　前2節においては、法を社会統制規範の中でどのように位置づけているのか、また法それ自体をどのように観念しているかについて考えた。その結果、法を同じ尺度で捉えることが妥当でないことが明らかとなった。同じことは、法規範の存在形態、専門的には法源というやや技術的な、しかし同様に法のあり方の根本に関わる事項についても指摘できる。外国の法を知ろうと思う際には、その国で法がどのようなかたちで存在しているのかを認識していないと、誤った手掛りで法を知ったと思い込んでしまい、とんでもない間違いを犯してしまうことがある。たとえば日本では制定法主義を採用しているが、判例法主義の国でも国会があって法律を作っているから、日本的観念では法令を調査して足れりと考えがちである。しかし、制定法は判例法を修正する特別法にすぎないのであって、法規制が部分的で散漫であるといった実はまったく的外れの評価をする結果となる。このように法源は法を認識する出発点をなすものであり、法族の分類においても重要な基準となる。

1　形　態

(1) 法源のあり方　　どのような法の存在形態があるかというと、大きくは成文法主義と不文法主義に分かれる。成文法主義は、条文の形式をとる文字で書かれた法規範を有し、制定法主義をとる場合に用いられる。不文法主義は、法規がそれとして明文化されていないものであって、判例法、慣習法、法の一般原理などがこれに含まれる。判例法主義をとる場合のリステートメントや慣習法主義をとる場合の慣習法編纂は、成文化であってもそれ自体が法規をなすものではない。すなわち、時期が経過してリステートメントや編纂された慣習法と現実の判例法や慣習法との間に食い違いが生じた場合には、不文の判例法や慣習法のほうが適用される。

　制定法主義を採用していても、不文の判例法や慣習法が存在する余地はあるし、逆に判例法主義や慣習法主義をとっていても、それが基本ということであって、成文法である制定法が並存する余地がある。制定法主義の国からみると、不文法主義の国で制定法があったりするとどうしてもそれに目を奪われがちであり、逆に判例法主義の国からみると、制定法主義の国の判例を制定法の体系と関わりなく重視しがちである。それでは正確な外国法の理解に至らない。それぞれの基本を押さえた上で、他の法源との関連にも考察を

及ぼさなければならない。

A　基本原理　制定法主義は、立法権をもつ特定の国家機関が成文のかたちで法規を定立することを基本とする。権力分立原理を採用する国では、立法権を担う国会が法律という形式の法源を作り、中心をなす。しかし、法規は法律に限られるものではなく、行政権も政令や省令といった行政立法のかたちで、地方自治体も条例や規則といった自治立法のかたちで制定法源を作り出す。さらには、ごく限定された範囲であれ、司法権も裁判所規則、議院も議院規則といったかたちで制定法源を作る権限を与えられている。法律が規律する主要な法分野については、法典というかたちでまとめて規定されるのが通例である。大陸法の国々では概ね制定法主義が採用されており、日本もこの部類に入る。

判例法主義は、裁判所の判決の集積により、法規範が形成されているものである。そのために先例拘束性の原理（doctrine of stare decisis ; doctrine of precedent）が樹立されており、傍論（obiter dicta）の部分ではなく判決理由（ratio decidendi）の部分につき、同一の事件には同一の判断が義務づけられることで、不文の法源が作られる。もちろん、判例法主義の国においても国会があって、制定法源を作ることは認められている。ただ法律は判例法を修正する必要がある場合や判例法を補完する必要がある場合にのみ介在するものであり、制定法主義の国における場合と役割を異ならせる。いわば特別法の性格を常に有する。したがって、法典のようなかたちで法律が一般的規律を設けることは決してない。英米法の国々では概ね判例法主義が採用されている。

慣習法主義は、今日では正面から採用する国はほとんどみられないが、かつては世界のほとんどすべての国で、明示的でないにしても必然的に採用されていた。制定法の定立が不十分であったり、判例法の形成が不十分であれば、裁判所は紛争解決にあたって習俗のうち法的確信に達したものを法源と認定し、適用することになるからである。歴史的にもテオドシウス法典やユスティニアヌス法典に代表される制定法源を完備したローマ法をのぞけば、慣習法主義が採用されてきた。古代の法典はハムラビ法典にせよ十二表法にせよ、ゲルマン諸部族のサリカ法典やブルグンド法典にせよ、成文化されたものは法規範のごく一部、とりわけ刑事法規であり、大部分は慣習法の規律に委ねられた。今日でも、国家法のレヴェルでは制定法主義が採用されてい

るものの、地域的には実際の適用をみておらず、慣習法主義となっていることがある。比較法的には、慣習法が法源である場合には、同一の国内において法の内容が地域によって相違してくることから、当該国の法がいかなる内容であるかを論じる場合に困難な問題を提起する。

　B　分　岐　慣習法主義から制定法主義や判例法主義への転換が行われたのは、比較的新しい出来事である。法典の制定や判例法の確立は、統一的な国家法の出現をもたらすものであり、近代的な国民国家の形成と呼応して転換がみられた。そしてこれを受けて近代的比較法学が成立したことは、既に指摘した。それでは各国における制定法主義と判例法主義への分岐の原因は何であろうか。法系論で原型をなす国での対応の相違が影響しているので、イギリス、フランス、ドイツにつき考察する。思うに、近代国家の統一に至る過程における国家的統合の相違が大きく関わっていよう。

　イギリス（ここではもちろんイングランド王国を指す）は、封建的割拠から国王の下における絶対主義的な中央集権がもっとも早くから成し遂げられた。裁判権も封建領主から国王の下へと統合されたため、判例法によってイングランド全域の法が統一された。法の内容がより明確となる制定法主義への移行の主張もあったが、法律家たちは判例法主義の維持に利害関係があったためその存続を熱心に主張し、王権も裁判所を支持して判例法主義が確立する。もちろんイギリスは議会主義の本家であって議会の力は政府の外交、軍事、内政に関する政策決定に対する統制の面では強かったが、法形成は司法権に任されたのである。その意味で法の世界における裁判所の権威がきわめて高くなる。

　フランスは、イギリスほどではないものの絶対王政が相当程度強く成立する。しかし貴族階級の勢力も残り、それが裁判権と結びついたため、国王裁判所が統一されず、最高裁判所が十数個並立した。そのため、判例による法の統一は各裁判所の管轄区域にとどまり、全国規模では不可能であった。しかし、中央集権化は相当程度に進行していたので、慣習法を統一して国家法を形成する機運が高まる。神聖ローマ帝国との対抗もあり、ローマ法を実定法として取り入れることはせず、慣習法の編纂と研究がなされる。ローマ法学者は学問的研究を中心とし、慣習法研究を担った自然法学者は実定法的傾向となる。そしてその成果を集成したものが1804年のナポレオン法典（Code

Napoléon, Code civil、フランス民法典) である。ラテン系のフランスがゲルマン的色彩の強い民法典を有するのは、北部のパリ慣習法の影響が法典編纂時に強かったためである。また具体的、実際的内容であるのは、慣習法を基礎として法実務家によって起草されていることによる。

　ドイツは、当時は神聖ローマ帝国であったが、イギリス、フランスと比較すると中央集権化がはるかに遅れていた。皇帝の勢力は弱体化しており、代わってバイエルン、ザクセン、ハノーヴァーなど有力な各州 (Land) が君主の下に自立を強めていた。裁判権は州の裁判所に分立したままであり、慣習法も各地で大きく異なった。こうした状況においては、判例による法の統一は言うに及ばず、慣習法研究による統一立法すら望みえないと考えられた。そこで帝国裁判所で適用する帝国に共通する法として、ローマ法の継受が行われる。フランスとは逆に、ローマ法学者が実定法的研究をなし、自然法学者は学問的傾向を強める。プロイセンによる統一後のBGB (Bürgerliches Gesetzbuch、ドイツ民法典) の編纂には、学説によるローマ法研究が土台となっており、ゲルマン系のドイツがラテン的色彩の強い民法典を有する。また体系的、理論的内容であるのは、パンデクテン学を基礎として学者が中心となって起草したことによる。

　C　ゆらぎ　このようにして成立した制定法主義と判例法主義は、イギリス法やフランス法を継受した国々によって採用され、大陸法と英米法を分かつ重要な基準とされてきた。しかし近時においては、両者が相対化する現象がみられるようになっている。一方において制定法主義をとる大陸法において、社会が複雑になってくると立法があらゆる問題について細部にまで立ち入って予見することができなくなる。新たに生じた問題の解決に立法が対応できていないからといって、裁判所は訴訟拒否をすることはできないので、判例法の重要性が増大する。また法典が総合的に規律する体系から、特別法の増加による法典の分解現象が出てくる。そうすると従来の法律解釈手法が通用せず、判例法国で行われているような特別法の限定解釈がふさわしい領域を増大させている。

　他方において判例法主義をとる英米法において、従来のように自由放任を原則として紛争が生じたら裁判所で規範を定立するというのではなく、社会法、経済法、都市計画法などのような政策立法の必要性が高まる。それらは

事後的な判例法では対処できなくなったためである。分野によっては制定法が中心的に規律するようになる。他方でイギリスではヨーロッパ統合との関係で制定法の重要性が増大し、アメリカでは判例法のリステートメントや連邦モデル法典の作成で制定法類似の手法が盛んに用いられるようになる。

(2) 制定法主義と生ける法　法源のあり方として、制定法主義、判例法主義、慣習法主義を指摘した。このうちでは、イギリスの旧植民地で判例法主義が採用されているほかは、制定法により国家法の近代化を図るのが一般的である。発展途上国においては、近代的法体系を新しい理念を盛り込んで構築するためには、法典編纂によるのが相対的に手軽であるからである。しかしそうであるだけに、立派な法典を有していてもその条文に規定されているような法運用を全面的にはしていない、さらには法典がまったくの飾り物であって機能していないということがみられる。これが生ける法（living law or law in action, droit vivant）の問題であり、実態に立ち入った法源論である。西欧法以外の法の場合は、多かれ少なかれこうした現象がみられるため、法源の形式のみにとらわれない視点が必要である。

2　種類と効力

(1) 法源の種類と効力　制定法主義、判例法主義、慣習法主義のいずれを採用していても、中心となる法源と他の法源が並存していることが通常であり、その場合にいかなる法源を認めておりまた相互の効力関係をどのように規律しているかが問題となる。制定法はいかなる主義を採用する場合にも存在しえて、最上位の法源となる。慣習法がこれに次ぐ法源とされることが多いが、制定法主義の下では事実上それが機能する場面は限定される。判例法は判例法主義を採用していない国では、法源として正面から認めるかどうかで議論があるが、事実上の法源としての重要性は広く認識されている。

　これらのいずれも存在しないときには、法の一般原理（general principle of law, principes généraux du droit, allgemeine Rechtsgrundsätze）が法源としてあげられることがある。裁判官は現代国内法では（かつてローマ法では許容されており、今日でも国際法では可能とされる）適用すべき法がないということを理由として、裁判拒否することが禁じられている。そうであれば、最終的には裁判官の全人格をかけた判断が求められるわけであるが、この法的決断が形式的には法の一般原理の適用というかたちをとる。正面から法源として規定している国もあ

るが、明示されないことがむしろ多い。わが国の明治8年太政官布告103号「裁判事務心得」の3条の条理はこれに相当する（参照、滝沢正「国内法における『国際法の一般原則』の利用」『変容する社会の法と理論・上智大学法学部創設五〇周年記念』2008年、有斐閣）。

(2) 制定法の種類と効力　制定法はその内部において種類分けがなされて、重要性が異なる法規が区別されるので、注意が必要である。種類は多岐にわたるが主要なものとして、憲法、法律、命令があり、一般にはこの順序で規範の階層構造をなしている。これら以外でも、議院規則や裁判所規則のような特別な内部規則を定める法規、地方公共団体の議会が制定する条例や長の制定する規則のような自治体法もあるが、ここでは省略する。

　他方で法律や命令の内部で、制定手続の相違などにより種類分けを行っている国がある。たとえばフランスにおいては、法律に組織法律、予算法律、社会保障拠出法律、通常法律の区別がなされている。さらに命令に相当するものも、わが国の政令、省令に相当するデクレとアレテが区別されるほか、デクレの制定手続の相違により国務院の議を経たデクレ、閣議を経たデクレ、単純デクレが区別され、制定手続が重いものほど効力が強い。こうした詳細についてもここでは立ち入らない。

A　憲法と法律　理論的には、憲法は憲法制定権力（pouvoir constituant）による国家の統治機構の基本を定める法規であるのに対して、法律は憲法によって制定された権力（pouvoir constitué）であって立法権を付与された国会によって制定される法規である。憲法というのはこうした権限付与的な性格から最高法規であって、法論理からして法律に優位する。これはどの国でも共通に認められているものの、現実にどのようなかたちでこれを担保するかは、制度的保障のあり方に関わり、各国で異なる。アメリカのように違憲立法審査制度が整備されていれば、憲法に違反する内容の法律は司法権によって効力を否定される。日本国憲法下の日本も実際の機能はともかくとして、こうした制度となっている。

　これに対して、ヨーロッパの国々では伝統的に議会主権の考え方が強かった。イギリスでは憲法が不文法であり、違憲立法審査制度が欠如しているため、議会の法律が事実上最高規範となる。フランスは制度の変化が明瞭にみられたという意味で注目に値する。第三共和制の時代までは、イギリスと同

様に議会主権、国会優位が支配しており、憲法と法律の適合関係を審査する制度を一切設けてこなかった。国会が立法するにあたっては、当然に憲法を念頭において制定したはずであり、他方でこれを審査しうる国会よりも正統性の高い国家機関を想定できなかったためである。第四共和制の時代に至り、憲法と法律の適合関係の審査が制度化され、憲法委員会が設けられる。しかしそこにおいては、法律が憲法と両立しない内容であると判断された場合には、すみやかに憲法改正手続をとってその後に当該法律を施行すべしとする。これが憲法改正の章に規定されており、あたかも国会が憲法改正を失念して法律を制定してしまったという形式である。憲法の規範としての上位性と議会主権との調整の苦心がみてとれる。第五共和制憲法典が設けた憲法院に至ってはじめて、憲法と両立しない法律は無効であるという直截な規定の仕方に変わり、憲法と法律の規範の上下関係が制度的に確保された（参照、滝沢正「フランスにおける憲法の最高法規性に関する一考察」上智法学論集41巻3号、1998年）。

B　法律と命令　　法律による行政ないしは法治行政の原理によれば、行政の行為は処分であれ法規制定行為であれ法律に適合していなければならない。立法権が定立する法律は、行政権が定立する命令に優位し、命令は従属命令であって、委任命令か執行命令とされる。ところが、明治憲法下においては、これに対する例外として独立命令が認められていた。これは天皇大権と関わり、民主制原理と両立しがたいものであったが、フランスの第五共和制憲法典では、異なる観点から独立命令を承認している。すなわち、全法領域を憲法典により法律事項と命令事項に分類する。法律事項については、従来と同様に命令には法律の根拠が不可欠であり、従属命令となる。これに対して命令事項については、法律の根拠は不要であり独立命令を制定しうる。したがって、法律適合性の審査、取消訴訟の対象とならない。しかも憲法典の規定によれば法律事項が限定列挙されており、それ以外の事項はすべて命令事項とされている。独立命令がむしろ原則なのである。もちろん法律事項には、罪刑法定主義に基づく刑事法分野、租税法律主義に基づく税法分野、国家制度、国防、教育、物権、社会保障、債権債務関係の基本のように、重要な事項はほぼ網羅されている。自由と人権を守ることと迅速な立法の必要性とを両立させる工夫といえよう。もっとも民事訴訟や商業登記のような手続的分野はかなり重要であるが法律事項に含まれていない。こうした法分野

を研究すべく資料を集める際に、制定法主義であれば普通は法律をまず参照することになる。ところがフランス法では、法律の根拠が不要でいきなり命令で規律されているので、より細部の法源に関する知識が必要といえる。

　C　国内法と国際法規　　国内法と国際法とはまったく別の法体系をなしており、国際法規は国内法で定める編入手続を経てはじめて国内的効力をもつという、二元論の立場に立つならば、国際法が直接国内法に影響を及ぼすことはないのであるから、問題はない。しかし近時は、一元論が有力であり、その場合には国際法規の国内法規としての地位が問題となる。もっとも、かつては条約や国際機関が定立する国際法規は、国家のみを名宛人とすることが通例であったため、一元論をとってもあまり具体的問題が生じなかった。ところが昨今では、締約国や構成国の個人や団体に対して直接に影響を及ぼす内容を定める国際法規が増加している。この場合に、国際法優位か国内法優位か、さらに国内法の憲法、法律、命令等のどの法規との関係で上下が決まるのか、困難な問題が生じている。これらは基本的には各国の国内法の対応で決まるが（参照、滝沢正「フランスにおける国際法と国内法」上智法学論集42巻1号、1998年）、欧州共同体法のように、設立条約や欧州共同体裁判所が画一的に締約国における当該法規の国内的効力を規律する例もみられる。

3　規範としての性格

　(1)　規範の具体性　　法としては、きわめて抽象的で一般的な原則を規定し、必ずしも具体的な規定内容が明確ではない法原理（legal principle, principe juridique）、通常の形態である個別の事態につき具体的に要件と効果を規定する法規範（legal rule, règle juridique, Rechtsnorm）、さらに判例法主義では個別の事件の解決にあたって判断の要素となった事実とその評価である個別事案の解決（solution d'espèce）が、具体性の段階として考えられる。

　大陸法諸国においては制定法主義が採用されているので、基本的には法令によって法源が形成されているため、法令が通常定める法規範を当然に拘束力があるものとして捉える。さらに日本民法1条や90条のような一般的な法原理であっても、場合によっては法的拘束力を認める。これに対して、具体的事案（case, cas concret）における解決は法規範を適用した結果であって、それ自体が法であると考えることはない。法がこのように抽象的な規範を定めるものであるとすれば、解釈が必要となってくる。原則として目的論的な自

由な解釈が許される。もっとも、近時は特別法が増加しておりそこにおいては例外を規定するものであるため厳格な解釈が要請されることになる。

これに対して英米法諸国においては判例法主義が採用されているので、裁判所が下す個々の事案の解決によって法が基本的には形成されるため、個別事案における判決、それも判決理由（ratio decidendi）にあたる部分のみが拘束力を有し、傍論（obiter dicta）は拘束力を有しないと考える。法原理のような一般的規範に拘束力を認めないことはもちろんのこと、制定法主義において法の中核と考えられている法規範についても、そのままで直ちに拘束力を有する法源とは考えない。これを裁判所が具体的に適用して法的結果が得られてこそ、そこに法源の存在を認識する。制定法は判例法の体系においてはいわば異物であるので、本体に組み込まれるためには「法廷で鞭打たれて」はじめて法規範になる（参照、大木雅夫『比較法講義』153頁）。すなわち、裁判官によって実際に適用されてみて、法規範としての性格が完成する。制定法の解釈についていえば、判例法の原則に修正をもたらすものであり、特別法としての性格をもつ。「例外は限定解釈すべし」という法解釈の原理が妥当し、狭く厳格な解釈が要請される。

大陸法と英米法における法規範の捉え方のこうした相違は、欧州共同体のように異なる法族に属する国々が、欧州共同体法という統一法を形成する場合に、その受容をめぐって明瞭に示される。すなわち、ドイツやフランスでは、欧州共同体理事会において規則（regulation, règlement, Verordnung）が制定されれば、国会が法律を制定したのと同様であるから、まさにその時点において法規範が形成されたと考える。具体的にいえば、たとえば欧州共同体法の概説書を記述する際に、遵守すべき現行法規として当然にこの規則を含めて解説を加える。ところが、イギリスにおいては、規則が制定されただけでは、とりわけその内容がかなり抽象的な原則を定立しただけのときは、いまだ原則が提示されただけで規範の具体的内容は依然として不確定と考える。規則全体を法規として紹介することは、いやしくも法律家であれば避けるべきことになる。逆に、規則をめぐる訴訟が提起され欧州共同体裁判所の判決がなされた場合に、ドイツやフランスでは具体的適用例としての意味しかもたないと考え冷静に対応するのに対して、イギリスではそこに法規の確立を認識し、判例集に組み込んで解説を加えるなど大陸法からみて過大と思われる対

応が示される。

　(2)　**規範の強行性**　　法規範には、強行規定（強行規範）と任意規定（任意規範）の区別が通常なされる。強行規定とは、当事者の意思に反してでも適用される規範であり、任意規定とは、当事者の意思が表明されていなかったり当事者の意思をどのように解してよいかわからないときに、これを補充したり解釈するためにのみ適用される規範である。公法や刑事法では、すべての規定が強行規定の性格を有する。これに対して私法では、公序に関わる部分たとえば物権法や家族法は強行規定に属するが、債権法とりわけ契約法は任意規定とされる。意思自治、契約自由が支配する領域はほとんどが任意規定である。

　大陸法諸国においては、慣習法を成文化して法典に盛り込まれた内容が法規範であり、そこには当事者が行為規範として遵守していることがらが広く含まれる。当事者意思を補充したり、解釈する手助けとなる規定、いわゆる任意規定を含めて法規と考える。これに対して、英米法諸国においては、裁判所が紛争を解決するにあたって拘束される規定であってはじめて法規であると考え、強行規定を念頭に置く。

　(3)　**規範の名宛人**　　法規範の名宛人としては、国民を第一に考えるか裁判官を第一に考えるかにより、行為規範と裁判規範が区別される。両者はメダルの両面のような関係にあり、それほど截然と区別しうるものではなく、行為規範として遵守されるためには裁判所によって最終的にサンクションされることが前提となっているし、裁判規範として機能していればそれに沿った市民の行動がみられるようになる。要するに比重の置き方の違いといえる。大陸法諸国においては、法規はそもそも慣習として存在していた内容を成文化したという性格が強く、まず行為規範として認識されており、それが同時に裁判になれば裁判規範として裁判官の判断の拠り所ともなる。国民を名宛人としているのであれば、その内容がわかりやすいように法典で明示することが不可欠であり、制定法主義が採用される。英米法諸国においては、法規は判例法のかたちをとって裁判所において集積されており、何よりも裁判規範として認識されている。裁判官を名宛人としているのであれば、法規は必ずしも国民一般にわかりやすい制定法のかたちをとらなくても許容される。

第3章 法制度を支える仕組みによる分類

　法制度を支える仕組みとして、裁判に関わる組織面として裁判所を、これを支える人的側面として法律家を、それぞれ基準として様々な角度から分類を試みる。実定法分野でいえば裁判所法や訴訟法と密接な関わりを有するが、ここでは細部に立ち入ることなく、基本的な制度の組み立て方に注目する。

第1節　裁判所

　裁判所については、裁判所自体の組織、法廷の構成、訴訟手続に分けて考察する。

1　組　織

(1) 司法権の範囲：一元主義と二元主義　　A　基　本　司法権に属する司法裁判所がすべての訴訟事件を管轄する一元主義と、司法権に属する司法裁判所が民刑事事件のみを管轄し、行政権に属する行政裁判所が行政事件を管轄する二元主義が区別される。一元主義が英米法の国々で採用されており、二元主義が大陸法の国々で採用されていることから、英米法と大陸法とを分かつ重要な基準のひとつと考えられている。司法裁判所がどの範囲の訴訟事件を扱うかは、権力分立における司法権の位置づけと関わっている。

　イギリスにおいては、法の支配（rule of law）の考え方の下に公法と私法とを区別せず等しく裁判的統制に服することを旨としている。そうであれば、行政事件を特別に扱うことなく司法裁判所があらゆる訴訟事件に法を適用して解決する任にあたる。裁判所が一系列のみから形成されている、一元的裁判制度である。裁判権は司法権が一手に引き受けているため、司法権と裁判権を厳密に区別する必要がない。アメリカも基本的に同一であるが、イギリスから独立して国づくりを行った経緯から、立法権に対する司法権の立場が異なる。イギリスでは議会主権の伝統があり、司法権が立法権を制肘するという対応は出てこないため、憲法訴訟の観念をもたない。これに対してアメリカでは、独立にもっとも強固に反対したのが本国の議会であり、立法権優位ではなく権力相互のチェックとバランスを重視した。司法権は三権の一角として行政活動に司法統制を行使するだけでなく、立法活動にも違憲立法審査権により統制権を行使する。司法裁判所が行政訴訟のみならず憲法訴訟も

管轄するわけである。いわゆる「司法国家体制」である。わが国では、日本国憲法の下で司法国家体制に移行したため、最高裁判所が民刑事事件、行政事件、憲法事件のすべてを管轄することとされており、一元主義を採用している。

　二元主義の母国はフランスである。旧制度下のフランスで司法権を掌握していたのは最高法院（parlement）であったが、売官制により貴族階級が実権を握っておりこれを牙城として国王権力と対抗していた。そのため国王が断行しようとしていた改革に反対の立場をとり、国王の立法、行政に容喙し国王よりも保守的として庶民の批判を受けていた。また裁判官に売官制に伴う腐敗もあり、信頼を得ていなかった。そこから、近代的な権力分立を観念する際には司法権が他の二権に介入することのないように注意が払われた。司法裁判所は民刑事事件のみを管轄し、行政事件については行政権に属する行政裁判所が管轄する。裁判所が2つの独立した系列から形成されている、二元的裁判制度である。司法権が裁判権を独占しているわけではないため、両者の厳格な使い分けが重要となる。司法権は民刑事の裁判権のみを有し、行政裁判権は行政権の下の行政裁判所に属し、憲法裁判権もそれが組織される場合には、司法権には含まれない。フランスは行政裁判所を有する母国とされるが、これが大陸諸国に普及し、日本にもプロイセン・ドイツを経由して明治憲法下で採用される。大審院以下の司法裁判所と東京に置かれた行政裁判所に分かれており、二元主義であった。行政事件を行政権の内部に組織された裁判所で裁くということは、行政の特権の維持に便宜である。プロイセン・ドイツや明治憲法下の日本においてこの制度が採用された背景には、こうした運用が意図された面がある。イギリスのダイシー（Albert Venn Dicey, 1835 – 1922）が非民主的な裁判制度であるとして批判した理由もここにあり、「行政国家体制」を招来した。

　もっとも、二元的裁判制度が構造的に欠陥を有するというわけでは必ずしもなく、逆に運用の仕方によっては、行政の違法・不当な活動から国民の権利・利益を擁護するために、きわめて有効に機能することもありうる。まず、行政裁判官が行政官であって行政活動の内情を熟知しているため、行政統制の勘所を心得ており、行政裁量権を広く認めたり、行政の第一次的判断権限の尊重という形式での統制放棄と無縁の、むしろ行政に厳しい態度もとりう

る。また行政裁判官が行政権に属するため、権力分立原理からする司法権の限界の議論、他の二権からの排除の論理に悩まされることはない。いわば行政権の内部統制の問題なのである。行政裁判所による行政統制が十全に機能していれば、司法国家でなくとも「裁判国家体制」として国民の権利・利益は十分に保護されることになろう。フランスの行政判例法が高く評価されるゆえんである。もっとも、行政裁判所の運用が必ずしもうまくいかなかった国では、わが国のように全面的に廃止する、ドイツのように行政裁判所制度は維持するが、財政裁判所、労働裁判所、社会裁判所と並んで行政権に属するのではなく特別な裁判権とする、などの対応が第二次世界大戦後にみられた国も少なくない。

　B　憲法裁判　　二元主義は民刑事事件と行政事件とを区別し、司法裁判所と行政裁判所という異なる裁判所に管轄させるものであるが、それ以外にさらに多元化する可能性を含んでいる。すなわち憲法事件については、一元主義の下においてはこうした訴訟類型を認めるとすれば、司法裁判所が扱うことになる。違憲立法審査は、具体的事件に際して事件に適用する法律が憲法に適合しているか判断し、適合していない場合にはその法律を適用しないというかたちで行使される。事後的な本案に関連する抗弁としての扱いである。

　二元主義の下では元来こうした権限を司法裁判所が有することはない。後述するようにフランスでは司法裁判所は法律を解釈する権限（当初は立法権に属した）すら当初はもっていなかったわけであるから、ましてや法律の合憲性を審査することなどありえなかった。稀に立法権の一部として護憲元老院が置かれることがあっただけである。他方で、行政裁判所も行政権の内部に構成されており、立法権の統制は権限外であった。議会主権の考え方の下に、ヨーロッパ諸国では憲法裁判の必要性がそもそも認識されていなかった。ところが、近時は基本的人権の裁判的保障の傾向が強まる。この種の訴訟を認めるとすれば別途に憲法裁判所を設けるしかない。ドイツにおける連邦憲法裁判所、フランスにおける憲法院の創設にみられる大陸法の諸国における近時の対応がこれである。

　憲法裁判所は、具体的な事件を審理しないので、事前に法律の合憲性のみを本案として審理することを基本とする。もっとも、具体的事件に関して適

用すべき法律の合憲性に疑義が生じたときに、通常裁判所が憲法裁判所に事件を移送して先決問題として判断を求めるという手続を併用することは可能であり、ドイツでは早くから採用されている。これに対してフランスでは、2008年の憲法改正によってはじめて実現した。

　C　権限裁判　　さらに二元主義の下では、事件が司法裁判所が管轄すべきか行政裁判所が管轄すべきかという管轄権の配分の問題が生じ、これを権限争議（conflit de compétence, Kompetenzkonflikt）と呼んでいる。これを審理する裁判所である権限裁判所（Tribunal des conflits, Kompetenzkonfliktshof）を独立して設けるか否かは政策問題である（かつてのフランスにおいては行政裁判所がこの役割を兼務していた）が、独立させるとすれば司法裁判所、行政裁判所のいずれにも属しない特殊な裁判所ということになる。これが必要とされる理由は、両裁判所が管轄権に関して異なる見解をもつ場合に困難な事態が生じることによる。一方で、両裁判所が共に自己に管轄権がないと考える場合であり、一元的裁判制度であれば問題なく受理される国民の裁判を受ける権利が侵害される。他方で、両裁判所が共に自己に裁判権があると考える場合であり、放置すれば同一の事件について既判力を有する判決が並立し、国法秩序が乱される。

　ところで、民刑事事件と行政事件はかなり性格を異にしているので、いかなる場合に権限争議が生じるか疑問に思われるかもしれない。確かに行政事件の管轄に列記主義をとっていたり、公権力行使に関わる事項や国に対する損害賠償につき訴訟を認めないということであれば、権限争議は生じにくい。司法裁判所に対する不信の念が二元的裁判制度の起源であったことを想起するならば、司法裁判所が管轄権を超えて事件を審理しようとした場合の防波堤としての象徴的意味が大きかった。行政裁判所が権限裁判所の役割を兼ねていたことは、その証拠である。

　ところが、行政活動が多様化し非権力的な私人と類似の行為を行政がなすことが増え、他方で行政裁判所における広い救済が認められるようになると、境界は微妙となる。私人相互の契約は民事契約であり司法裁判所の管轄であり、地方公共団体相互の協定は行政契約であり行政裁判所の管轄であろうが、国が私人と結ぶ公共事業請負契約はどうであろうか。私人の自動車事故は民事不法行為であり司法裁判所の管轄であり、消防自動車の事故は国家賠償責任を生じさせ行政裁判所の管轄であろうが、公用車さらには公営バスの事故

はどうであろうか。さらには消防自動車の事故であっても、公役務とは関係の薄い鎮火したあと交通規則どおりの運転による消防署に戻る途中の事故はどうであろうか。

　管轄権配分の問題は二元主義に伴う技術的な難点であり、裁判を受けるものにわかりにくい。こうした問題を軽減するために、立法により特定の事項につき一括していずれかの裁判所に管轄権を付与するといった対応がとられたりしてもいる。先の例になぞらえるならば、自動車事故についてはすべて司法裁判所の管轄とする、といった立法である。しかし、その場合においても道路の設置管理に瑕疵があったり、自動車の運行に関する行政指導に過失があって事故がおこれば、行政裁判所の管轄とせざるをえない。市民の権利・利益の擁護に厚い独自の行政法の構築には、権限裁判の複雑化という負の面がつきまとう。

　(2) 例外裁判所の設置　　裁判所が一元的であれ二元的であれ、同一の系列の裁判所に含まれるものの一般的な管轄権を有する通常裁判所と法令がとくに事項を指定してそれに関する訴訟のみを管轄する例外裁判所が区別される。例外裁判所を設ける場合には一般のキャリア裁判官のみではなく、専門的知識を有する者、実務経験を有する者が裁判に加わるなど法廷の構成、和解前置を採用するなど訴訟手続に異なる扱いを認めることが多い。法律に関して全般的に素養のある職業裁判官にすべて委ねることをよしとするか、法律の知識はともかく専門家としての学識を重視したり、特別な紛争解決の段階を組み込むことをよしとするか、考え方の違いによる。

　大陸法諸国ではフランスを例にとれば、素人のみの法廷（商事裁判所、労働裁判所、刑事の海事裁判所）または参審制の法廷（農業裁判所、社会保障裁判所、刑事の少年裁判所）をもつ例外裁判所が多い。英米法諸国では市民の裁判への関与は陪審制というかたちでは積極的であるが、例外裁判所に直結する参審制は発達しておらず、例外裁判所は少ない。わが国では、例外裁判所としては家庭裁判所を唯一の例とするのみであり、通常裁判所が中心である。

　(3) 事実審と法律審　　裁判所は各種の事件に法を適用して解決を与えることを任務とするが、同時に法令を適用するにあたって、それに一定の統一的解釈を与えることも必然的に行っている。この2つの任務は裁判所の審級によって比重が異なる。下級審の裁判所は当然のことながら事件の解決を主

たる任務としており、事実審裁判所ともいわれる。これに対して最高裁判所は、事件に妥当な解決を最終的に与える仕事もさることながら、法令の解釈の統一という仕事が重要となり、いわゆる法律審裁判所としての役割が前面となる。これらはどの国にも共通することであって、問題は両者の機能を峻別するか否かである。

　多くの国では両機能の比重が異なるだけで各審級の裁判所が双方を担ってきた。法令の解釈をする必要性は常にあるが、最高裁判所はこれを統一する権能を与えられているので、法律審としての役割が重視され、上告理由に法律問題という限定を設けて特化を制度化している。しかし、潜在的権限としては事件の解決もやろうとすれば当然にできるのであって、いわば政策的に役割分担をして最高裁判所の超過負担を避けている。具体的な訴訟手続にからめていえば、破棄差戻しや破棄移送をしなくとも場合によっては破棄自判も可能である。わが国もこうした構造になっている。

　これに対して、フランスの司法最高裁判所である破毀院は、伝統的に事実審の役割を担わず、純粋に法律審としてのみ機能してきた点で、特殊である。これには歴史的沿革がある。大革命ののちに破毀院が設けられた当初は、事実審裁判所は司法権に属していたが、法律審である破毀院は立法権に属していた。司法権に対する不信の念が強かったフランスでは、法令の解釈を統一する権限を司法権に委ねることに躊躇し、法令の最終的解釈権限はこれを作った立法権にあるとし、破毀院は法令の解釈に疑義があるときは立法府諮問 (référé législatif) を義務づけられ、立法権の機能を分担する機関として捉えられた。フランスにおいて裁判所法には破毀院に関する規定がなく、民事訴訟法には破毀申立て（上告）手続が規定されていなかったのは、こうした考え方の反映である。そのような経緯から、破毀院が司法最高裁判所として位置づけられるようになったのちにも、そもそも事件を判断する権限がないと考えられてきた。純粋な法律審を峻別することから、法律問題と事実問題の区別に重大な関心が払われてきた。法律問題のみが破毀院の権限の対象であるからである。

2　法　廷
(1)　**単独裁判官制と合議制**　　A　基　本　　裁判を行う場合に、どの国でも最高裁判所をはじめとする上級審では合議制を採用しており、最下級の

裁判所では単独裁判制を採用するのが通常である。しかし、両者の中間の段階となると国によって対応が異なる。大陸法諸国、とりわけフランスでは、ごく些細な事件を扱う最下級の裁判所以外では合議制を広く採用している。もっとも上級審でとくにみられた5名、7名といった多数は減って、近時は3名による合議が主流である。事件処理の効率化が重視されるようになったことが背景にある。これに対して英米法諸国では、単独裁判官制が広く採られている。わが国でも、地方裁判所では単独裁判官制が原則とされている。

　こうした相違が生じた背景としては、まず裁判官の社会的地位が考えられる。フランスでは売官制に起因する最高法院の政治への介入や腐敗がみられ、裁判官への不信の念が強かった。個性がみえる裁判官個人に判断を委ねる気には到底ならず、裁判所とか合議法廷といった機関の判断ということで、初めて納得を得ることができる。それも裁判官に法創造を認めるのではなく、法典化された法規の純粋な適用に限るという前提に立って、判決に対する信頼が生まれる。裁判官に信頼が篤い国においては、裁判官が単独で判決を下しても国民は不安を感じることはなく、その結論に納得するであろう。判例法を築いてきたイギリスでは裁判官の地位はきわめて高い。単独裁判官制は裁判官の人数を絞り込む効果を有するため、エリート性が一層もたらされる。

　制定法主義と判例法主義における裁判官の役割の相違も関連していることが考えられる。制定法主義にあっては、抽象的な規範の意味内容を確定する作業が裁判官に委ねられており、裁量の幅が広い。法解釈における目的論的解釈の優位であって、合議によって意味内容を確定するにふさわしい。これに対して判例法主義にあっては、裁判官に法創造が委ねられているものの、先例拘束性により事実上多くの場合は裁量の幅は狭く、個人的判断に委ねてもぶれは生じにくい。また法規の解釈は限定解釈が基本であり、解釈の幅も狭く、かつ解釈の先例に拘束される。

　相違の背景は人によっては国民性によって説明される。大陸法でもとりわけラテン系の諸国は国民性が「走ったあとで考える」という、向こう見ずの陽気さがある。政治をみても革命をしたり、独裁者が出現したりで民主制が定着しにくい。また政党は小党分立で各人が極端から極端までの多様な意見をもっている。こうした国で単独裁判官に判決を委ねれば、スタンドプレーに走るものが必ずいて誰が裁判官かにより極端に判決傾向が違ってきて、国

民は安心して裁判を受けることができない。これに対してアングロサクソン系の諸国は国民性が「歩きながら考える」という、経験主義の堅実さがみられる。議会制民主主義が定着しており、二大政党制がイギリスでもアメリカでも安定している。裁判官個人に判断を委ねても穏当な結論を出すことが期待できる。

B 顕名制と匿名制　　合議制の場合には、さらにどの裁判官がどのような意見をもっているかを公表するか否かにより、顕名制と匿名制が区別される。下級審では事件の解決が中心であり、合議の秘密に関わる事項でありまた煩雑でもあるため、顕名制は採られない。これに対して最上級審においては、法律審として法の解釈を統一するための判断が示されるため、多様な立場が存在することを知らしめることが有益である。このためイギリスの元老院、アメリカの連邦最高裁判所のように、多数意見のみならず、少数意見さらに場合によっては補足意見や意見がすべて開示され、裁判所内部の思想傾向を知ることが可能であり、将来における判例変更の予測もつく。これに対してフランスでは、最高裁判所においても匿名制が貫かれており、各裁判官がいかなる個人的意見をもっているのか、衆議一決であるのか意見が割れたのかを知る術がない。判決は合議制と相俟って、裁判官という生身の人間が下すものというよりは、裁判所なり法廷という機関が下すものという性格を強く打ち出し、信頼を高めるのに役立っているといえよう。ここでもスタンドプレーを行う余地がないことになる。

　わが国では最高裁判所においてのみ顕名制を採用しているが、これは英米法の顕名制の採用という面と同時に、わが国独自の最高裁判所判事の国民審査制と関わりがある。審査の際の判断材料を提供する必要性に基づくわけである。したがって、アメリカのように最高裁判所判事が終身で任命される国でこそ、純粋な顕名主義が機能しているといえよう。

(2)　裁判への市民参加　　A　原　　則　　裁判官の選任については、国によっては売官制や選挙制が採用された時期もあるが、今日では一定の資格を有する者からの任命制が通常であり、職業裁判官制が採られている。売官制でも選挙制でも裁判は専門性が強いがゆえに一定の資格要件が課されていたものの、職業裁判官制がもっとも専門性に対処するに便宜な制度である。そこでは任命の公平性や身分保障の確立が重要となろうが、ここではその点を

めぐる各国の相違は扱わない。職業裁判官制については、純粋にこれらの者だけに裁判作用を委ねるか、市民が何らかのかたちで裁判に関与できる工夫をするかで分かれる。わが国では裁判員制度の創設までは国民参加に消極的であったが、西欧諸国では各種の制度が古くからみられた。市民の参加は刑事重要事件のほかは例外裁判所で多く採用されているので、先に述べた裁判所制度のあり方とも関連する。

　B　大陸法　　ドイツ、フランスといった大陸法諸国では、通常裁判所が職業裁判官制を採用するのに対して、多く認められている例外裁判所においては様々なかたちでの関与がある。フランスを例にとるならば、素人裁判官制（民事で商事裁判所、労働裁判所、刑事で海事裁判所）、参審制（民事で農地賃貸借同数裁判所、社会保障裁判所、刑事で少年裁判所）がある。これらのうち素人裁判官制では、法廷の構成員の全員が非職業裁判官からなる。また参審制（échevinage, Schöffengericht）では職業裁判官に国民から選ばれた素人裁判官が加わって法廷が構成される。ここで注意しなければいけないのは、素人といっても職業裁判官ではないという限りでのことであり、法律家ではないもののその道の専門家である。ドイツでは名誉職裁判官（ehrenamtlicher Richter）と呼ばれている。専門知識を必要とすることから、資格要件が厳しく法定されており、適格者の中から選挙や任命で選ばれる。例外裁判所の参審制では、一般の事件よりも高く要求される専門性と法の総合的知見とを融合する試みとして注目される。

　これに対して刑事の重大事件については、かつては陪審制を採用していた時期もあったが、今日では職業裁判官に市民から無作為抽出された参審員が加わって法廷が構成される。参審員が市民から選ばれる点において陪審員と類似するが、参審員は犯罪事実の有無という事実認定も情状酌量といった法律判断もすべてに共同で関与する点において異なる。参審員の数は国によりまた同じ国でも時代により幅がある。たとえば、いずれも職業裁判官3人に対して、参審員の数は現在のドイツでは2人、フランスでは9人、デンマークでは12人である。

　C　英米法　　イギリス、アメリカといった英米法諸国では、例外裁判所は少なく、一般の裁判所で広く市民の参加を認める傾向にあり、陪審制（jury, jury, Schwurgericht ここでは参審制と対比させる意味で審理陪審、いわゆる小陪審のみを考

える)という形態をとる。陪審員は民事事件では損害賠償の基礎となる不法行為による被害が存在しているかまたどの程度であるか、刑事事件では有罪となる基礎である犯罪事実があったかどうか、といった事実問題を陪審員のみで判断する。不法行為があった、犯罪行為があったと認定されると、次の段階で職業裁判官が法的判断をこの事実に加えて終局判決がなされる。陪審員は事実の判断については至高の権限を有し裁判官も覆すことができないが、それは市民の良識で十分に正しい結論が出るという確信に基づく。人種的偏見が混入する危険など問題点が指摘されることもあるが、陪審員が市民から無作為で抽出されて選ばれることと相俟って、英米流の民主制の考え方がそこに反映している。アメリカでは陪審を欠く裁判手続は憲法で保障されている適正手続 (due process) の違背とまで考えられている。

わが国では、1923年より陪審制を採用し1928年より実施していたが、あまり活用されることなく1943年に停止された。今日新たに設けられた裁判員制度は、むしろ参審制をモデルとして2009年より実施されている。

3　訴訟手続

訴訟に関してはそもそも訴訟による紛争解決と裁判外紛争解決の比重の相違など、論点は多い。ここでは上訴制度、訴訟遂行の基本および民事訴訟と刑事訴訟の関係に焦点を絞って考察する。いずれも、大陸法と英米法で顕著な差があるというよりは、日本法のあり方に特徴がみられる点で共通する。

(1)　上訴制限　裁判は神ならぬ人間が行うものであるから、判決に誤りが皆無ということは断言できない。そこで裁判の過誤を最少にすべく見なおす機会を設けており、それが審級制の保障である。慎重にするに越したことはないものの、逆に決着がつくのが遅れるという弊害もあるので、回数に制限を設けており、二審級、三審級といった形態が一般的である。さらに、軽微な事件については審級制の保障に例外を認めるか否かが問題となり、国によって対応が異なる。

上訴制限主義は、欧米の多くの国で採用されているものであって、訴額がごく少額の民事事件、ごく軽い刑罰が科せられる刑事事件については、法律問題を議論するのであればともかく、事件をもう一度洗いなおす上訴は認めない。確かに裁判に誤りなきことを期して正義を実現することは重要ではあるけれども、それも程度問題であって、そのために莫大な国費を使うことは、

訴訟経済からみて問題があろう。訴訟費用は当事者から徴収することがあるけれども、裁判官、書記官、廷吏などの人件費や法廷使用に伴う水道光熱費のすべてをまかなうことはできない。それだけにとどまらず、小さな事件にかかずらっていて重要な事件の解決がなおざりにされたり、そうでなくとも遅延することは十分にありうる。これらを勘案して、軽微な事件については事実問題、すなわち事件の解決そのものは、一審かつ終審で片づけようとする。これに対して法律問題は他の事件の解決とも関わってくるため、法律審での議論の対象となりうるとする。

　上訴無制限主義は審級制の保障に重点を置く考え方であり、わが国で採用されている。すなわち、どのような事件についても等しく上訴を認める。刑事事件では一般的には地方裁判所－高等裁判所－最高裁判所であり、軽微な事件では簡易裁判所－高等裁判所－最高裁判所であり、控訴先が異なるだけである。ところが民事事件では、一般的には地方裁判所－高等裁判所－最高裁判所であり、少額事件では簡易裁判所－地方裁判所－高等裁判所であるが、例外的に高等裁判所の法律判断に重大な疑義があるときは最高裁判所に対して特別上告の道が残されている。少額訴訟に関する特則は定められているものの、重要事件よりも一層審級制の保障に厚いという逆転現象がみられることになる。明治憲法下において裁判的救済が必ずしも万全とは言いがたかったことから、戦後の民主主義体制の下でその徹底が図られたという歴史的背景があり、控訴制限に神経質となった面がある。

(2) 当事者主義と職権主義　　裁判所における訴訟手続ということになると、いささか技術的な法律論になる。書面主義か口頭主義かといった区別があり、弁護士強制か否かといった区別もあり、刑事では予審制度の採否による区別がある。以下においては、裁判官の訴訟遂行における役割に着目した論点に限定する。刑事訴訟においては糾問主義と弾劾主義の区別として論じられている問題であるが、ここでは民事訴訟についてのみ考察する。いわゆる当事者主義と職権主義の区別である。社会紛争が生じた場合に、これを基本的に個人の権利・利益の問題として捉え、裁判は当事者の主張の当否を判断するための国のサービスとして考えるならば、手続における当事者主義が導かれる。裁判官の役割はよくスポーツゲームのアンパイアにたとえられる。ゲームそのものは当事者がやることを合意し当事者が進めていくのであって、

審判はルールに則った判断をすれば足りる。フランスにおいて訴訟がどのようにしてまず展開するのかをみれば、その特徴がすぐに理解できる。訴訟を提起しようと思う当事者は自己の弁護士を選任して、相手方に対して同様に弁護士を選任するように通知する。こうして両当事者、実際にはその代理人間の行為によって、争点が明確化され、裁判所に対してどちらの言い分に理があるか法廷で決着をつけるので判断願いたいというかたちで申し立てがなされ、はじめて裁判所が関与する。法廷におけるやりとりでも、証拠を提出するのはあくまでも当事者であり、口頭弁論においても両当事者が互いに主張をぶつけあい、裁判官は原則として黙している。裁判官は最後にどちらの当事者の言い分に理があるかを判断し、勝訴敗訴の結論においてのみ積極的に関与する。

わが国のスポーツのうち国技とされている相撲は、こうした観点からは意外にも西洋の訴訟開始と類似する当事者主義である。剣道や柔道では審判の「はじめ」の言葉で試合が開始されるが、相撲では制限時間前であっても両力士の呼吸が合えば開始されるし、行司の「はっけよい」の掛け声があっても、両者の呼吸が合わなければ仕切り直しとなる。

これに対して、社会紛争は社会の病理現象であるから個人の権利・利益を超えて国家の介入により正すべき事項であるとするならば、職権主義が導かれる。わが国においては、当事者が訴訟慣れをしていないこと、また実体的正義が判決の結論に反映するのが望ましいと考えることなどもあって、職権主義の色彩がきわめて強い。訴訟の開始は一方当事者が訴状を裁判所に提出し、裁判所が相手方当事者を呼び出して、両当事者が初めて一堂に会することになる。期日の指定においても裁判所が率先して役割を果たす。お上が良いように導いてくれることが期待されている。したがって法廷においても、重要な論点を主張しない、提出すべき証拠を出さない当事者がいれば、裁判官は釈明権の行使をして、訴訟指揮を行って助け、なるべく公正な判決が出るように注意を払う。民事裁判では当事者が主張しないことを裁判官は認定できないからである。こうした裁判官のパターナリズム的な介入で、実質的な衡平を実現しようとする。

当事者主義は自己責任の原理に基づく個人の確立に有意義である反面、訴訟遅延の傾向が生じることが避けがたく、また弱者の救済や正義の実現への

配慮にやや欠けるところがある。西欧諸国でも無制限の当事者主義に反省があり、近時は職権主義的な傾向が強まっている。これに対してわが国では、従来は職権主義的な傾向があまりに強すぎて、おそれながらとお上に訴え出れば何とか助けてくれるだろうと安易に考える風潮がなきにしもあらずであった。西欧諸国とは逆に、当事者主義の強化が課題であるといえよう。

(3) 民事訴訟と刑事訴訟の関係　民事事件は個人の民法や商法上の権利を実現するために私人が専権をもって裁判に訴えるか否かを決定する訴訟である。これに対して、刑事事件は被害者の要請を要件とする場合（親告罪）もあるが基本的に公益のため刑法が規定する犯罪につき検察官が公訴を提起して開始する訴訟である。両者は基本的性格を異にし、それぞれ民事訴訟手続、刑事訴訟手続が定められている。かつて古代には民事責任と刑事責任が厳密に区別されず、不法行為の損害賠償であるのか刑罰としての罰金であるのかわからない時代もあった。今日でも、フランス語のdélitは、同じ言葉が民事責任を問う場合には不法行為（délit civil）という意味であり、刑事責任が問題となる際には犯罪（délit penal）という意味になるのは、こうしたことの名残であろう。これに対して、両者を峻別するのが近代法の大原則である。

ところが現実の社会では依然として、たとえば傷害という犯罪行為がなされれば、この行為は同時に不法行為となることが通常である（もちろん不法行為は成立するが犯罪とならないことがあり、逆に犯罪は成立するが不法行為とならないこともあり、この場合には一方の訴訟のみが提起されよう）。その場合に、公訴の提起とは無関係に損害賠償の私訴を提起しても一向にかまわないのであるが、公訴に付加して私訴の提起を認めることが考えられる。公訴の提起に伴って検察官は犯罪行為の立証に必要な証拠を収集しており、その多くが不法行為に基づく損害賠償の立証に役立つため、被害者に便宜であるからである。これを付帯私訴の制度という。

諸外国においてはこうした理由から、付帯私訴の制度が広く活用されている。これに対してわが国においては、旧刑事訴訟法の時代に採用されていたものの、現在の刑事訴訟法ではいっさい認められていない。控訴制限制度の不採用と同様に、まずは原則に忠実にという第二次世界大戦後の姿勢がうかがわれる。

第2節　法律家

　法律家については、まず養成方法の相違を検討したのち、法律家の種類に着目する。最後に、全体のまとめを兼ねて法秩序の造形者について考察を及ぼしたい。

1　養　成

　法律家の養成としては、学問的であれ実務的であれ現場とは別の教育機関で行われる法学教育と、生きた実務を学ぶ職業訓練が区別される。大陸法では大学と研修所が両者の役割分担をする2段階方式であるのに対して、英米法では職業訓練機関を欠き、それは法学教育が実務的であることとも関連するが、1段階方式である。ここでは法学教育と職業訓練を一応分けて論じる。

　(1)　**法学教育**　　大陸法諸国では、学問的法学教育をまず大学で受ける。そのため大学には法学部が置かれている。法学部はジェネラリスト養成を旨としており、狭義の法律家にはならず企業の法務部や各種団体職員、銀行・保険・証券、公務員などの法的知識を必要とする職域に広く人材を送り出している。法曹としての職業訓練は次の段階で法曹を目指す者だけに特化して実施される。大陸諸国では中世に大学が設立されて以来法学部を有していたが、そこにおいてはローマ法、カノン法が共通法として教育されていた。その後各国で慣習法の内容が知られてくると実定法の教育も行われるようになるが、やがてその内容が法典編纂により体系的に整備されることにより、これを中心に教育が行われるようになる。ドイツにおいては国家の統一が遅れたため、学説の理論体系が発達をみせたことにより、一層体系的法学が発展をみせた。すなわち、一貫して学問的法学教育の伝統を有するのであって、教授は教壇の上から法学の学問体系を講義形式で教えた。実定法が法典編纂を通じて体系化された内容であることのほかに、カリキュラム上様々な特徴を示す。まず民法、商法、刑法といった実体法が重視され、民事訴訟法、刑事訴訟法といった手続法は相対的に軽視される。また法的職業活動には直接役立つものとはいえない基礎法学科目が法的教養を増すために多く展開されている。こうして法学部においては、法学に関連する幅広い職業につぶしが利く人材の養成がなされることになり、修了生の進路としては、法曹界に進む者のほかに実業界や公務員も多い。

　英米法諸国では実務的法学教育のみを授けて、職業訓練はなしで法律家を

養成することが通例である。イギリスでは大学の外に法曹学院（inns of court）を設けていることから学問的教育との切断が明瞭である。宿屋（inn）という名称から知れるように寄宿制であって、いわば徒弟制度で教育してきた名残がある。法曹学院においては将来の法律家とりわけ当初になる弁護士として必要な実務知識が叩き込まれるが、同時に法曹としてのマナーも職業教育の構成要素として重視され、定期的に会食の機会が設けられている。もっともイギリスでは大学に法学部が設置されており、そこでは学問的教育が行われている。しかし職業教育とまったく関連を有しておらず、全般的に低調に推移してきた。ただし近時の傾向としては、将来エリートコースを歩もうと思っている者は、幅広い学識が評価されるようになり、有名大学の法学部で学問的教育をダブルスクールで受けることがしばしば見受けられる。しかし義務づけられてはおらず、大陸法と依然相違する。

　アメリカでは大学に大学院レヴェルで法学校（law school）が経営学校（business school）、医学校（medical school）などとともに専門職大学院として置かれている。アンダーグラジュエイトに法学部は存在していない。法学校においては将来の法律家とりわけ当初になる弁護士として必要な実務知識が叩き込まれる。非エリート法学校では、修了後の進路を見越して州法（state law）を中心に教育が行われる。これに対して、エリート法学校では将来を考えて連邦法（national law）も重視し、さらには国際的に活躍することも念頭において外国法や基礎法学の教育にも力を入れている。学問的法学教育を別に担っている機関はないが、エリート法学校がこの機能を代行している。

　スペシャリスト養成を目指すのが英米法諸国であるため、教育内容もこうした目的に応じた特徴を有する。すなわち、実体法を勉強するよりもまず訴訟法と証拠法を勉強して、裁判を通じて権利が実現される過程を知ることが重視される。また判例法主義であるので実体法が訴訟から分離して考えられないことから、判例集（ケースブック）を用いて生きた事件を扱うことで法的思考方法（legal mind）を体得する。また体系的講義ではなく、問答式のソクラティック・メソッドによる法的分析能力の訓練が重視されている。

　(2)　**職業訓練**　　大陸法諸国では、大学における法学教育がもっぱら学問的であるため、専門の法曹として仕事をするためには、次の段階で職業訓練、実務研修を受けることが不可欠となる。フランスにおいては、判検事の養成

のために国立司法職学院、弁護士のために弁護士研修所が別々に設けられている。ドイツにおいては、判検事と弁護士とで共通に司法研修所が設置されている。いずれの場合にも、研修所の教室での指導のほか裁判所、検事局、弁護士事務所といった実地での実務研修が組まれており、こうした職業訓練を経ているため、いかなる法的職業であれ直ちに専門家としての仕事に就くことが可能となる。

英米法諸国では、法学教育が実務的であるといっても、実地で実務研修をしているわけではない。職業訓練の機会は弁護士になってから、現場である弁護士事務所で経験を積んで修得することになる（OJT = on the job training）。後に述べるように英米法諸国では弁護士の中から判検事を登用する法曹一元主義を採用しているが、裁判官や検察官が働く職場の経験を実務研修によってまったくしていない法曹学院や法学校の修了者が、いきなりこうした職業には就きえないからでもある。また法曹養成を一元的に管理する研修所がなければ、裁判官や検察官としてふさわしい優れた人材を選別することも不可能である。

2 種 類
(1) 法曹一元と法曹二元 法律家のうちとりわけ裁判官、検察官といった公務員としての地位にある者と在野の弁護士との交流の度合いに応じて法曹一元主義と法曹二元主義が区別される。この区別は**1**で述べた法律家の養成のあり方と深く関わっている。なぜならば法曹一元主義にあっては、法律家の養成というのは基本的に弁護士の養成であるのに対して、法曹二元主義にあっては、弁護士の養成とは別に裁判官、検察官の養成も最初から目指されているからである。なお、行政裁判官については、話が細部にわたるのでここでは省略する。

法曹二元主義は大陸法諸国で採用されており、フランスが典型例である。すなわち、大学法学部を修了したのちに、裁判官や検察官になる者は国立司法職学院（Ecole nationale de la magistrature）を経て直ちに裁判官や検察官になる。他方で弁護士になる者は各弁護士会が設けている弁護士研修所（centre de formation professionnelle）を経て直ちに弁護士になる。大学での学問的教育が共通するのみであって、職業訓練の段階からして既に完全に分かれる。公務員である判検事と自由業である弁護士とのその後の人事交流もほとんどない。

ドイツでは大学法学部を修了したのちに、法曹資格を得るために裁判官や検察官になる者も弁護士になる者も共通の司法研修所の教育を受ける。第二次国家試験を終えて完全法律家（Volljurist）の資格を与えられる職業訓練の段階までは同じであるが、裁判官、検察官、弁護士になる者が研修修了の当初から分かれており、その後の交流もない。さらに法曹資格は公務員になる者や企業幹部職員になる者にも有効であり、同期の研修所修了というつながりも弱い。わが国の制度はドイツ型に近いかたちの法曹二元である。しかし、司法研修所で教育を受けた者が法曹にならないということが稀であるため、同じ釜の飯を食べた仲といった同期のつながりが法曹三者を通じて強い。
　法曹一元主義は英米法諸国で採用されており、イギリスが典型例である。法曹学院を修了した者は全員が弁護士になる。弁護士として経験を積んだ者の中から優秀な者が検察官にさらに裁判官に抜擢されていくという仕組みである。アメリカも基本においては同一であり、法学校を修了した者は弁護士試験を受け、合格すれば全員が弁護士になる。弁護士のうち優秀な者がのちのち検察官や裁判官に任用される。ただし外部との交流が盛んで流動性がより高い社会であり、公務員に選挙制が採用されていたりしており、より広く大学教授、公務員などからの司法官の任用もみられる。いずれにせよ、法律家には弁護士経験を有するという共通の土台があり、いきなり裁判官になる者はいない。裁判官は中年以上というイメージであり、日本人は童顔のためもあり25歳程度の陪席判事が裁判官席に着席していることは、英米の法律家にとって目を疑う光景であり、理解を超えているようである。

(2) 在野法曹一元と二元　　在野法曹として弁護士を念頭に置いて裁判官、検察官との関係を議論するのが法曹一元、二元であったが、在野法曹の職務自体が一元化されているか否かという別の視点からの区別である。これは大陸法と英米法で相違するものというよりは、歴史的伝統の相違による。イギリスでは法廷弁護士（バリスター、barrister）と事務弁護士（ソリシター、solicitor）に二分されている。法曹学院で養成されているのが法廷弁護士であり、上級裁判所で働く。事務弁護士は下級裁判所で働くほか一般法律事務で書類の作成を担う。フランスにおいては一層多元化しており、法廷弁護士と事務弁護士にほぼ相当する、弁護士（アヴォカ、avocat）と代訴士（アヴエ、avoué）のほかに、司法・行政の両系列の最高裁判所で独占的に働く国務院・破毀院付弁護

士（法院弁護士、avocat au Conseil d'Etat et à la Cour de cassation, dit avocat aux Conseils）がある。弁護士は口頭弁論を担当し代訴士は訴訟代理を担当する制度では、訴訟依頼人は最低限2名の法律家に頼まなければならず、不便であった。そこで整理統合される傾向にあり、代訴士は第一審段階では廃止されて弁護士に統一され、また商事裁判所弁護士のようなものも廃止された。しかし最高裁判所まで争う場合には、依然として3名の法律家に依頼することが不可欠である。

　大陸法に属するドイツ、英米法に属するアメリカなどにおいては、弁護士（attorney, lawyer, Rechtsanwalt, Anwalt）が一元化されており、法廷の内外で法律業務の全般について扱う権限を有する。歴史的しがらみを離れて訴訟依頼人にとって合理性があるといえよう。わが国では江戸時代には公事士という弁護士に相当する仕事を営む者がいたが、奉行所近くの宿屋の主人であり、兼業として片手間で事実上行っていたにすぎない。明治時代になって西欧に倣って整備することとしたが、当初はフランスの影響が強かったため、代言人と代書人を区別していた。その後は弁護士に一本化して今日に至っている。

　法廷弁護士と事務弁護士、弁護士と代訴士といった職業のほかにも、専門職の独占権を侵害しない限りは職業の自由で様々な法律家があり、それらとの分業のあり方も国によって特徴がみられる。公署証書を作成する権限を有するのが公証人（notary public, notaire, Notar）である。訴訟には直接に関与することはないが、重要な法律行為を行う際に助言し、予防的機能を果たし、かかりつけの法律家として社会生活で大きな役割を担っている国がある。わが国では従来弁護士の数が少なく国民の身近な存在では必ずしもなく、また公証役場の公証人のところで書面を作成する慣行も十分には確立していない。簡単な法的書類についてはむしろ司法書士や行政書士が関与する度合いが大きい。

3　法秩序の造形者

　各国において誰が法秩序の形成に重要な役割を果たしているのであろうか。ごく形式的に考えれば、制定法源は国会や行政機関が作っており、判例法は裁判所が作っており、それらが全体として一国の法秩序を構成しているわけであり、たとえば制定法主義を採用しているということであればどの国でも大差はないともいえる。ここで問題としているのは、より実質的な面であり、

一国の法形成を主導している法律家は何であろうかということである。たとえば、法律は形式的には国会が、より正確には国会議員により多数決で制定されるので、与党議員が法を作っていることになる。文字どおり政党主導で議員とそのスタッフが中心となっていて実態と一致している国もあろうが、政府原案が大幅な修正や激しい議論がなくそのまま成立して法律になるのであれば、政府原案の作成に中心的に関与する法律家が法秩序の造形者として考えられなければならない。したがってこの問題には社会学的な実証が必要であろう。法源のあり方とその法源の実質的創造者が、密接に関わっている。以下では、それ以外の基準として、単純にどの法的職業が社会的に高く評価されているかにも注目したい。これも厳密には実証が困難であるが、ごく大雑把な基準は考えることが可能であり、大体の傾向は知れよう。給与や収入が他の法律家と比較してどのぐらい高いか、地位の異動がどの法的な職業からどの職業へなされるのが通常であるか、オフィスの広さや事務員の数はどうか、文書中に引用されるまたは新聞記事になるなどどれだけメディアに登場しているか、などが目安となる。

(1) 英米における裁判官の優位　イギリスやアメリカにおいては、裁判官が法秩序の造形者といえる。まず判例法主義が採用されており、法は基本的に裁判官が下す判決により形成されている。まさに《judge-made law》という表現が妥当する。法廷は単独裁判官制が広く用いられており、必然的に裁判官の数は限定されているため、エリート集団を形成する。法曹一元の制度により最初は弁護士となるが、裁判官に抜擢されることは人生の栄達を意味し、弁護士経験者のみならず、検察官や大学教授であっても、裁判官のポストを示されれば断ることはないとされる。裁判所の一元主義を採用しているため、司法権は民刑事の事件のみならず、行政事件を審査することにより行政権を統制する役割を有する。さらにアメリカでは違憲立法審査権を委ねられ立法権を統制する役割も有する。これを司法国家体制と呼んでいるが、司法権の地位が高いことも裁判官への高い評価と関係している。裁判官に対する社会的評価はきわめて高い。

(2) フランスにおける法実務家の優位　フランスでは近代的な法典編纂が大革命後にいち早く実現されたが、その背景には編纂された慣習法を通じた法実務家の研究の蓄積がある。また民法典の編纂には慣習法に詳しい法実

務家があたった。そのため法典が出来上がってしまうと、学者はこれを註釈し裁判官はこれを適用するのみで、重要な仕事ではなくなってしまう。法実務家である弁護士が実際的な法運用を担うことになる。また弁護士は無償で活動する職業であったため、社会の指導者層の出身者が多く、国会議員となり立法をリードする者も多く、司法審査制を有しない立法国家体制における法のあり方を方向づけた。

　もっとも、近時は弁護士が特定の社会階層の出身者という色彩は薄れ、また人数も増えて大衆化する。判例法の重要性が高まり、新たな立法に学者の役割が増大する。他方で行政活動が多くなり、また第五共和制憲法典によって執行権の地位が強化された体制では、これを統制する行政官、とりわけ国立行政学院から国務院（Conseil d'Etat）という法制局兼行政最高裁判所に入った者が、リードするように変化する。制定法主義で立法活動が具体的でありまた盛んな国柄であるため、行政立法を含めて立法を導く者、公権解釈や行政裁判を通じて法解釈を決定づける者が法秩序の造形者の中心となる。法実務官僚である国務院職団の法エリートとしての名声はきわめて高い。

　(3)　**ドイツにおける法学者の優位**　ドイツは近代になってからの国家統一が遅れ、制定法主義を志向するが、民法典の編纂もそのため遅れる。イギリスのような判例による法の統一もフランスのような慣習法の集成による法の統一も不可能であり、代わってローマ法の継受を行い、これを学説がドイツに適合するように体系化して、パンデクテン学を構築する。ヴィントシャイト（Bernhard Windscheid, 1817－92）に代表される学説が民法典の基礎を作ったのである。その後においても立法作業をリードするのは法学者であって、学者が中心となった法制審議会における草案が立法の流れを決定する。法令が作られたのちにその解釈を最終的に統一する権限は裁判所に属するが、実質的には学者の役割が大きい。すなわち、裁判官は著名な学者の概説書やコンメンタールを参照することが常であり、判決中にもしばしば有力な学者の学説が引用されている。法学者が法秩序を形成している国といえる。

　大学教授の地位はきわめて高く、給与水準もよく広い研究室をもち助手や職員が補佐する体制が整えられており、特定の研究分野のピラミッドの頂点に立つ。ドイツ法が理論的、体系的であることから学者の出番が多く、その主張が重んじられる。法学者でドイツに留学した者が、日本ではさほど尊敬

されていなかったにもかかわらずドイツでは法学教授という肩書きの威力で手厚いもてなしを受けて、また理論的であるため述べられていることも日本人に理解しやすく、ドイツびいきになって帰国するという話も聞く。

(4) ロシアにおける検察官の優位　帝政ロシア時代においては、広大な国土と法ニヒリズム、アナーキズムの風潮がある国民を統治するために、権力が強権的に支配する傾向があり、「ツァーリの眼」と呼ばれる検察機構がこの役割を果たした。ソヴィエト連邦でも、共産党の一党独裁の下で党の方針が法の基本的方向を決定するという限りでは政治優位であるが、現実にはきわめて官僚主義的統治が行われた。法律家としては、裁判官や弁護士に信頼や実力がなく、法学者も党の宣伝の手先以上の立場に立ちえなかったため、支配の手段として法の運用の実権を掌握していたのは、検察官であった。ソヴィエト連邦の崩壊後も、社会の安定を求める強権体制支持の動きが強く、検察官の役割は依然として大きい。

(5) まとめ　これらの法秩序の造形者については、大木雅夫教授のテキスト『比較法講義』に詳細であるし、また一連の論文もある。最後に、大木教授は言及していないのであるが、日本の法秩序の造形者は誰であろうか。わが国では一般的に突出すると叩かれるため横並びの精神があり、特定を困難にしている。最高裁判所判事の出身母体別の構成をみても、裁判官、検察官、弁護士、法学者・公務員・法制局に万遍なく気配りをしており、特徴は見出しがたい。次章で検討する対象であるが、結局のところ法そのものが社会的にそれほど社会統制に重要な役割を果たしてこなかったとすれば、これに代わる準法秩序の造形者を指定することが可能と思われ、戦前の行政国家体制の下でまた戦後においても伝統的には法学部出身の官僚が支えてきたといえるのではないか。もっとも、優秀で公平無私な官僚というイメージは近時崩壊しつつあり、他方で政治家は官僚制打破と政治優位を説いており、どこに向かうのか不透明である。

第4章　比較法的にみた日本法

　比較法においては、外国法相互の異同のほか、わが国で扱う場合には日本法の特徴を外国法との関係で捉えるという観点から考察することも、重要で

ある。すなわち、日本法の比較法的にみた位置づけを知っておくことが有益となろう。以下においては、歴史的に日本法の形成に与えた外国法の影響という観点から考察する。日本法の歴史については、法学部において日本法制史という講義が設けられており、概説書も多く刊行されている。ここでは日本法の歴史を細部にわたって述べるわけではなく、外国法との関係における日本法の位置を理解するために必要な範囲で、しかも時期的にも近代法形成に重点を置いて説明する。ついで、その特質について検討を及ぼしたい。

日本法の歴史は、645年の大化の改新および1868年の明治維新の前後において、外国法との関係という面できわめて異なる特性を示している。645年前の上代法時代は、外国法の影響を受けることがなく、固有法の時代と特徴づけることができる。645年以降1868年までの中代法時代は、時期によって強弱はあれ基本的に中国法継受の時代である。1868年以降の近代法時代は、影響を与えた国はフランス、ドイツ、アメリカというように異なるが、共通して西欧法継受の時代という性格を有する。

なお、645年とか1868年という年号は、時代区分としての便宜のため歴史的大事件を目安にしたものであり、実際には変化に幅があることに注意が必要である。中国法の継受は聖徳太子の改革から既に始まっているし、本格化は奈良時代に入ってからである。西欧法継受の原因は幕末の開国にあり、法典編纂が完成するのは1890年代である。また日本法の歴史的特徴のひとつに、後にもまとめて述べるところであるが、こうした影響力の交代が前の時代の法のあり方を全面的に否定して行われたものでは必ずしもないことである。今日でも少なくとも生ける法のレヴェルでは我々は固有法的な要素や中国法的な要素を残している。日本文化の重層的構造として指摘される特徴が法の面でも認められる。こうした意味で独特の性格を有することから、法系論において日本法を分類する際に、西欧法か、極東法かはたまた独自の固有法かで困難が生じる。

第1節　固有法の時代（上代）

上代には外国法の影響がみられず、固有法の時代と性格づけることができる。時期的には日本の成立から7世紀、645年の大化の改新までである。この時期はさらに紀元前後を境として、先史時代と原史時代とに分かれる。表

題にある「固有法の時代」というと立派な法が既に形成されていたように聞こえるが、実態はきわめてプリミティヴな法にすぎなかった。

1 先史時代

(1) 時代背景 日本列島にいつから人が住むようになったのかは正確にはわからないものの、近時の研究によればわが国にも旧石器時代（無土器文化）が存在していたようである。その後、紀元前3000年頃より始まる新石器時代に至ると、土器が作られるようになり、その土器に応じて縄文時代（紀元前3000年頃〜紀元前500年頃）と弥生時代（紀元前500年〜紀元前後）に分かれる。弥生式土器は縄文式土器と比較して精巧であって、それまでの狩猟漁労に代わって稲作がなされるようになり、集団による社会生活が組織されていく。文化も徐々に向上していったことがうかがえる。

(2) 法の状況 この時期を通じて法がどのような内容であったかは、文献的裏づけが乏しいためまったくわかっていない。すなわち、どのようなものであれ文書が残っていれば、その時代の法の状況をうかがい知ることができる。ところがわが国で文字が使われるのは、中国から漢字を輸入した7世紀をまたなければならない。そして古事記、日本書紀といったわが国最古の歴史書には、こうした時代に関する記述もあるが、あくまで神話の域をまったく出ていない。そこでこの時代にも固有法が原始的なかたちで存在していたはずであるが、その内容は不明であり、述べることができない。

2 原史時代

(1) 時代背景 紀元前後から、ようやく文字によって記述されたところによって、わが国の状況が記述されることになる。紀元前1300年頃より文字をいち早く使っていた中国の文献に、日本に関する記述がみられるようになったためである。そこに述べられている内容が、客観的で信頼に足る情報ということになる。さらにのちの日本の歴史書も、この時期の後半の古墳時代、大和朝廷時代については、直前の時代の伝承を記述していることから、若干の状況を知らしめてくれる。土器による分類では青銅器時代から鉄器時代である。

紀元後になると、日本は各地の部族集団であるクニが徐々に統合されていき、統一国家が形成される。1世紀末に編纂された『前漢書』（後漢の班固）によれば、日本の社会は1世紀の頃100余のクニに分かれていたという。各ク

ニは氏上の指導の下に氏人が従う氏集団によって支配されていた。氏は農業の祭礼を中心に結合した共同体であって、その頂点に立つ氏上は精神的指導者の役割をも果たし、そこから神道も生まれたと考えられる。5世紀に編纂された『後漢書』(南朝宋の范曄)によれば、倭のあるクニの使節が漢の都の洛陽を訪れ、皇帝はこれに対して57年に金印を授けたとある。この金印は1789年に九州の福岡の志賀島で発見されている。107年にはあるクニが皇帝に多くの奴隷を献じたとしている。2世紀頃になるとこれらの部族が徐々に30余国に統合されていった。次の時代の歴史書で3世紀に編纂された『三国志』(晋の陳寿)のうちの「魏志・倭人伝（正式には東夷伝・倭）」によれば、3世紀の初頭にこれらの部族は邪馬台国の女王卑弥呼の権力の下で統一された。239年には魏の明帝から「親魏倭王」の称号を受けている。この邪馬台という言葉がおそらくは日本の旧称である大和の起源であろう。その国家組織がいまだ脆弱であるとはいえ、ここに日本という国の誕生を認めることができる。卑弥呼が天皇家の祖先であるということも、ありうることである。しかし、邪馬台国が北九州に存在したのか近畿地方に存在したのかを含めて、不明な点は多い。これに対して4世紀から6世紀にかけての古墳時代に至ると、近畿地方に大和朝廷が形成され、徐々に集権体制を確立していった。

(2) **法の状況** わが国が外国とりわけ中国の影響を直接にまたは朝鮮半島を経由して本格的に受けるのは、7世紀以降のことにすぎない。したがって、それまでは法制度は基本において日本人に固有な思考方法を反映している。当時の社会生活は宗教や習俗の強い影響を受けており、法はいまだ他の社会統制規範と区別されていなかった。3世紀以降については中国の文献に社会の状況に関する記述があるのに対して、それ以前の時期については記述はないものの、同一であったと推測される。宗教規範は神道といってよいものであるが、のちの国家神道とは異なり習俗的なものである。なお、仏教は538年に朝鮮半島を経て輸入されたが、直ちにわが国で支配的となったわけではない。国家が積極的に導入を図ったのは飛鳥、奈良時代からであり、庶民の仏教は鎌倉時代になって本格的に栄えている。また儒教の影響も仏教と同時期にみられ、これは律令と相俟って為政者の方針として採用され、広まっていった。

魏志倭人伝によれば、卑弥呼は祖先の祭祀を司る巫女であった。「卑弥呼

は神に仕え、人民に対してはカリスマ的な影響を及ぼしていた。彼女はかなり高齢であり、未婚であった。彼女の弟が統治を助けていた。」とある。日本の伝統的宗教は、祖先を神と考えており、したがって、この神は一神教における神とは異なり、複数神からなる多神教である。卑弥呼は祈祷によって祖先神の意思を知り、この意思を宣言した。この事実を立証するものとして、政務を示す古い日本語は宗教と密接に関連している。たとえば、統治は「しろしめす」が古い日本語表現であるが、この「しる」というのは、政治の目標設定が祖先である神の意思を知ることにあったことを示している。こうした言葉遣いの伝統は、その後も武士に支給された土地である「知行」や、地方行政を司る人である「知事」などの表現として残っている。伊勢物語の第1段に、「むかし、をとこ、うひかうぶりして、平城の京、春日の里にしるよしして、狩に往にけり。」という、有名な初冠の段がある。そこでの知るは、土地を持っていると訳されたりもするが、支配していたということである。また「宣り（のり）」は、法、宗教、道徳のすべての規範を包含する観念であって、法を示す固有の言葉がない状況において法を意味した。祖先神の意思を宣言することで、法規範が生じたわけである。「宣り」が「法〔のり〕」や「規〔のり〕」に通じていき、宗教上の「祝詞〔のりと〕」も同じ起源と考えられる。さらに政治のことを「政り事（まつりごと）」と表現したのは、「祭り事」に通じることであり、祭政一致のこの時代の伝統を示す。祖先を「祀る」ことが「祭る」ことになり、それがとりもなおさず「政る」ことを意味した。

このように、当時にあっては、法は神と人民との間の仲介者によって宣言された神の意思であり、仲介者はほぼ常に女性であった。神道においてもっとも重要な神が天照大神であり、また古代に女帝が稀ではなかったという事実もある。今日でも恐山で口寄せをする「いたこ」に、こうした伝統をみることができる。また卑弥呼は神の意思を宣明しながらも、自らは執行しなかったという事実は、興味のあることである。神の意思を執行する任にあたったのは彼女の弟であって、卑弥呼はいわば君臨すれども統治しなかったわけである。こうした支配原理は、天皇が直接に政治的実権を行使した律令期という稀な例外を除いて、長い間そして今日に至るまで遵守されることになる。島国という特性はあるにせよ、王朝が交代した中国や韓国と比べて、天皇制が断絶することなく存続した理由のひとつに、政治の実権は天皇とは別の者、

摂政・関白、将軍、近代では政府などが行使する体制にあったように思われる。天皇の固有事務は祭祀に特化されていたのである。

　それではこの時代に、具体的にはどのような法観念が存在したのであろうか。プリミティヴな社会であるため、きわめて漠然としている。罪ということが観念されていたが、刑罰という意味は含まれていなかった。罪は犯罪のほか病気や災害をも含んだ。神の怒りを買った結果であって、必ずしも本人が悪いというわけではなく、その者に付着した不純物すべてである。これが神が忌み嫌う「穢れ」として宗教上捉えられ、祭祀によって除去することが必要となる。神道儀式の本質的部分は、こうした穢れを神官が取り去る厳粛な行為としての「祓い」にある。付着物なので払い落とすことが可能であり、それが祓いに通じた。神の怒りを鎮めるために、罪人は供物を捧げ、神官は祝詞をあげる。祓いの対象である不純な付着物がごみではなく染みのようなものであれば、川にいって洗い流す必要がある。これが「禊」（みそぎ）である。いずれにせよ払い落としたり、洗い流したりすると付着物がとれて「清め」られて、罪から逃れることができる。訴訟手続の多くは不明であるが、主張の真否を判断するために「盟神探湯〔くがたち〕」が行われた。

　こうした上代の法観念が今日でももっともよく保存されているのは、政治の世界ではなかろうか。政治家が汚職とか選挙違反で有罪判決を受けることがある。ところが本人たちは運悪く摘発されてしまったのであり、天災にあったようにしか考えず、犯罪行為をしたというようにはあまり自覚していない。まさに上代における罪の意識である。そして次回の選挙で当選することにより、選挙民の皆さんによる「禊」を経たのであるから、過去の不行跡は不問とされるべきであるという。近代刑法上は残っているはずの前科は、政治家の意識の上ではきれいに清められてしまっているわけである。

　このように、上代日本人の法的思考方法はきわめて単純であって、厳格さを欠くものであった。外敵との熾烈な存亡をかけた争いというものも経験しておらず、本来的に楽天的であった。魏志倭人伝では、日本人の習俗は堕落しておらず、犯罪や訴訟は少なかったとされている。宗教や習俗と切り離された法の必要性がいまだ自覚されていなかったと思われる。しかし、それ以上の詳細は、文献資料がなく不明である。

第2節　中国法継受の時代（中代）

　中代は中国法継受の時代と性格づけることができる。時期的には645年の大化の改新から1868年の明治維新までである。1200年以上という長期にわたったこの時代には、中国法の影響に強弱の差がみられ、わが国に固有な法の形成も相当程度に見受けられた。しかし、中国法以外の外国法の継受を積極的に行ったという事実はまったくなく、他方で固有な法が展開した基礎には中国法があるわけであり、広くは中国法継受の時代とみうる。こうした観点から中代を時期区分するならば、中国法である律令が忠実に取り入れられた上世（645－1185年）、律令法が慣習法化した荘園法、寺社法、武家法が並立した中世（1185－1573年）、武家法がほぼ一元的に支配するに至った近世（1573－1868年）に分けることができる。中代を通じて、上代のまったく原始的な法とは異なる、整備された法を有することになったわけであるが、それにもかかわらず近代において法が規律している分野と比較すると、成文である律令や武家法が規律していたのはその一部であり、慣習法に委ねられた領域が広く存在していたことが特徴である。

1　律令法の導入（上世）

(1) 時代背景　大和朝廷の時代には、天皇の権力は徐々に世俗化していたが、実力による支配は、たえず強力なライバル部族によって簒奪される危険に曝されていた。そこで天皇一族は、あらゆる国家権力を天皇の下に集中して、支配体制を強固にすることを考えた。こうした措置は、対外的な政治状況によっても同様に必要とされた。すなわち、この時期に中国において隋（581－618）という官僚的で中央集権化された王朝が樹立され、分裂していた中国を統一した。その侵略に備えるためにも、国家的統合が緊要とされたわけである。そこで7世紀に入ると、日本では中国に倣って中央集権化された国家組織を構築することに努めるようになる。その一環として中国の法制は自主的な採用の対象として意識され、わが国の法発展に主導的役割を果たすようになる。こうした継受は、大きくは2つの過程を通じて実現された。

　第1に、7世紀初頭に聖徳太子（593－622）が出て、中国の階層化され集権化された国家をモデルとして改革を断行した。603年には官位十二階を設け、604年には十七条憲法を定め、また607年には遣隋使として小野妹子（？－？）を派遣するなどしている。天皇が皇帝のように絶対権をもって統治すること、

能力によって採用された官僚機構を構築すること、儒教の戒律に基づいて統治することなどが宣言された。しかしこうした動向に対しては、大部族が執拗な抵抗をしたため任務の遂行は困難であった。そして聖徳太子の死後は、彼の一族は蘇我氏によって滅ぼされ、天皇中心の統治は完成しなかった。

しかし第2に、中大兄皇子（626－671、のちの天智天皇〔668－71〕）と中臣（のち藤原姓）鎌足（614－669）が蘇我氏を亡ぼした645年の大化の改新ののちは、天皇中心の政治の基礎が徐々に築かれていき、中国流の官僚主義的で中央集権化された国家が出現することになる。天皇は中国の専制皇帝のモデルに倣い、個人的に支配権を掌握する。646年の改新の詔は、部族の抵抗を打破すべく、こうした動きを確認する。「公地公民の制」がそれであって、部族の支配下の奴婢は解放され、すべての人民は直接に天皇に帰属する。同時に部族の政治的実権の基礎である土地はすべて天皇のものとされ、農民にこれが配分される。6歳以上の人民すべてに口分田が終身で与えられた。中国の均田制に倣った班田収授の法（652年）である。これに関連して人民や土地に対する税も中国流に改革され、租庸調が定められた。行政機構も氏姓制度からの脱却が図られ、中国流の太政官制が整備される。

(2) 法の状況　A 立法　法の領域においても、当然に中国の制度が模倣され、多くの法令が制定され、施行されていった。この法制度は律令制と呼ばれているが、それは法典が律と令という2つの部分から構成されているためである。律は刑事規定であり、令は行政官に対する助言、説諭を内容としており、今日の行政法に近い。律令は漢文で制定されており、唐の律令をかなり忠実に再現している。とりわけ律は、適用される刑罰がやや緩和されている点を除けば、唐律をほとんどそのまま取り入れている。これに対して令は、わが国に固有な社会条件や慣行を考慮して修正を施されている個所が少なくない。広大な中国大陸の支配とは異なるので組織は簡略化されており、他方で太政官や神祇官のような独創的な制度が設けられた。わが国で制定された律令には、以下のものがある。

・近江令（668年）天智天皇
・飛鳥浄御原令（681年）天武天皇
・大宝律令（701年）文武天皇　刑部親王、藤原不比等らが作成
・養老律令（718年）元正天皇　藤原不比等らが作成

大宝律令が律令の中でもっとも有名なものであるが、残念ながら今日ではまったく失われてしまっている。大部分が残っているものは養老律令である。養老律令は公布の39年後である757年に施行されており、それまでの奈良時代前半は大宝律令によっていた。
　律令を補完したり修正したりするために、特別法が制定されることがあり、これを「格」という。また律令を適用するための施行令に相当する法規が制定されることがあり、これを「式」という。中国にも同様の区分があるが、若干の相違がある。唐では律が刑罰法、格が矯正法である。これに対してわが国では、矯正法を含めた刑罰法が律であり、他方で律令が先に制定されて根本法となり、格は改正補充をする臨時法として捉えられ、式とともに従属法と考えられている。わが国で制定された格式には、以下のものがある。
・弘仁格式（819年）　嵯峨天皇　藤原冬嗣らが作成
・貞観格式（868年）　清和天皇　藤原氏宗らが作成
・延喜格式（907，927年）　醍醐天皇　藤原時平らが作成
　上記の三代格式のほかにも、天長格式（830年）が指摘されることがある。弘仁格式、貞観格式は現存しておらず、延喜格式のみが今日でも参照することができる。
　これらすべてを合わせて「律令格式」と呼んでいるが、その思想的背景としては儒教の影響が強くうかがわれ、道徳的性格を有する。統治の基本は、無知な者を教育して儒教の理想とする社会的行動をとるように導くことであった。すなわち、令にみられるようにまず積極的に人民をして善を行うように仕向け、それにもかかわらず悪行を行った者は律により消極面から罰することを旨としている。この人民を教育する仕事は公務員が担当していたので、行政法規である令が律令体制の中で重要な地位を占めた。統治のための行政法規であるから今日の行政法とは相当に意味合いを異ならせるが、法家のように権力による統治の手段ではなく、徳治を実現する手段である点で開放的である。
　律令の目的が、人民を儒教の理想へと教育し、指導することにあり、違反者にはやむをえず制裁を加える手段を用意するというものであれば、その内容を人民全員に知らせることが望ましい。そこで律令を教え、註釈することを目的として、式部省の下に置かれた「大学」に「明法道」という法学部に

相当する機関を設けた。大学は全国的な公務員の養成機関であって、都に置かれ学生数は400名であった。このほか各国には同様の目的で「国学」が設立された。今日の地方国立大学といったおもむきである。明法とは文字通り法学教育を意味し、その教員は明法博士といった。法学部教員といった意味であるが、大学や博士は今日でも用いられている呼称の起源となっている。

　こうしてわが国の歴史上例をみないような法学が尊敬を集める事態がみられた。それに伴って律令の研究が熱心に行われ、多くの註釈書が刊行された。それらのうち2つがとりわけ重要である。第1は、「令義解」(833年) であり、養老令の公式註釈書である。清原夏野 (782－837) ら12名の学者によって編纂され、法規の効力をもつものとして公布された。こうした理由から、形式においては註釈書であるとはいえ、実質的には法典の一種であった。第2は、「令集解」(10世紀初頭) であり、養老令に関する学説の私的な編纂物である。明法道の博士である惟宗直本 (？－？) によって編纂され、そこには日本法と中国法との比較研究も含まれており、比較法の先駆的業績とみることもできる。

　B　特　徴　中国の律令制の導入によってわが国において法がめざましく整備されることになった。しかしそれは西欧における法の発展とはきわめて異なるものであって、極東法と西欧法の基本的相違として指摘される点であるが、確認しておくことが有益であろう。律令法にあっては、法は純粋に統治の道具であった。律は刑事法、令は行政法であって、いずれも国家対人民の関係を規律することを目的としており、これにひきかえ人民対人民の関係を規律することは対象外であった。今日的な表現にすれば公法を中心として法が観念されており、私法は少なかった。法を発展させたのは行政実務であって司法実務ではなかった。

　これに対して、西欧法の共通の祖先と考えられるローマ法の発展は、法というものが人民対人民の係争を解決することを本質的使命としていることを示している。これを解決する場が裁判所であり、法は訴訟と切り離せず、むしろ訴訟が法を形成してきたといってもよい。訴権 (actio) がなければ権利があるという意味がそもそもないからである。ローマ法は訴訟的伝統を有し、訴権の厳格な枠内で私法を中心として考えられてきた。ローマ法の発展はこの訴権が法務官 (praetor) によって徐々に拡大されることによって実現した。

弁護士が活躍し、判例が形成されていった。

　極東においては、法の根本的目的はむしろ訴訟を予防することにあった。先に引用したように、孔子は「子の曰わく、訴えを聴くは、吾れ猶お人のごときなり。必らずや訴え無からしめんか。」（論語・顔淵第十二・13）と述べている。法は道徳や人民の教化と結びつくことは大いにあっても、訴訟とは結合していない。法が整備された上世においても弁護士という職業は存在しておらず、民事訴訟手続は季節を選んで時期が限定されており、司法官が行政官から分離されることもなかった。

2　融合法への移行（中世）

(1)　時代背景　　天皇の専制君主的支配は長続きせず、徐々にこれに取って代わる勢力が台頭し、古代国家体制は崩壊し、中世的な封建制度が成立していく。まず、三世一身の法（723年）、墾田永年私財法（743年）により荘園を支配する貴族が、その経済力を背景として権勢を振るうようになる。平安時代の後期の藤原氏による摂関政治がそれであり、律令による一元的支配からの離脱が早くもみられる。さらに武士が出現し、その所領を支配するようになると、そこでは律令とは異なる封建制度に服せしめられることになる。また鎌倉時代に仏教が庶民のあいだに広まると、寺社においてもその所領では独自の支配権が認められるようになる。

　こうして律令制によって一元的に規律されていた社会から、固有法や社会的身分と融合した様々な法により、また同じ性質の法であっても地域により内容を異ならせる法により規律される社会となる。大きくは、律令法により近い公家や貴族という旧勢力と武家や寺社という新興勢力が対立し、並立した時代でもある。

(2)　法の状況　　**A　立法**　法源は、支配する領地に応じて異なる諸法が区別される。まず律令は、天皇の実質的支配権が及ぶ範囲内で適用されるものであったから、貴族の荘園、武家や寺社の所領が自立するにつれて適用領域は狭くなり、直接の領地である公家にのみ有効となり、公家法となる。律令の実際の適用は時代が下るにつれて少なくなり、とりわけ室町時代にはそうであった。しかし鎌倉時代には、理論的にはいまだ律令が一般法であり、建武の中興（1334年）では後醍醐天皇（1288－1339〔1318－39〕）により律令支配への復帰が意図されたりもしたのである。もっとも、公家は形式的には全面

第 2 節　中国法継受の時代（中代）　●*127*

的に律令に服していたが、行政的、司法的な慣行が一種の慣習法を形成するに至っていた。法令の収集分類した書としては惟宗允亮（？－？）が編纂した「政事要略」が、慣習法である法律家の意見書を集めた書としては、藤原通憲（1106－59）の「法曹類林」がある。

　これに対して、令外の官および摂関家において発達した慣例法は、全体としては律令から派生した法であったが、その外にある。とりわけ貴族が支配していた荘園に適用される荘園法（本所法）は、各荘園ごとにその内容が異なる慣習法であって、傍例、通例、習などと呼ばれていた。もっとも一定地域に共通する慣習法やすべての荘園に共通する慣習法もあり、そこに律令の土台をみることができる。

　中世は日本仏教が飛躍的に発展したときでもある。仏教は上世においてももちろん知られてはいたが、国の保護の下にその影響は上層階級に限定されていた。これに対して、鎌倉時代以降は庶民に浸透し、その影響は武士にも大きい。他方で神道も発展し、それぞれ固有の領地を支配し、そこに独自の法を形成した。寺社法の成立である。

　他方で、武士の台頭とともに武士階級に特有の習俗や慣習が形成されていき、これを武士道と呼んでいる。この武士道に基づき荘園法からも影響を受けて、武士の所領で適用される武家法が、武士階級を規律するために樹立されていく。新興勢力の法のうち寺社法がそれほどの広がりを有するに至らなかったのに対して、幕府の開設に伴う武士の政治的支配の確立により、武家法はきわめて重要な地位を占めるようになる。当時の法は一般的に慣習法であって、武家法についても基本的に同様であった。もっとも制定法がなかったわけではなく、幕府によって制定された法規は当時式目または式条と呼ばれた。代表的なものが貞永式目（御成敗式目）51条（1232年）である。鎌倉幕府3代執権北条泰時（1183－1242）によって制定され、武家法の手本として後世への影響がきわめて大きい。法律書としては、「沙汰未練書」がある。これに対して建武式目17条（1336年）は、室町幕府初代将軍足利尊氏（1305－58〔1338－58〕）によって制定されたものであるが、断片的な補充法であり、貞永式目を基本としており、重要性ははるかに及ばない。法律書としては、「武政軌範」がある。

　もっとも貞永式目にしても、その分量からして統一的にあらゆる事項を規

定したり、人民全体に法を知らしめるというには不十分であった。実際には、大法、通法、定法などと呼ばれる慣習法があって、式目や律令と並んで社会を規律していた。慣習法主義への回帰が顕著である。「武家のならい、民間の法」(北条泰時書状)が法源の中心であった。

　B　特徴　　上代の政治的統治体制は、専制君主制である中国の天子体制に酷似するものであった。わが国では、さらに天皇の権力に宗教的権威を付与するために、天皇は現人神とみなされ天皇崇拝があみだされた。中国の専制君主は世俗の存在であって、王朝が代わるたびに最高権力者が取って代わる。これに対してわが国では、世俗の最高権力者は取って代わるのであるが、天皇の象徴的支配が存続するという異なる対応が出てくる。融合法というのは、律令法の固有法との融合であるが、とりわけ以上の事実に由来する日本型の運用ということである。これはのちの時代においても指摘できる特徴である。

　律令については、中国では律令による実効的支配が統治における当然の前提であり、その支配が及ばない状況というのは、その王朝の滅亡に直結する。中国では広大な領土を周辺の異民族ににらみを利かせつつ支配することが常に不可欠であったからである。そして代わって成立した王朝は、自己の統治に好都合な別の律令を制定して統治するということを繰り返してきた。これに対してわが国では、律令による規律は長続きせずに衰えていく。その規定の大部分は失効し、それから派生した行政的、司法的実務慣行が徐々に発展してゆき、ついには律令の所在自体を不明なものにまでしていく。しかし、律令が廃止されることはなく、また別の律令が制定されるわけでもない。律令を制定した天皇制そのものが存続したためである。また島国でありひとたび政治的統合がなされた後は、律令のような手段によらずとも、十分に統治が可能であった。律令に少なくとも中国での運用と同じやり方では十分なじむことがなかったわけである。

　政治的実権を掌握するものが、天皇から貴族さらには武士へと移行するものの、律令は元のまま存続する。摂政・関白や征夷大将軍といった役職それ自体が、天皇によって任命される律令上の役職であった。かくしてわが国では、律令は天皇制とともに近世の武家法の支配の時代も生き延び、明治維新の後の王政復古に際しては、太政官制の復活や律の適用のように有効な実定

法と認められ、ふたたび全面的適用をみることになったのである。

　このようにして、わが国では律令を明示的に廃止することも、新たな律令を制定することもせず、荘園法、寺社法、武家法が主としては慣習法のかたちで取って代わっていくことになる。武家法などに律令の影響があること、また中国法以外の外国法の影響がなかったという理由から中国法継受の時代に含めているが、固有法との融合が進んだ時期、中国法の日本化がなされた時期と評することができよう。

3　武家法の支配（近世）

　(1)　**時代背景**　　1467年の応仁の乱による室町幕府の衰退に伴い、戦国時代に入る。下克上の実力のみがものをいう世界となり、その中で諸階級の勢力が大きく入れ替わる。公家の力は弱まり、ほぼ無力化する。荘園も戦国大名の政治的権力によって簒奪される。寺社も一向一揆や比叡山に対する攻撃によりその自立性を喪失し、同様に武家支配に組み込まれていく。太閤検地（1582－98年）はその象徴である。こうした中から、武家の一元的支配という新しい体制が、戦国時代の統一の中から生まれてくる。

　新体制は純粋に封建的であり、日本全土が武士の棟梁である、江戸幕府（1603－1868年）の支配に服する。もっとも、将軍は大名の第一人者にすぎず、直接に支配したのは直轄地である天領のみであって、その他の土地は大小の大名や将軍の直属の家臣である、旗本、御家人に封地として与えられた。このように、武家以外の政治的権力は排除されたのであるが、武家そのものはかなり強い中央権力である幕府と自立性を有する藩とが、あたかも求心力と遠心力を釣り合わせたかたちで成り立っていた。こうしたことから、我々はこの政治体制を幕藩体制と呼んでいるのである。

　(2)　**法の状況**　　**A　立法**　　戦国時代にあっては、領国を統治する有力な手段として法を整備した国が強国になりえた。こうして戦国大名によって家法とか分国法と呼ばれるものが数多く制定されていく。これらは慣習法である大法や道理に優越するとされたから、全国的には統一された法の適用が破壊された時代であるが、他面では領国内では武家法の発展が大いにみられた。代表的なものを以下に掲げる。

　　・大内家壁書　　周防、長門の守護である大内氏歴代、とりわけ義興（1477
　　　－1528）が中心となり1439年から1495年にかけて制定された。現存する

分国法の中でもっとも古いものである。
- 今川仮名目録　駿河の今川氏親（1473－1526）が1526年に制定し、その子義元（1519－60）が1553年に追加した。
- 塵芥集　陸奥の伊達稙宗（1488－1565）が1536年に制定し、171条と現存する分国法の中でもっとも浩瀚なものである。
- 相良氏壁書　肥後の守護である相良氏歴代が制定した。
- 甲州法度　甲斐の武田信玄（1521－73）が1547年に制定し、信玄家法の別名がある。
- 里見家法度　房総の里見氏歴代が制定した。
- 新加制式　阿波の三好長慶（1523－64）が制定し、現存する分国法の中でもっとも体裁が整ったものである。
- 毛利氏掟　毛利輝元（1553－1625）が制定し、家臣の取締りに関する内容のみであって、直接民生に関する規定は含んでいない。
- 石田三成条目　近江の石田三成（1560－1600）が制定し、田制、租法に関する規定を網羅し、民生に詳細である。
- 長宗我部元親条目　土佐の長宗我部元親（1538－99）が制定した。
- 吉川家法度　17世紀に入って、岩国城主吉川広家（1561－1625）が制定した。
- 上杉景勝式目　17世紀に入って、米沢城主上杉景勝（1555－1623）が制定した。

　織田信長（1534－82）や豊臣秀吉（1537－98）の法制は、発生からすると分国法の一種であるが、効力からすると全国に及んだので、江戸幕府の式目に匹敵する。したがって、上記の分国法のうち初期のものは貞永式目を継承するのに対して、石田三成条目や長宗我部元親条目のように後期のものは織豊の法令を継承し、最後の吉川家法度や上杉景勝式目のように江戸時代に入ってのものは藩法に近くなる。織田信長は覇業の半ばで死んだので、見るべき法制はない。豊臣秀吉も統一後いくばくもなく死んだので、整備された法はないが、朱印状で発した掟の強制力は大きく、後の幕藩法への影響もみられる。代表的なものに、1587年の耶蘇教禁止令、1588年の刀狩令、1591年の身分統制令、1592年の人掃令、1594年の太閤検地条目などがある。

　徳川幕府の下で政治的安定が得られた後は、幕府や藩は統治のために必要

な法規を制定した。当時の制定法は法度と呼ばれていた。法度はそれほど多く発せられることはなく、明文で規定されていないものはすべて、慣習法によった。武家法を基礎とすることを共通にして、あらゆる領域において慣習法が支配的であった。幕府が制定した法度に、以下のものがある。
  ・武家諸法度（1615年）　　大名に対する規制
  ・禁中並びに公家諸法度（1615年）　　皇族および公家に対する規制
  ・諸士法度（1632年）　　旗本、御家人に対する規制
  ・諸宗寺院法度（1665年）　　1615年の諸宗の法度を統一する、寺院に対する規制
  ・諸禰宜神主法度（1665年）　　1603年の伊勢法度など個別の規制を統一する、神社に対する規制

ほかにも江戸の町人に対する江戸町中定（1655年）、服忌令（1684年）などがある。個別的な命令で名宛人が一般的なものは御触ないしは御触書、高札などで示され、律令の格に相当する。名宛人が限定されたものは御達とされた。評定所が編纂した法令集として御触書集成があり、江戸町奉行所が編纂した法令集として撰要類集がある。

その後においては八代将軍吉宗（1684－1751〔1716－45〕）によって「公事方御定書」（1742年）というきわめて重要な法典が制定されている。通称「御定書百箇条」と呼ばれているが、上下2巻で構成されており、上巻は評定所の執務規定、司法警察、訴訟手続など各種規定81条である。下巻が二、三の訴訟に関する規定を除き刑罰規定で実際には103条から成り立っていた。後者を御定書百箇条というのである。公事方御定書は通常法典であるといわれるが、近代的意味における法典とは性格を異にし、むしろ司法当局にあてられた指示であった。近代では法典は公布することを要し、そうしなければ国民に対して対抗力を生じない。通常公布は官報に掲載することによってなされ、それは国民は知ろうと思えばいつでも知りうる状況にあることを意味する。これに対して公事方御定書の内容については、奉行のみが閲覧することが可能で、国民は知ることができなかった。刑罰法規の威嚇力を保持する意味があった。現実にもその内容を公表した者に対して改易や江戸払いにして処罰している。このように刑罰法規は秘密であったが、裁判における宣告は公であり、さらに刑の執行は公衆の面前において行った。すなわち、罪状と刑罰

を記した幟を立てて引廻しをし、市民はのれんをはずして見るべしとされた。法律の事後公布の性格をもち、その内容は広く知れ渡った。

　B　特　徴　幕府の制定法は以上のとおりであるが、幕府の法は原則として将軍によって直接に統治された領地においてしか適用されなかった。藩のそれぞれは、政治的、司法的自律性を享受しており、その領地において立法を行い、固有の法をもっていた。藩はまさに古い言い方による国 (state, Land) であった。幕府法と藩法の二元的構造こそ、幕藩体制を象徴するものであった。このように江戸時代の法体系は、幕府法の一元的規律でないという点で統一されていなかった。もっとも幕府は各藩に対して幕府の法を見習うように勧め、また各藩でも自主的に幕府の法を模倣することが少なくなかったので、諸藩法は多かれ少なかれ似通ったものであった。しかし、法の多様性というものは基本的に存在しており、慣習法の支配と相俟って地方ごとに異なる法が日常生活を規律していた。

　幕藩法には儒教の影響が強くみられる。その点において律令体制と類似するわけで、法思想の面から中国法継受の時代として一括する根拠ともなっている。しかし両者の間には根本的な相違がある。律令体制では人民を教育し指導すること、すなわち法を知らしめて公序を維持し、税を徴収することが目指された。武家法とりわけ江戸幕府では、これとは反対に人民を法によって教化することは重視されず、身分制秩序により服従を強制しようとした。儒教でも統治に利用できる朱子学の日本的解釈が主流をなし、林羅山 (1583 - 1657) 以下の幕府お抱えの学者が理論づけをなした。法を含めたすべての事項は、幕府の都合がよいように国家理由によって正当化され、このお上の意向（上意）を批判することは許されなかった。その源泉は権現として神として奉られた初代将軍家康 (1542 - 1616〔1603 - 05〕) の意向から導かれ、これに逆らうことは秩序をみだす不届き千万な行為であり、内容の当否を問う以前に犯罪であった。貧民救済を訴えた大塩平八郎 (1793 - 1837)、開国の必要性を唱えた林子平 (1738 - 93)、吉田松陰 (1830 - 59) などは、幕府の命に叛く者として容赦なく罰せられた。

　そこから法は、大多数の人民にとっては、権力者がその意思を実現するために利用する手段をしか意味しないことになった。人民は政治権力の前に無力であり、法はこうした民の権利を守るために存在しているのではないので、

律令におけるように説得されるのではなくして、単にお上の法に服従した。いわゆる面従腹背の態度である。人民は隣百姓精神や上意下達精神で個人の判断力を働かせず、「長いものには巻かれろ」式の大勢順応の服従を形成した。個人が積極的に権利実現、法形成に参加する姿勢は当然に生まれてこない。こうした状況においては、法学説は重要な役割を果たすことがなく、特別な法学校も存在しなかった。法は峻厳であったが、儒教にのっとり法よりも道徳で社会が規律されることが理想であったので、朱子学を研究し教授する学校は栄えた。

　もっとも、江戸幕府の下での平和の中で、裁判は現実には比較的公平に行われていた。当時の裁判は、幕府に関していえば奉行が司っていた。町奉行、寺社奉行、勘定奉行である。このほか評定所があったが、これは両当事者が異なる奉行の管轄に属する場合に審理した。したがって評定所は上級裁判所ではなく、当時は上訴手段というものは存在しなかった。裁判は公事方御定書の手続規定にのっとり、判例集に示された先例に従い粛々と行われたようである。刑事判例集としては御仕置例類集があり、民事判例集としては裁許留がある。ウィグモアはこうした点を指摘して、イギリスと並んで日本のみが先例拘束性の原理を熟知していたと高く評価している。これらの裁判の判例に関していえば、幕府ではすべて評定所のものであるが、刑事については5巻、民事については45巻が編纂されている。もっとも、現存しているのは刑事の4巻、民事の2巻にすぎない。藩についても、同様に多くの判例集が編纂されたことが知られている。

　しかし、このような技術的進歩は、これに対応する人民の権利の承認を伴うものではなかった。そもそも法は伝統的に統治の手段としてしか機能してこなかった。江戸時代においては厳格な身分制と時代的要請から変形された儒教道徳の徹底により、民事上訴訟に訴えることは必ずしも容易なことではなかった。これに加えて慣習法が中心であったため、裁判官は法を自動的に適用することをせず、当事者はこれを立証することを要求された。しかも法的職業の欠如が個人的権利の実現を妨げた。当事者が法廷で自己を代理してもらうことができる法律家は認められていなかった。確かに公事士がいて、当事者に助言を与えることはあったが、公事士の本来の仕事は奉行所にくる人達を泊める宿屋の主人であって、代言人としての職業を公認されていたわ

けではなかった。
　また裁判官に相当する奉行は、一般の公務員であって、裁判の仕事はその一環として担当していたにすぎない。ましてや検察が裁判と独立して存在していることはなかった。江戸町奉行の遠山左衛門丞金四郎（？－1855）は、ドラマでは「遠山の金さん」という遊び人で犯罪現場に居合わせて証人となり、犯人逮捕に一役買って司法警察の仕事もこなし、お白州では裁判官を務めると同時に、しらをきる被疑者を検察官として問い詰め、最後に片肌脱いで桜吹雪の入れ墨をみせて決定的証人の役割を果たす。それでおそれ入りましたと犯人は自白するのであるが、一人数役をこなす目撃証人の証言だけで物証を欠くこの刑事訴訟手続では、今日では有罪とするに不十分であろう。

4　中国法継受の特徴

(1) 中国との相違　　中代は基本的に中国法継受の時代として捉えることができるとした。律令制の導入は積極面であるが、その後は律令を廃止したわけではないとか、武家法に律令法の影響があるとか、西欧法のような別の外国法を継受したわけではないというように、大部分は消極面での中国法継受の時代である。それでは中国の律令制とどうした理由で異なることになったのであろうか。律令が統治のための公法的規律であるとして、中国では大きな国土と多民族を統治するために法が詳細な規定をもち、実効的であることを要請される。これに対してわが国では、島国であり異民族の侵入はなく中央権力を奪取すれば行政を細部まで組織する必要はなかった。令からして簡略化されていたが、その後の武家法では統治のための武家の内部規律としての法の性格が一層強まり、人民に広く法を知らせるのではなく、官僚機構に対する行動指針のみが示される。その結果、中国で令の一部として含まれていた私法的規律は一切みられなくなり、他方で律、刑事法の比重が全体としてさらに高まった点に特徴がある。

　同時に天皇制のあり方という政治権力の存在形態が関連している。中国では大陸における統治の必要性から、王朝が交代するたびに律令という法典が整備されている。わが国では隋、唐の強国に対抗して飛鳥、奈良時代に天皇が律令を本格的に導入した。その後天皇の直接支配は急速に衰えるが、天皇制は維持される。律令もほとんど廃用の状態となるが、それにもかかわらず明示的に廃止されることはない。これに取って代わった権力は、制定法によ

る統治が重要であるとの認識を強く有しておらず、政権発足にあたり本格的法典編纂を行っていない。さらには、摂政・関白にせよ征夷大将軍にせよ律令の官職に権力の基礎を置いており、権力の形式と実質の乖離がみられる。それで権力基盤として足りており、違和感が少ないところに、法そのものの重要性が低いわが国の独自性がある。

　思想的な面からは、中国では律令制を支えた儒教のほかに、道教もあり、法律万能主義を説く法家の思想も存在していた。法家は、儒教の主流である孟子（B.C. 372 – B.C. 289）の性善説に対して、荀子（B.C. c.313 – B.C. c.238）の性悪説が基になっている。商鞅（B.C. ? – B.C. 338）、韓非子（B.C. ? – B.C. c.233）のほか、秦の始皇帝（B.C. 259 – B.C. 210〔B.C. 247 – B.C. 220〕）がこの思想を取り入れた際の李斯（B.C. ? – B.C. 210）などがいる。その後は前漢の武帝（B.C. 156 – B.C. 187〔B.C. 141 – B.C. 187〕）のときに董仲舒（B.C. c.179 – B.C. c.104）のすすめにより儒教が官学とされ、ながらくその地位が取って代わられることはなかった。しかしながら、法家の思想は消滅したわけではなく、中国では法に関する多様な思想があり、そのひとつに儒教があって重んじられてきたといえる。こうした背景があって、19世紀末に清における法典化と立法改革の論争が生じた。康有為（1858 – 1927）らが法家によりつつ変法運動を主張し、これに対して立法の行き過ぎに対する反動が生じて儒教が勢力を盛り返している。政治的には変法自彊の策は西太后（1835 – 1908）ら保守派の反対で失敗している。これに対してわが国では、統治において法が果たすべき役割に関する議論が欠如していた。律令とともに儒教思想を取り入れたため、その是非に関する思想的対決がみられない。その後は体系的法整備自体が不活発となっている。明治維新の後に西欧に範をとった法典編纂が比較的容易に実現した背景には、法による統治をいかに構想するかという議論がそもそもなかったことがあろう。形式だけ整えて法典化することへの抵抗感がきわめて低かったわけである。

　(2)　**今日的意義**　　中代法の今日的影響については、どうであろうか。近代法は次に述べるように、少なくとも国家法の次元においては中代法とは継続性を有しておらず、むしろ西欧法の継受と考えられる。そこで現行法を研究する場合には、日本の江戸時代までの法よりは、西欧法や西洋法制史の知識をより重視する態度も生じてくる。わが国の著名なローマ法学者であった原田慶吉は『日本民法典の史的素描』（1954年、創文社）という書物を著してい

る。それによれば、民法のすべての条文の起源は、ドイツ法やフランス法さらに淵源を遡ればローマ法にあることを指摘している。大宝律令、貞永式目、公事方御定書などに由来するものはひとつもないのである。実定法研究者にとって、現行法を解釈適用する際に日本法史を勉強しても何ら寄与するところはないのであって、まったく実用に供さないといっても過言ではない。

　それでは中代法を検討する意義はどこにあるのであろうか。一方では、近代法の時代に西欧法の継受が容易になされた原因を考える際の手掛りが得られることがあろう。この点は既に言及した。他方では、実定法規を超えて視野をより拡大した場合に、すなわちわが国における人民の法意識や法行動に及んで考察をすすめるならば、その意義は測りしれない。国家法の次元では確かに近代法は中代法との間に明確な断絶がみられる。しかし、制定法のレヴェルでは法は完全に変わっても、生ける法の上では当然に生き続けるものがある。民事法の分野ではもともと法制化された部分が少なかったため、実際の社会生活に制定された法典が影響をさほど与えないことがある。制定法の運用がこうした人民の行動様式を無視できないという面もある。いわゆる法社会学の見地からの旧法慣行の存続はよく指摘されるところである。法典編纂から100年たって、いまだに「法化社会の実現」が課題としてあげられていること自体が、西欧法の継受が上滑りしたものであったことを象徴している。とりわけ近世には、鎖国政策の下で同じ状況が200年以上基本的に変化することなく続いたわけで、日本人の法観念の形成に大きな影響を与えたことは疑いない。これが近代法の直前の時期であることとも相俟って、その役割は過小評価すべきではない。

第3節　西欧法継受の時代（近代）

　近代は西欧法継受の時代と特徴づけることができる。しかし、近代的な法典編纂事業はそれほどたやすいものではなかった。その紆余曲折を中心としてみていきたい。近代法の時代は様々な観点から時期区分が可能である。継受目的からは立法継受の時期、立法継受を前提とした学説継受の時期、さらには運用継受の時期が区別されようし、継受方法からは文言継受（敷写）の時期、内容的継受（模倣）の時期、比較法的継受（参酌）の時期が区別されよう。ただし以下においては、時期によって同じ西欧法であっても影響を与えた国

が異なることに着目する。当初はフランス法の影響が圧倒的であった（1868－89年）。その後同じ大陸法ではあるがモデルのドイツ法への転換がみられる（1889－1946年）。第二次世界大戦後はアメリカ法の浸透が顕著にみられる（1946年－）。転換点はそれぞれ大日本帝国憲法と日本国憲法の制定が目安となり、明治維新期、明治憲法期、現行憲法期に相当する。

1　フランス法の優位

　わが国は西欧法のうち、まずフランス法を模範として法の継受を行おうとした。その背景と具体的内容について順次検討する。

　(1) 時代背景　　背景としては、西欧法の継受を決断させた一般的な時代背景と、西欧法の中でもとくにフランス法を模範としようとした背景とが区別されよう。

　A　一般的背景　　1853年にアメリカのペリー提督（Matthew Galbraith Perry, 1794－1858）がフィルモア大統領（Millard Filmore, 1800－74〔1850－53〕）の親書を携えて来日し、開国をせまった。既に以前より開明的な学者は開国の必要性を説いていたが、鎖国政策をとる幕府はこれを断固として弾圧してきた。開国が妥当性を欠くから弾圧したというよりも、幕府の方針を批判すること自体が当時は法度であったからである。しかし、黒船を引き連れての列強の軍事的圧力の下で、幕府はもはや鎖国政策を維持することは不可能と悟って、1858年（安政5年）に欧米列強5か国（アメリカ、イギリス、フランス、ロシア、オランダ）と通商条約を締結した。いわゆる安政の条約である。

　しかし、幕府は一方では国際法の知識を十分に持ち合わせていなかったために、他方では列強の圧力もあって、不平等な条件を受け入れた。外国に治外法権が認められていたこと、およびわが国に関税自主権がなかったことなどである。明治維新ののち、明治政府は幕府が締結したこの条約の履行を引き継ぎ、不平等条約の改定に努力することになる。実のところ明治政府は、幕府が締結した条約を国際法上新政府が引き継ぐ義務があることすら当初はよく理解していなかったようである。

　それでは不平等条約を改定するためには、何をなしたらよいのであろうか。まず欧米列強に伍してゆくことができるだけの国力をつけることが考えられる。「富国強兵」、「殖産興業」は軍事力およびそれを支える経済力の面での近代化を図る政策であった。同時に、政治的、文化的な面での近代化も必要

であり、「立憲国家」の建設や、鹿鳴館に象徴される「文明開化」にも力を入れることになる。しかし、何よりも法的な面での近代化が不可欠であり、それこそが不平等条約の改定とりわけ治外法権の撤廃の前提条件であった。近代的な法治主義が確立していない国に、たとえば自白を強要したり、被告人に十分な弁明の機会を与えずに判決することを認める日本の刑事裁判に、自国民を委ねることなど到底承服しがたいことであった。

　近代的な法治主義の確立という目的を、条約改正を急ぐということから短期に実現するために、維新政府は西欧法に範をとることにする。実は明治維新による王政復古に伴い幕藩法体制は終了し、形式的には律令制が全面的に復活していたものの、現実にはあまり使いものにならなかった。これに取って代わるべき慣習法も使える部分は少なく、新しい法モデルが要請された。欧米列強の期待に応えうるものは、西欧法以外にないからである。

　　B　フランスを模範とするに至った背景　　欧米列強のうちでは、イギリスとフランスが当時の世界の二大強国であって、各地でその覇権を争っていた。条約を締結したその他の国では、アメリカはペリーの来航など当初は積極的にわが国と接触を図る態勢をとっていたが、南北戦争が勃発して内政に忙殺され、それどころではなくなる。ロシアはシベリア進出がらみで列強ではもっとも古くから日本に接近してきていた。しかしヨーロッパでは辺境に位置しており、皇帝中心の強権的政治体制を採用し近代的法典編纂も成し遂げていなかった。オランダは鎖国中にも交流があった唯一の西欧の国であるが、海上覇権をイギリスに奪われて以来国土も狭くこの時代には二流国であった。模範は英仏両国に絞られる。

　イギリスとフランスという二大強国の覇権争いには、実はわが国は幕末の段階で既に巻き込まれていた。イギリスは当初は薩英戦争などを繰り広げたが、薩長が尊皇攘夷から倒幕に政策転換するに伴い、これを支援する。これに対してナポレオン3世（1808-73）治下のフランスは、一貫して幕府側に立った。フランスは植民地争奪においてほぼ常にイギリスの後手に回っており、ここでも先見の明に欠ける対応をしたことになる。日本が植民地化を免れたのは、僥倖であったともいえよう。こうして明治維新ののちは、イギリスがわが国に対してもっとも影響力を有する国となるが、植民地ではないため、立法のモデルとしてはむしろフランスを選ぶ。その背景としては法のあり方

が両国で決定的に異なることが指摘できる。

　イギリスはコモンロー体系を採用しており、判例法主義であって法典編纂の考え方を排除していた。その法体系は先例拘束性の原理により長い年月を経て形成されてきたものであり、短期間で模倣するにはあまりに複雑であるように思われた。これに対してフランスは、シヴィルロー体系を採用しており、制定法主義にのっとりナポレオン5法典を有していた。この法典の令名は世界に広く知れ渡っており、社会を法的に近代化するために多くの国々が既に模倣していた。同一の法典を実施していたベルギーやドイツのライン左岸地域、モデルとして法典編纂したイタリアなどラテン系諸国のほか、ヨーロッパ以外でもラテンアメリカの国々さらにはルイジアナやケベックにもその影響は及んでいた。わが国でも、幕末にパリ万国博覧会で渡仏した外国奉行の栗本鋤雲（1822－97）は、既にフランスの法典の優秀さに注目していた。

　(2)　**法の状況**　A　**翻訳**　フランス法を模範とするからには、まずその内容を理解しなければならない。すなわち、翻訳作業が前提となる。1869年（明治2年）に既に政府はフランスの諸法典を翻訳することを試みている。参議の副島種臣（1828－1905）は、当時フランス語の知識をもつ学者であった箕作麟祥（1846－97）に刑法典の翻訳を命じており、同年にその一部の翻訳が完成している。司法卿である参議の江藤新平（1834－74）は、この翻訳法典を読んで西欧の法水準の高さにいたく感動を覚えて、刑法典の質がこれだけ高いものであるならば、民法典も同じように翻訳させて、これを日本の法典としたらよいのではないかと考える。民法典こそ西欧的な法観念ではもっとも重要な法典とみなされていたからである。江藤は箕作に民法典をはじめとしてナポレオン諸法典のすべてをできるだけ早く翻訳することを命じる。その際の江藤の言葉として次のようなものが伝えられているが、いささか性急な彼の気持ちを示していて興味深い。「誤訳もまた妨げず、唯速訳せよ。」「それからフランス民法と書いてあるのを日本民法と書き直せばよい。そうして直ちにこれを頒布しよう。」翻訳法典の直接利用、模写民法の考え方である。不平等条約を改正するために法典編纂をいかに急いでいたかがわかる。箕作は一所懸命に作業を進め、5年足らずの1874年（明治7年）にこの困難な仕事を完成している。

　こうした偉業が成し遂げられた背景としては、箕作の個人的資質の高さの

ほかに、江戸時代末期における洋学の伝統がある。洋学といっても当時国交があったヨーロッパの唯一の国であるオランダを通じてのみ輸入されたので、蘭学が中心であった。箕作もオランダ語の勉強から入り、洋学所の助教授にまでなった人物である。しかし彼の偉いところは、フランス語の重要性を早くから理解し、これを独習したことである。当時は仏和辞典などまったくなく、助言を仰ぐことのできるフランス人も皆無であったため、その苦労は計り知れない。さらには、箕作は法学の専門家であったわけでもない。素人が法典の翻訳をするのであるから、この面でも大変さがうかがわれる。もっとも法学の専門家といってもわが国では律令や幕藩法に通暁する者しかおらず、西欧法の理解には妨げになることはあっても役立つことはなかったであろう。その点で蘭学者のすべてが博物学者であって、多かれ少なかれ百科全書派的に何でも屋で研究しており、法規制の対象である西欧の社会や文化をある程度つかんでいたことは大きい。

　ナポレオンの諸法典を翻訳する上で、他のそしてより致命的な障害は、わが国には西欧的な法観念も存在していなければ、これを表現する法律用語も存在していなかったことである。権利、義務といった用語すら存在しておらず、箕作自身で造語を余儀なくされた。権利という言葉を造るにあたっては、アメリカ人宣教師のウィリアム・マーチン（William Martin、中国名、丁韙良）がホイートンの国際法概説書を翻訳した、当時の表現でいえば『万国公法』（1864年）の中国語訳に「権理」とあったものを借用したことが、翻訳の苦労談として伝わっている。また漢学者の辻士章が意見を聞かれて、それを参考にして刑法典上の用語を考案したという証言もある。ひらがな、カタカナで示される大和言葉だけではなく、漢字を組み合わせて造られる漢語の存在が、日本における西欧法の意味を汲んだ造語を可能にしたといえよう。表音文字と同時に表意文字をもつ強みが生かされたわけである。

　このようにきわめて困難な状況の下で翻訳がなされたため、今日からみると不完全な点も目に付く訳業ではあったが、当時としては限りなく偉大な仕事であった。ところでこの翻訳は、江藤新平が望んでいたようには、そのまま日本の法典として採用されることはなかった。一国の法制度が他国の諸法典を翻訳して成立するというのでは、いくら何でも安直に過ぎるし、また法的な次元においてわが国がまさにフランスの植民地になりさがるということ

でもある。欧米列強の同意を取り付けることも困難であった。しかしながら、箕作の努力がそのためにまったく水泡に帰してしまったというわけでは決してない。それはとりわけ次の2点で指摘できる。

第1に、その後における法典編纂事業は、この翻訳法典を大いに参照してなされることになる。また当時の法学教育もこの翻訳およびそこで用いられている訳語に依拠して行われており、わが国の近代法と近代法学への影響は計り知れない。さらに根本的には、日本語による日本の法典編纂への道を拓いた点に重要な意義がある。世界の国々には自国語に西欧法の概念を変換させることができずに、旧宗主国の言語を用いて法典編纂をする例が少なくない。もちろんそのような対応がなされる背景には、部族対立を解消する目的や多言語国家で支配階層の共通語が外来語であるといった事情もあろうが、翻訳不能ということも重要な要因であった。

第2に、以上のようないわば将来に向けた間接的影響のほかに、この翻訳が形式的にはそのまま日本の法典とはならなかったものの、実質的には当時の社会を規律していた事実がある。すなわち、私法においては伝統的に慣習法が優越的役割を果たしており、法典編纂が完成する以前の明治時代においてもそのような状況に変わりはなかった。王政復古により律令制が復活しても直接規律するところではなかった。また制定法は太政官布告というかたちで発布されることはあったが、きわめて欠缺が多かった。他方慣習法は、明治維新後の習俗の変化により江戸時代以来のものは時代遅れとなり、適用領域を著しく狭めていた。このような状況を目の当たりにして、1875年6月8日の太政官布告103号「裁判事務心得」が公布されている。その第3条によれば、「民事に関し、制定法なきときは、裁判官は、慣習法により、それもなきときは条理により裁判すべし」としていた。制定法が貧弱で、慣習法も機能不全を起こしていれば、当然条理法の果たす役割が大きくなる。そしてまさに当時条理法の役割を担っていたのが箕作の翻訳になるフランス法であったわけである。

　B　教　育　明治初年の裁判官が箕作の翻訳法典を条理法のごとく扱って判決する際の参考にしたと述べたが、それには背景が存在している。すなわち、当時の法学教育は次々と創設された大学において英法、仏法のいずれかに重点をおいて行われていたが、裁判官の教育を担っていた司法省明法寮

――のちの司法省法学校、今日でいえば司法研修所に相当する――においては、もっぱらフランス流の教育がなされていた。裁判官が有する西欧法の知識といえばとりもなおさずフランス法であった。後に述べるジョルジュ・ブスケやギュスターヴ・ボワソナード、さらにはジョルジュ・アペール (Georges Appert, 1850－1934〔1879－89〕) などフランスから来日したお雇い外国人教師が、立法作業の支援をすると同時に、法曹養成活動をここで展開した。

　　C　立　法　　司法卿の江藤新平は、翻訳した模写民法典の採用をあきらめたものの、わが国の法典編纂をあきらめたわけではもちろんない。彼は日本独自の民法典の編纂に直ちにとりかかっている。江藤の主宰の下に民法典編纂委員会が設けられ、フランス民法典に範をとる法典草案の作成がなされた。しかし、この試みは江藤自身が佐賀の乱によって失脚し処刑されてしまったこともあり、挫折する。立法作業は江藤の後任の司法卿である大木喬任 (1832－99) の下で継続される。その際に、箕作など日本人だけでは手に負えないと考え、フランスから法律家を招聘して助力を仰ぐこととした。

　まず1872年 (明治5年) にパリ控訴院弁護士のジョルジュ・ブスケ (Georges Bousquet, 1846－1937〔1872－76〕) が、法律顧問として招かれた。ブスケは、彼の意見により司法省の下に設置された明法寮において日本の法律家とりわけ裁判官の養成にあたったが、同時に箕作麟祥、牟田口通照と民法典の編纂にも参画する。その成果は、1878年 (明治11年) に3編1820条からなる草案として結実する。しかし、これもまたフランス民法典にあまりに忠実な模倣をしているという理由で採用されなかった。なおブスケは、帰国後 "Le Japon de nos jours" 2 vols, 1877 という書物を著しており (野田良之＝久野桂一郎訳『日本見聞録』1997年、みすず書房、として翻訳刊行されている)、当時の外国人がみた日本を知る貴重な資料となっている。

　ブスケが来日した翌年の1873年には、現職のパリ大学法学部教授であったギュスターヴ・ボワソナード (Gustave Emile Boissonade, 1825－1910〔1873－95〕) を招聘する。ボワソナードは、ブスケと並んで司法省明法寮において教鞭をとった。彼の講義は初学者にとっては難解であったとされ、準備のためブスケが入門的講義を担当した。ともかく外国の先生がいきなりフランス語で専門の法学の講義をするのであるから、当時の学生は本当に大変であった。ボワソナードはまた政府の顧問として意見を具申したが、拷問廃止の努力はよ

———————— 第3節　西欧法継受の時代（近代）———————— • *143*

く知られている。しかしながらボワソナードの最大の貢献は、近代的法典編纂作業にある。

　ボワソナードは、まず刑法典、治罪法典の編纂から着手する。それまでも政府は犯罪と刑罰に関する立法を設けていたけれども、律令制に即した体系であった。すなわち1868年に仮律を設け、1870年に新律を定め、さらに1873年にはこれと並存して改訂律を成立させている。したがって、直接には公務員にあてられた指令という形式を採用しており、前文には「我らは、すべての公務員に、この律の規定を遵守するように命じる」と書かれていた。律の内容は実際には国民に知らされていたとはいえ、これでは到底近代的な罪刑法定主義が確立しているとはいえなかった。治外法権を撤廃するためにも、まず刑事法分野の近代化が急がれたのである。

　ボワソナードは、1877年に両法典の草案を完成する。これはもちろんフランス語で書かれていたため、日本語に翻訳されたのち元老院の審議を経て、1880年に採択され、1882年から施行された。当時はいまだ国会が開設されていなかったため、それに代わる機関が元老院であった。両法はわが国で適用をみた最初の近代法典であった。これらのうち刑法典は1908年に新法典に取って代わられるまで、かなり長期にわたり適用された。これに対して治罪法典は裁判所制度の改編と連動しており、1890年には刑事訴訟法典に取って代わられている。

　刑法典、治罪法典についでボワソナードは、1879年から民法典草案の起草にとりかかる。彼は実際には財産法の部分のみを担当し、家族法の部分は伝統的習俗と密接に結びついているため、日本人起草者のイニシアティヴに委ねられた。ボワソナードは、草案作成にあたって当然のことながらフランス民法典を主として参照することになるが、比較法的手法を用いたり、独自の考え方を探ることを忘れなかった。このことは形式面だけをみてもフランス民法典が人事編、財産編、財産取得編の3編構成であったものが、日本民法典では基本はこれによりつつ、担保編と証拠編を独立させて5編にしている点に明白に看取することができる。2006年のフランス民法改正により本国でも担保法が第4編として独立することになったわけであるから、ボワソナード草案は継受母法の改正を100年以上も前に先取りしていたことになる。比較法ということでは、まずフランス民法自体についても、施行後70年以上

を経ていることから、判例や学説の動向を追って修正点を採用している。同時に諸外国の立法も考慮に入れている。そのひとつのベルギー民法典は、元来はフランス民法典と同一の法典であったが、その後における改正や運用に異なるところがあった。ほかにイタリア民法典、ドイツ民法典草案などが参照された。

　こうしてボワソナードは苦節10年で民法典草案とその注釈を完成させている。Projet de Code civil pour l'Empire du Japon, 5 vols, 1882-1889である。彼は5年ほどで仕上げることを予定していたので、倍に伸びたことになり本当に大変な仕事であった。この草案もフランス語で起草されていたため、出来上がるそばから日本語に翻訳されていった。この翻訳民法典草案が、まず民法典起草委員会、ついで元老院、最後に枢密院の審理にかけられた。1889年にはこうして財産編、財産取得編の大半、担保編、証拠編が採択された。1891年には日本人起草者に委ねられていた人事編と財産取得編の一部である相続法が完成し、これら2つの部分が1つの民法典として合体せしめられた。この法典は1894年から施行することが予定されていた。

　商法典の起草は、ボワソナードではなく東京大学の外国人教師であるレースラー（Hermann Roesler, 1834 – 94〔1878 – 93〕）に委ねられた。起草者はドイツ人であったが、ドイツではいまだ商法典が成立しておらず、フランス法、ドイツ法、イギリス法の折衷的性格を有し、とりわけフランス商法典の影響が強かった。この法典の起草は1881年に着手され1884年に完成している。ついで民法典で説明したものと同様の一連の立法手続を経て、1890年に成立した。この法典は、1891年から施行することが予定されていた。

　裁判制度は、明治の初年においては刑事についてのみ考えられており、民事については行政官の権限に属した。刑事も民事も等しく司法省の下にある裁判所の管轄に置かれたのは、1871年以降である。江藤新平はフランス型の裁判制度の整備を心がけたが、この段階ではいまだ権力分立は実現されておらず、司法省が同時に最高裁判所として機能した。大審院およびその下の下級裁判所が司法省から独立したのは1875年であり、ここに近代的裁判制度が確立する。この領域についても、フランス法の影響が顕著であった。1872年に司法職務定制、1873年には訴答文例が定められているが、たとえば前者では法曹が証書人、代書人、代言人というように、フランスの公証人、代訴

士、弁護士に倣って組織された。後者は民事訴訟手続に関するものであるが、訴訟は代書人間の行為によってはじまり、代書人は代言人と兼職しえないとするなど、フランスの制度に倣うものであった。

　訴訟手続の法典化としては、先に述べたように治罪法典はボワソナードの手により早くに成立したが、民事訴訟法典の編纂はいまだ試みられることがなく、その本格的作業は裁判所構成法や新刑事訴訟法典の制定と並行して、のちにドイツ法にのっとって行われることになる。裁判制度の整備にもかかわらず民事訴訟への理解が低かった結果であろう。たとえば1872年の司法省通達に「民事事件にあっては、裁判は司法サービスであり国民の権利を擁護するためにあるので、当事者を親切に扱わなければならない。ゆめゆめ刑事裁判と混同して原告を答杖で打つようなことをしてはならない」という趣旨のものがある。また裁判官は江戸時代におけると同様に、相争う当事者を和解させることが本質的任務として推奨されており、1875年には勧解制度が前置された。このように不完全なかたちで出発した裁判制度ではあったが、訴訟は現在の数倍はあったとされており、日本人に権利意識が本来的に欠けているというのではなく、自由民権運動と同様に国民の裁判に対する関心は高かった。訴訟がその後低調に推移するのは、政策による作為的要素が強いと考えられる。

2　ドイツ法への転換

(1)　時代背景　　ボワソナードの尽力により成立した民法典は、予定されたように施行されることなく、施行延期となり事実上の廃案となる。このことが日本全体の法制度をフランス法中心からドイツ法中心へと転換させる契機となる。財産法の部分が成立した1889年に既に民法典施行に反対する動きが表面化しており、これに対して推進派も主張を繰り広げ、激しい論争が巻き起こされる。これを民法典論争と呼んでいる。反対論の主張は、様々な異なる思惑から展開されており、整理するならば次の4点に集約されよう。

　第1に、排外主義に基づく反対がある。民法典はわが国の古来の淳風美俗に反するものであり、外国人の手になるこのような法典が施行されることになれば、天皇への忠誠心や親子の情愛などのゆかしい伝統が失われてしまうとする、国粋主義的主張である。東京大学の憲法学の教授であった穂積八束(1860-1912)が代表者であり、「民法出でて忠孝亡ぶ」というセンセーショナ

ルなスローガンを掲げて反対した。もっともこうした保守派の主張は、根拠を欠くものであった。なぜならば、家族法の部分は伝統的習俗と深く結びついていることが自覚され、日本的特殊性に配慮すべく日本人起草者にもともと委ねられていた。しかもその草案は、その後も民法典起草委員会や元老院により、一層伝統に忠実なように手を加えられている。延期派に利用された考え方であり、本質的原因とは思われないが、一定程度庶民にアピールする力をもっていた。

　第2に、フランス学派に対するイギリス学派の反撃という面がある。イギリス法は、後にも述べるように、立法の面では日本法に直接影響を与えるところは少なかった。しかしその教育は、フランス法と並んで明治の初年から広く行われていた。その中心をなしていたのは1874年に東京開成学校として開設された東京大学であったが、そのほかにも中央大学（当時英吉利法律学校と称しており、中央の名称も法曹学院のMiddle Templeに由来する）、早稲田大学（東京専門学校）、日本大学（日本法律学校）、専修大学（専修学校）などもこの系列に属した。これに対してフランス法の教育は、既に述べたように司法省明法寮が中心であり、ここでブスケ、ボワソナード、アペールなどが教鞭をとり、裁判官を養成した。そのほかにも法政大学（和仏法律学校）、明治大学（明治法律学校）、関西大学（関西法律学校）などもフランス系の教育を行っていた。フランス系の教育機関に属する者は、当然のことながら断行派となり、イギリス系の大学に属する者は、フランス型の法典編纂による凋落をおそれて施行延期派の立場をとる傾向が強かった。もっとも結果論としていうならば、施行延期が決まりフランス法派の勢力は衰えたのであるが、イギリス法派がこれに取って代わることはなく、漁夫の利を得たドイツ法派の天下となるのである。

　第3に、より実質的な批判として、純粋に法理論的な反対論もあった。たとえば草案には原則規定が多く啓蒙的にすぎるので、体系的、技術的にすべきであるといった主張である。後に起草委員となる穂積陳重や富井政章が展開しており、日本人学者がこの時期に至ると学問的に自信をつけてきたことの反映といえよう。批判の槍玉にあがった規定としては、権利主体につき「すべての日本人は権利を有する」とする規定、所有権絶対につき「他人を害さない限り自由に使用し収益し処分しうる」とする規定、契約の効力につ

き「当事者にとって法律の効力を有する」とする規定がある。これらの規定のもとをなすフランス民法典では、思想的背景を端的に示すきわめて重要な規定と考えられている。こうした歴史を欠くわが国では、抽象的で一般的であり実定規範として役立たないものと軽視された。ちなみに現行民法典ではこうした規定はすべて欠如している。西欧法の精神を理解した上で法典を解釈適用することにつき、困難を招来している原因のひとつと思われる。

　他方で、体系性、技術性をより重視する法として、ドイツにおいて近代的民法典編纂の準備が着々と進められていたことが指摘されなければならない。つぎに述べるように、当時の日本にとって政治的には民主主義の発展が遅れたヨーロッパの国がモデルとしてむしろ望ましかった。しかしそれは政治制度、公法に限ってのことであり、私法については技術的にもっとも整備され、西欧的価値観の表面に出ない方式が好まれた。和魂洋才のひとつの表れといえよう。ドイツではちょうどこの頃に、1896年に公布され、1900年に施行されることになる民法典（BGB）の草案の作成作業が行われており、多くの立法上の資料やヴィントシャイトなどの学説上の研究がみられた。

　第4に、法的ないしは私法的というよりも、公法的さらにいえば政治的な原因が考えられ、これこそが議論の表には出ていないものの、当局者の最終的な施行延期の決断の真意とみうる。それはヨーロッパ大陸におけるフランスとドイツの政治的立場の変化と、それに対応したわが国のモデルの交代である。まず1870年に普仏戦争が勃発する。ビスマルク（Otto von Bismarck, 1815－98）によって指揮されたプロイセン軍は、その挑発に乗って準備不足であったフランス軍を打ち破る。この戦争によって統一を成し遂げたドイツは、イギリス、フランスと並ぶヨーロッパの大国にのし上がったのであった。

　しかしそれだけではドイツモデルへの転換の十分な理由とはならない。実はこの普仏戦争を契機として、フランスはナポレオン3世（Napoléon Ⅲ, 1808－73〔1852－70〕）の第二帝政から第三共和制へと移行し、ドイツはそれまでの神聖ローマ帝国下の分裂国家から帝政となる。明治維新を主導した下級武士は、江戸封建社会ではそれほどの地位を有していたわけではないが、それでも武士という特権階級の出身であり、明治維新ののちは競って爵位を求め、自ら特権階級を形成した。すなわち彼らは下からの革命、民主国家の実現を目指していたわけではなく、上からの革命、絶対主義国家を志向していた。

ただ当初は政権の基盤が脆弱であったために、民主化のポーズをとった。五箇条のご誓文や政体書には、そうした宣言が見受けられる。それに応じてヨーロッパの民主主義的政治思想や公法思想が多く紹介されるが、もっぱらミル（John Stuart Mill, 1806－73）とかルソー（Jean-Jacques Rousseau, 1712－78）といったイギリス、フランスの学者であった。これらの思想をもとにして自由民権運動が展開され、これは新政権に不満をもつ旧武士などに支援されていたため強力であり、政府はこれを抑えることに忙殺された。その手段は買収、弾圧、権力への取り込みなど様々であったが、法典論争の頃にはほぼこれを押さえつけることに成功していた。上からの近代化、表見的民主主義を進める方針が固まったことになる。1880年に自由民権運動に譲歩して国会開設を約束した際にも、そのために作成すべき憲法典は、天皇によって臣民に付与されるべきものであった。

　こうした絶対主義憲法体制に好意的なのは、帝政から共和制に移行してしまったフランスよりは、ドイツ帝国であった。伊藤博文（1841－1909）はドイツに留学し、そこでプロイセンの憲法学者グナイスト（Rudolf von Gneist, 1816－95）やオーストリアのシュタイン（Lorenz von Stein, 1815－90）の下で勉強をした。日本ではドイツ人お雇い教師のレースラーやモッセ（Albert Mosse, 1846－1925〔1886－90〕）が諮問を受け、1889年の欽定の明治憲法（大日本帝国憲法）となる。これは1850年のプロイセン憲法の権威主義体制に着想を得たものであるが、天皇中心の国体はそれ以上に保守的であり、反民主主義的な内容を帯びていた。こうした国家体制のドイツを模範とする確立が、法一般のあり方にも影響を与えずにはおかない。明治憲法発布の年がボワソナード民法典への批判が始まった年であることは、為政者の意向を端的に象徴していよう。こうした政治的思惑を背景として、1890年以降立法機関として機能し始めた国会において1892年に民法典の施行延期が決定した。

　(2) 法の状況　　ドイツ法の継受は何よりも新民法典の制定に示されるが、他の諸法典にもその影響はみられ、さらには学説継受にも及んでいる。

　A　立法継受　　**a　新民法典の編纂**　　ボワソナード民法典の施行延期が決まったのち、1893年に法典調査会が設立され、この下に民法典起草委員会が組織される。この委員会は3名の起草委員からなる。穂積陳重（1855－1926）、富井政章（1858－1935）、梅謙次郎（1860－1910）であり、いずれも東京

大学法学部の教授であった。形式的には委員会はボワソナード民法典の改訂の任にあたることになっていたが、実質的には新法典の起草であった。3人の起草者は、全体を3分割してそれぞれ専門とする分野を担当して起草し、のちに全員で検討するという方式を採用した。

　起草にあたっては、多くの外国法が参照されたが、とりわけドイツ民法典の2つの草案が重要であり、全体の構成もフランス民法典のインスティテュティオネス方式の編別を放棄し、BGBの編別が採用された。すなわち、ドイツ民法典はいわゆるパンデクテン方式であり、総則、債務法、物権法、家族法、相続法の5編であるが、新民法典は総則、物権、債権、親族、相続であって、順序と名称に若干の相違はあるもののほぼ踏襲している。より体系的であると同時に、わが国の独自性の要請が強かった家族法を分けるのにも好都合であった。さらにフランス民法典の規定が具体的であり、慣習法の内容を成文化したという性格が強く、そのまま適用するのに違和感があった。ドイツの民法体系はより抽象的規定から成り立ち、概括主義を旨としている。このことは、一方では社会の変化に対応しうる柔軟性があると考えられ、他方では国民生活と法典との一定の乖離を前提としつつこれを許容すると考えられたのである。

　前3編すなわち財産法の部分は、1895年に草案が完成し1896年に成立した。これに対して後2編である家族法の部分は、分量は少ないがより慎重に起草された。伝統的習俗を正当に考慮に入れていないという批判を再び受けることのないように、注意したためである。この部分は1898年に草案が完成し同年に成立した。こうして全5編がそろい、1898年に全体が施行された。

　この法典は、編別構成などからみてドイツ法の顕著な影響がみられ、その後一般にはこれによって日本民法はフランス法主義からドイツ法主義に移行したと信じられていた。しかし、民法の規定の内容を仔細に検討するならば、必ずしもそのような一義的断定は妥当でない。確かにドイツ民法典の草案から影響を受けた規定は多くみられるが、ボワソナード民法典の規定も少なからず残されている。さらにわずかではあるが、両国以外の外国法の規定も採用されている。またボワソナード法典の規定を採用せずにフランス民法典の規定を選んでいる箇所もある。フランス法の影響が残りうる原因は種々あった。まずそれまで存在していたフランス法主義に立脚した民法の存在を完全

に無視することは、ありえないことであった。すなわち、箕作麟祥の翻訳になるフランス民法典があり、ボワソナードの起草になるフランス型の旧民法がある。フランス流の法学教育の実績も浸透していた。現行民法の起草委員のうちにもフランス法に造詣の深い学者がいた。最長老の穂積陳重は、先述の憲法学の穂積八束の兄であり、昭和の前半に活躍し後述する民法学の穂積重遠の父であるが、元来イギリス法派の人物である。法理学が専門であり、スペンサー（Herbert Spencer, 1820 – 1903）の影響の下に進化論的傾向の法思想を展開し、わが国における比較法学の先覚者としても注目に値する。法典編纂との関係では、ベルリン大学でも勉強しドイツ学派といえる。富井政章と梅謙次郎は、ともにリヨン大学で学び法学博士号まで取った民法学者であり、かたちの上では当然フランス学派といえる。梅は穂積と同様にベルリン大学でも学んだにもかかわらずフランス学派の代表として主張を展開する。これに対して富井は、ドイツで勉強した経験がないものの、またのちに東京大学でのフランス法教育に指導的役割を果たした経歴からは意外であるが、むしろドイツ法の優秀さを評価しその採用を主張した。このようなドイツ法派とフランス法派のせめぎあいの中で日本民法典は成立する。

　1873年の来日以来、20年余にわたって日本法の近代化に尽力したボワソナードは、自己の民法典の施行延期を目の当たりにして、失意のうちに1895年に帰国する。しかし、箕作の翻訳作業やボワソナードの起草作業といった努力は、決して無に帰してはいない。こうした積み重ねがあったからこそ、日本人が自らの手で独自の比較法的総合を象徴する民法典を編纂できたのである。排外主義ではなく、外国法の利点を十分取り込んでおり、しかもフランス法の圧倒的影響を排除しつつドイツ法を積極的に採用する手法を用いた。のちにドイツ法学に依存しすぎるという批判を生んだとはいえ、世界でも例をみない出来事である。とりわけドイツ民法典を草案の段階で模倣して起草し、ドイツ本国で施行する（1900年）よりも先に施行した（1898年）事実は、西欧文明の吸収に熱心であり、独創性には乏しいが模倣は上手であるという、日本的特徴がいかんなく発揮されていると評しえよう。

　b　新商法典の編纂　　レースラーの商法典も、民法典と同様に施行延期とされた。もっとも、当時の経済状況からみて商事会社および破産に関する部分の即時の実施を必要としたので、この部分は暫定的に適用をみた。この

間に民法典と同様に法典調査会の下に1893年に商法典改正委員会が設置され、岡野敬次郎（1865－1925）、梅謙次郎、田部芳（1860－1936）といった日本人起草者が任命された。1893年に草案が完成し、1899年に成立し、同年に施行された。全体の構成は、民法典と同様にドイツ方式を採用している。総則、商事会社、商行為、手形、海商の5編である。内容的にもドイツ法の影響が圧倒的となる。このうち第4編手形は、1933年に廃止され、手形法、小切手法という特別法に移行した。手形及び小切手に関するジュネーヴ統一条約に加盟する必要性に基づく。

　　c　裁判所制度・訴訟手続　　憲法典のドイツ流の編纂事業と並行して、国家組織の一環をなす裁判所制度にもドイツ法の影響が強まってくる。1887年にドイツ人法律家であるルドルフ（Otto Rudolf）に裁判所組織に関する法の起草が委ねられる。彼はレースラー、モッセ、ボワソナードさらにはイギリス人法律家のカークウッド（Kirkwood）といった他のお雇い法学者の協力も仰いだが、中心的には1877年のドイツ裁判所法に範をとっている。裁判所構成法という名称で1890年に成立し、同年に施行された。

　裁判所制度の整備と連関する訴訟手続の整備も行われていく。まず1884年にドイツ人法律家テヒョー（Techow）に民事訴訟法典の起草が委ねられる。彼は1877年のドイツ民事訴訟法典に範をとって内容を形成していく。この法典は1890年に成立し、1891年から施行された。既に述べたように、民法典はいち早くボワソナードの手に委ねられて起草されており、実体法と手続法で整合性を図るという点で疑問がある。また旧民法典は施行延期となり、新民法典は1898年に施行されたわけであるから、実体法にはるか先立って手続法のみが成立してしまうという変則的な事態となった。さらに民法典が独仏折衷的性格を有するものであるのと異なり、民事訴訟法典はドイツ法体系に完全に忠実なものであったため、実体法と手続法との不一致が少なからずみられるという欠点を帯びることになった。

　刑事の訴訟手続も、裁判所構成法の制定とあわせて、1880年の治罪法典をこれと調和的に改訂することとし、1890年に刑事訴訟法典が成立している。これもドイツ法の影響が強い内容であった。もっとも刑法典についてはボワソナードの起草になるものが引き続き用いられたため、ここでも実体法と手続法との間で齟齬が生じた。

このようにして、19世紀末に至り、わが国はようやく近代的な六法を備える。裁判所制度を含めたドイツ法を中心とする大陸法的法体系は、基本的には第二次世界大戦後まで続くことになる。こうした法整備の実績をもとに、さらには政治的、軍事的、経済的な地位の向上も相俟って、1899年には念願の不平等条約の改正を獲得するに至る。明治政府が発足して以来苦節30年の努力の結果である。当時は帝国主義が華やかなりし頃であったため、日本は植民地化や列強への従属的立場を脱することになるが、他方では法を含めてアジアへの進出を目指すことになる。

　B　学説継受　　ドイツ法を中核とする法典整備が19世紀末までに完成したのちは、特別法や行政立法により諸法典を修正したり補完したりすることが中心となり、立法継受は本格的にはなされなくなる。そうした中で、刑法典については、1908年（明治41年）にボワソナード刑法典からドイツ流の新刑法典が取って代わった。民法典に関しては、1919年に家族法分野をわが国の淳風美俗と調和させるための委員会が設けられ、試案も作成されたが、そのような根本的改正は実現しなかった。商法典に関しては、1938年（昭和13年）に第1編、第2編の大改正が行われた。制定法の存在を前提として、判例はそれまでの条理法形成というのではなく、役割を限定し法規を解釈し社会の要請に適切に対応していくことに努める。その意味で外国法の直接の影響は減少する。

　学説はといえば、立法継受が一段落すると、今度はこうした立法を継受母法に遡りつつ体系的に説明することに意が注がれる。立法継受のみならず学説継受にまで及んで外国法を参照したことは、継受法を実質化する努力として高く評価できる。単に法典を飾りとして考えて、それ以上の努力を払わない例が少なくないからである。もっとも、全体としてドイツ法を立法的に継受したという意識がもたれたところから、フランス法などに由来する部分や起草者の独創になる部分を含めて、すべてをドイツ流に体系づけるという傾向が生ずる。とりわけ明治末から大正期にかけては、「ドイツ法にあらざれば法学にあらず」といった極端な風潮が支配する。わが国における悪しき意味における概念法学の支配といってよい。すなわち、初期の梅謙次郎『民法要義』では柔軟な考え方が示されているが、富井政章『民法原論』をはじめとして、川名兼四郎（1875－1914）、松本烝治（1877－1954）、三潴信三（1879－

1937) などを経て、鳩山秀夫 (1884-1946) に代表される体系化である。ドイツ法学説の理解は飛躍的に深まったが、法の規制対象である社会の現実との緊張関係の認識は不十分であった。

　これに対して、穂積重遠 (1883-1951)、とりわけ末弘厳太郎 (1888-1951) は批判的な眼を向け、また大正半ばより日本人学者が外国法を担当するに至っており、比較法的精神も芽生えてきた。しかしドイツ法一辺倒の風潮は、フランス法やイギリス法の専門家が批判を加えたにもかかわらず、基本的には第二次世界大戦後まで続いた。さらには、学説継受を超えて西欧流の法運用を本格的に定着させることまでは必ずしも目指されなかった。国民の法的行動レヴェルで西欧法を体現する課題は残された。

3　アメリカ法の浸透

　第二次世界大戦後の時期に至るまでは、フランス法かドイツ法かといった違いこそあれ、ローマ・ゲルマン法の影響が一貫して支配的であった。法典編纂のみならずそれを解釈適用するための学説も、さらには大学教育や法実務家養成も大陸法に拠っていたことが、こうした傾向を助長した。これに対して、イギリス法、アメリカ法といったアングロ・サクソン法は、わが国の近代法形成にほとんど寄与するところがなかった。もっとも商事法分野に限っていえば、その影響がまったくみられなかったというわけではなかった。代表的なものとして、1922年に制定された信託法および商業信託法がある。しかし立法全体としてみるならば、大陸法の中の孤島といった感じであった。また1923年の刑事陪審制の導入も、制限された範囲での英米法の導入であり1928年より実施され注目されたが、十分な成果をあげることなく1943年には停止された。

　理論的な面においても、大陸法の体系的精神が優越しており、英米法に特徴的な判例法主義や学説のプラグマティックな手法をあまり評価しなかった。こうした中で末弘厳太郎教授はアメリカに留学し、労働法に関心をもったことのほか、判例研究の重要性を説いたことが注目される。もっとも私見によれば、制定法国でも判例の重要性が認識されてきていた時期であり、それとは異なる判例法主義の下における判例研究手法を導入することの意義について、十分な検討が必要であったように思われる。これを実証するように、固有の英米法学者たち——当時はむしろ英法と呼ばれていた——は、イギリス

法の独自性を解明することに努力しており、日本の実定法解釈学に影響を与えることはほとんど考慮していなかった。かけ離れた存在であるわが国の実務に関わることよりも、いわば高踏的に学問研究を究めることに誇りをもっていたといえよう。

(1) **時代背景** このような状況に根本的な変化がもたらされたのは、第二次世界大戦における日本の無条件降伏（1945年）である。わが国は連合国の占領下に入るが、その中心はマッカーサー司令官（Douglas MacArthur, 1880 – 1964）の下のアメリカであり、その主導により日本の民主化が強力に推し進められることになる。フランス法やドイツ法の導入の場合は、欧米列強の圧力はあったとはいえ独立国であり、自主的な選択が働いた。これに対してアングロ・サクソン法の導入は占領下での改革の結果であり、強制的であった。その中心をなすものが1946年11月3日に公布された新憲法典であり、この憲法の下で英米法が日本法を文字通り全面的に改編していくことになる。法制度に今日的特質が与えられるわけであるが、いくつかの留保が必要である。

第1に、英米法のうちアメリカ法の影響が圧倒的なことである。それまでの英法という呼称は英米法に変わったのみならず、現実にはもっぱらアメリカ法を念頭に置くことになる。第2に、大陸法の伝統が根づいた土台の上で改革は行われたため、日本法が大陸法から英米法に転換したとは決していえない。法典が維持されているように大陸法的要素は強く残っており、アメリカ法の支配といった表題にせずアメリカ法の浸透という表題をつけたゆえんである。第3に強制がなければこれほど迅速には実現することはなかった改革の内容には、アメリカ法そのものというよりも西欧法に共通する原理を具体化するものが多く、さらには平和主義のように、アメリカが理想と考えているもののいまだ具体化されていない原理も含まれていた。その意味で一般性と先端性を有する点に特徴がある。

(2) **法の状況** **A 公 法** まずアメリカ憲法の理念の影響を強く受けて、1946年11月3日に新憲法が政治制度の再構築を目指して制定される。基本的人権の尊重、民主主義、平和主義、非宗教性、福祉国家の実現を念頭に置き、自由主義、個人主義を基調とする憲法原理が樹立されることになる。これらの原理の多くは、必ずしもアメリカ憲法に固有のものというわけではなく、西欧の民主主義諸国に共通する理念に由来するものであったが、マッ

カーサー草案に示されるように導入にはアメリカの強い意向が反映していた。具体的内容をみると、統治機構に大統領制ではなく議院内閣制を採用している点で、天皇制との絡みはあるもののアメリカ的ではなくヨーロッパ的である。逆に憲法訴訟制度には明らかにアメリカ憲法の影響がある。

新憲法が定める司法権のあり方に関連して、裁判所制度がアメリカ流に再編される。すなわち、行政裁判所が廃止され、裁判権の司法裁判所への一元化が図られる。1947年4月16日の新裁判所法は、憲法と同時に施行される。もっとも、行政裁判所の廃止が自律的な行政法の存在を否定する意味まで含むか否かについては、争いのあるところであった。少なくとも訴訟手続的には、1948年に行政事件訴訟特例法を、1962年にはさらに行政事件訴訟法を設けて一定の独自の対応を認めている。

さらに、地方自治の確立が民主制の基本となるという認識に立ち、それまでの中央集権的な地方制度からの大幅な転換がなされた。議会の直接普通選挙制のほか首長も同様の方式で公選するというのは、アメリカ流である。ヨーロッパ大陸諸国では、官選でないとすれば地方議会によって選出する方式が有力であるからである。1947年4月17日の地方自治法も、憲法と同時に施行される。

　B　民刑事法　　まず、人権保障ととりわけ密接に関わる刑事訴訟手続の民主化が図られ、全面改正が実現する。1948年7月10日の新刑事訴訟法典には、アメリカ法の影響が顕著にみられる。もっとも、陪審制度は採用されていない。陪審手続はアメリカにおいて憲法が要請するものであって民事、刑事を問わず広く用いられており、これがないと手続的保障を欠くとされるほど、本質的部分を構成している。ここにおいても、わが国の伝統との妥協がうかがわれる。

民法については、家族法（第4編親族、第5編相続）の部分が前近代的な家制度を反映しており、個人の尊重にも平等原理にもそむく内容を多く含んでいたことから、全面改正されることとなった。男女平等といった点では歴史的伝統が重いヨーロッパよりもアメリカが進んでおり、そうした面でアメリカ法の影響を指摘できる。内容そのものは我妻栄（1897－1973）、中川善之助（1897－1975）両教授が中心となり起草された。

　C　新しい法分野　　旧来の六法以外の新しい法分野が、アメリカ法の影

響の下に形成されたことも特徴である。その1つは、財閥を解体し自由経済体制を支える枠組であり、1947年4月14日に私的独占の禁止及び公正取引の確保に関する法律、いわゆる独占禁止法が制定された。関連諸法とともに今日の経済法分野を構成している。

他の1つは、労働者を保護するための枠組であり、1947年4月7日の労働基準法、1949年6月1日の労働組合法、1946年9月27日の労働関係調整法が制定された。労働三法と呼ばれ、のちの労働安全衛生法などとともに今日の労働法分野を構成している。

D　その後の動向　1951年に講和条約が締結され、連合国による占領が終了しわが国は独立を回復する。しかしその後も、アメリカとの間に日米安全保障条約が結ばれ、冷戦の激化とともに西側同盟国の一員としてとりわけアメリカとの間に政治的、経済的結びつきが一層強化されていく。これに対し、冷戦の終結後はアメリカのみが覇権国となり、折からの国際取引の活発化は共通する規範の定立を要請し、グローバル・スタンダードとしてのアメリカ法の影響は商法、知的財産法、経済法などの諸分野において引き続き大きいものがある。他にアメリカ法の流入を促進した要素としては、英語の通用力が著しく高まったこと、フルブライト留学生などによりアメリカの大学で勉強する者が格段に増加したこと、アメリカの法学界との交流が活発化したことなどを指摘することができる。

このようにアメリカ法の影響が強まることに伴い、英米法研究が、わが国の法と法学のあり方に直接関わるかたちで実用的利用が頻繁に試みられるようになる。法学教育においては、従来の講義形式に代わってケースメソッドやソクラティックメソッドが導入される。法学研究においては、判例分析や法社会学的考察が隆盛となる。とかく特殊な思考方法と考えられてきた英米法の概念も、「法の支配」がわが国の法に対する考え方の基本として紹介されたり（伊藤正己『法の支配』1954年、有斐閣）、積極的優先処遇（affirmative action）や懲罰的損害賠償（punitive damages）の研究が日本人の法行動に直接示唆を与えるかたちで積極的に行われるに至る（参照、田中英夫＝竹内昭夫『法の実現における私人の役割』1987年、東京大学出版会）。

4　西欧法継受の特徴

西欧法継受のあり方という観点から、近代日本法の特徴をいくつか指摘し

ておこう。相互に関連する部分を含むが、次の4点をあげることができる。

(1) **比較法的継受**　わが国が西欧列強のまったく未知の法体系をモデルとして、法の近代化を目指していかに努力を重ねまた苦労をしたかは、計り知れない。ところでその際に、日本は決して一国のみの法制度を模倣したのではない。当初フランス法に著しく傾斜した際にも、イギリス法の教育は劣らず盛んであったし、立法にあたっても他国の法制度を斟酌していた。その後ドイツ法が有力になっても、フランス法なども考慮された。第二次世界大戦後にアメリカ法が大量に輸入されても、大陸法の伝統は色濃く残っている。日本の現行実定法の基礎にフランス法、ドイツ法、アメリカ法があることに異論はないが、ほかにもイギリス法、スイス法、イタリア法などの研究がなされてきており、それらの影響も少なからずみられる。決して一国の法制度のみを継受したのではなかったことが日本法の特徴であって、しかも継受母法や主として影響を与えた法は、法分野によりまた同一の法分野であっても部分ごとに異なることがあった。

　近代法形成にあたって、わが国が当初から比較法的継受を目指したというわけでは必ずしもなく、外的状況から結果としてそうなったという面もある。次の諸点を指摘できよう。まず、植民地化を免れたため、単一の法の採用を強制されることがなかった。植民地においては、独立すると否とを問わず宗主国の法を否応なしにほぼ全面的に受け入れざるをえないからである。その上で、政治の基本的指針の転換が幾度かみられ、これに応じて影響を与える国が交代したことがある。フランス法中心からドイツ法に移行した背景には、絶対主義的で後進国であるプロイセンが国情に適合していることがあり、第二次世界大戦後は占領という受動的契機からアメリカ法が積極的に取り入れられた。さらに安易な外国法の模倣が不平等条約の改正にとって十分と認められなかったことも、より本格的な導入に向かわせた。

　しかしこうした偶然的要素のほかに、これを利用して比較法的継受を積極的に行おうとする意思、いわば偶然を必然に変えた意思の存在を確認することができる。わが国の近代化において外国をモデルとする際に基本とされた採長補短主義が、法の分野においても働いたという点が見逃せず、これが比較法的継受をもたらしたと考えられる。日本法のあり方として足りないところは、それにもっともふさわしい法制度を外国法を取捨選択しつつ適宜取り

入れて、借り物からなるとはいえ最高のものに仕上げる努力をなしたのである。たとえば、明治初年にはイギリスの影響力が一番強かったにもかかわらず、フランス流の法典編纂が目指された。富井政章はフランス法学派に属しながら、民法典の編纂にあたってはその理論水準の高さに着目してドイツ法の採用を多くの点で主張している。第二次世界大戦後のアメリカ法の大量流入が決してわが国の法制度をアメリカ一辺倒にせず、基本的には大陸法の構成を維持している、などである。

　日本法の近代化における比較法的手法の利用は、今日まで続く伝統であり、各省庁でも法制局でも立法を考える際には最低限英米独仏の法がどのようになっているかを調査することが通例である。ともすれば自国法の優位性を信じ独自性を誇りがちな西欧諸国と比較すれば、逆に日本は国境にとらわれずに良いと思われるものを取り入れて法の改善に努める手法を体得している。ときに無節操にともみえるほどであるが、技術として割り切っている。

　(2) 日本語による西欧法の理解　日本の法典を編纂するのであるから、日本語で法典を起草することは、今日の我々からみれば当たり前のことと思われるが、当時は必ずしもそうではなかった。これまで世界で試みられてきた法典編纂においても、母語によらないものが少なくない。アフリカやアジアの諸国、太平洋に浮かぶオセアニアの島国では、宗主国から学者を招いて国情を調べつつしかし主としては宗主国の法を参考にして法典を作った例が多いが、その際に宗主国の言語を用いることがあった。その原因としては、こうした国の多くが多民族、多言語国家であって、特定の言語で法典を作ることが得策でないことがある。法典で採用された言語を使っていない部族の反発がおそれられたからである。また言語を異にする部族は法典の内容をまったく理解できないという不都合もある。これに対して宗主国の言語は、留学経験などにより現地人のうち少なくとも支配層は共通に理解しうるものであり、しかも部族からニュートラルなのである。わが国は、植民地となることがなかったので宗主国の言語といったものはなく、また部族的問題や多言語に伴う問題も深刻ではなかった。

　旧植民地の国が宗主国など外国語で法典編纂を行った他の大きな原因は、西欧法をモデルとするとして、その法言語をそうした観念をまったくもたない母語に移し替えることができないためである。法典を自国語で編纂する場

合には、法律用語の訳語を新たに案出しなければならない。それは単に単語の問題ではなく、外国法の理論体系を十分に理解した上でなければできない作業である。わが国は曲がりなりにもこれを数十年かけて成し遂げたのである。これが可能とされた背景としては、文明水準が江戸時代から相当に高かったことがある。一方において、支配層においては蘭学を中心として洋学を学んでおり、西欧文明に対する一定の予備知識が共有されていた。他方において、庶民のレヴェルでも寺子屋が発達し、新しい文物に対する高度の潜在的適応能力が蓄積されていた。

　明治維新の後には、まず西欧の書物の翻訳がたくさんなされ、広く西欧思想が紹介される。津田真道『泰西国法論』、西周『万国公法（フィセリング）』、加藤弘之『立憲政体略』、『真政大意』、『国体新論』、『国法汎論』、さらには箕作麟祥『仏蘭西六法』といったもので、明治10年頃までには出揃う。訳語については、大木司法卿は、どうせ国民がまったく知らない事物を指すのであれば、表音文字で表現するのはどうかと考えた。これにも様々な方式があって、たとえばフランス語のacteであればカタカナで表記する（アクト）、漢字の当て字で表記する（亜克土〔アクト〕）という選択肢もあった。しかし、長たらしくて不便になることがおそれられた。「双務契約」なら簡単であるが、フランス語ではコントラ・シナラグマティク（contrat synallagmatique）といい、「一般債権者」なら簡単であるが、フランス語ではクレアンシエ・キログラフェール（créancier chirographaire）という。そこで複数の音を示す漢字を造語して短縮する（甈〔アクト〕）ことすら検討された。

　しかし現実にはこうした表音主義ではなく、表意文字を造語して対応する方式を採用する。内容を十分に理解することが前提となるより高度な手法であるが、大和言葉だけではなく、漢字の存在がこれを可能にした。明治16年には穂積陳重、菊地武夫、木下広次、宮崎道三郎、栗塚省吾、土方寧からなる法律用語選定会が設けられ、日本語で法典編纂する試みが本格化し、明治20年頃までに整った。国民により理解しやすい方向が打ち出されたわけである。しかしこの方式に問題がないわけではなく、複数の意味をもつ言葉は場合に応じて訳し分けることが必要になる。たとえば先の例のacteは「行為」または「証書」という訳語となる。droitは「権利」であり同時に「法」でもあるが、訳語からはそうしたつながりはうかがい知ることはできない。

「権利」が自由民権運動に示されるように国民の側に寄せて理解されたのに対して、「法」は依然として政府の側からの統治の手段として対立的に理解される。同様にjusticeは「正義」であり同時に「裁判」でもあるが、訳語からはそうしたつながりはまったくわからない。「裁判」は為政者が統治するための機関であり、国民は「正義」の観念と結びつけて考えることができないため敬遠する。表意主義による訳し分けが、西欧法のトータルな理解に障壁を作った面があろう（参照、滝沢正「比較法的にみた日本法のアイデンティティ」『日本法の国際的文脈』2005年、成文堂）。

(3) 学説継受　わが国では立法継受、すなわち法典を外国をモデルとして編纂することにとどまらず、学説継受まで行った。発展途上国では、国家法体系を近代的に整備することに専心し、外形的に体裁を整えることで満足し、これを実際に運用することまでは視野に入れていないことが多い。単なる飾りとしての制定法主義である。わが国では、既に述べたように立法にあたって比較法的継受をしかも日本語で行ったわけであり、そこに至る段階で十分に法理論まで検討済みでなければなしえない事業を敢行していた。

こうした基礎の上に立って、立法継受の後にも学説継受をきわめて積極的に行い、法典の内容を理論的に裏打ちしようとしているのである。もっとも立法継受において比較法的継受をなした場合には、学説継受はこれと十分連結させて行わないと整合的な解釈理論が構築できない。ドイツ法学説の継受の際にこうした弊害が見受けられたが、後にはよりきめ細かな各国の学説の参照がなされるようになる。

(4) 生ける法の併存　日本は歴史的、文化的に固有の伝統をもってきたので、フランス法、ドイツ法をいかに忠実にかつ巧妙に模倣しても、独自の性格をもってしまうことは避けられない。その点でわが国における西欧法継受はかなり本格的であって、立法継受にとどまらず、学説継受も行い、さらには判例法による解釈理論を積み重ねるところまで周到に実行している。しかしこれが可能とされたのは、法の近代化が国家法の次元にほぼ限定されており、日本社会をすべての面で実効的に規律することがなかったからである。

すなわち、法の担い手である日本人は、それまでの長い間西欧からの継受法とはまったく無縁な社会規範の下で生活してきた人間であり、その法に対する考え方は、特殊な歴史的、文化的所与によって規定されている。たとえ

ば西欧の民法典が個人主義に立脚しており、これに基づいて社会を実効的に規律する規範を形成してきたのに対して、わが国では集団主義、隣百姓的精神が中心であり、個の確立がきわめて不十分であった。法典編纂までは義理、人情、恩といった観念は存在したが、契約の拘束力に関する認識は異なり当事者間の法的対価関係を示す権利、義務といった言葉すら存在していなかった。このような状況を法典編纂によって一挙に全面的に変えることになれば、大変なことであった。和魂洋才のひとつの発現形態としての、和魂を体現する生ける法と洋才を取り入れた法典の共生である。

　西欧的に考えるならば、法の規定と社会の実態とが乖離することは、困った事態であり立法改正や判例法による対応に直ちに結びついてゆくものである。わが国では法典編纂時からこうした乖離が顕著にみられたにもかかわらず、そのことが重大な問題として意識されることがなかった。近代法体系が迅速に整備されたのもそのためであるし、その後において社会の変化に対応した立法の手直しが適切になされなかった原因もここにあると思われる。生ける法が常に一定程度社会を納得させる別の解決を提供し続けたからである。法典が予定する解決と生ける法が整合的でないことに、なぜそれほどの違和感が抱かれなかったのであろうか。

　一方では、為政者側の都合が考えられる。西欧法に範をとった法の近代化を可能な限り早く完成させることが至上命令であって、それが実際に社会を規律することまで配慮する余裕がなかった。しかも国民が西欧的な個人主義を身につけて権利意識に目覚めることを藩閥政府がおそれてもいた。もっともそうであるからといって、日本社会の現実を単に反映する法典であれば、到底西欧列強の同意を得られない内容となってしまう。こうした二律背反を解決する道として、生ける法との二重構造はいわば織り込み済みであるといえる。西欧向けに外観を整える、形式的近代法整備でよいと考えていた。

　他方で国民は、基本的に無関心であった。自ら望んで法典編纂を政府にやってもらっているわけではなく、不平等条約を改正するために政府がいわば勝手に熱を入れているだけである。自分たちの生活における紛争処理の面で特段大きな不都合があったわけではなく、またたとえあったとしてもそれを立法で正面から規律すべきという発想がそもそも欠如していた。西欧法によって律せられる必要性を感じなかったし、むしろ嫌悪する感情すら有してい

た。

　さらに学者や裁判官もまた、市民がそのように法典に関心をもたないのであれば、法規から演繹して当事者を説得したりそれによって紛争に妥当な解決をもたらす必要性をあまり感じない。学説継受から得られた知見により社会の現実からある程度自由に理論構成し、体系化することができた。一昔前まではとりわけドイツの学説が何らの媒介項なしにわが国の学説と同列に援用されていた。概念法学的思考が、法的安定性を重視するというプラスの方向ではなくして、学説の理論的議論に深入りし、条文を注釈することに終始し社会の実態をよくみないというマイナスの方向で支配していた。第二次世界大戦後のわが国における法社会学の隆盛は、この乖離が大きかったことの証左であろう。日本の実定法のテキストをみると、ドイツやフランスのテキストとあまり違わない記述であるが、法運用の実態は相当異なっており、その落差に驚く西欧人は今日でも少なくない。契約の文言の拘束力を認め訴訟を前提にして制度が説明されるが、そのような行動様式は実際にはむしろ稀であった。法化社会を目指す司法制度改革の成果が今になって注目されるゆえんである。

第4節　総　括

　まず歴史全体を通じた特質を考察し、これを前提として法系論における日本法の位置づけを考えてみたい。

1　特　質

　これまでは近代法の時代すなわち西欧法継受における特徴のみを扱ったが、日本法の歴史を外国法との関連という観点から全体として見渡したときに、どのような特徴を指摘することができるであろうか。

　(1)　法形成の転機としての外国法継受　　わが国においては、法の重大な転換点で外国法の影響が常に大きな役割を果たしてきた。第1に、固有法の時代から律令制の導入による大変革であり、中国法の影響を抜きにしては考えられない。その後は外国法の直接的導入はみられず、固有法の発展が武家法などとして示される。しかし武家法にも律令法の影響は顕著に残されており、また律令法に完全に取って代わるものとして成立したわけでもない。明治初年の律令制の暫定的復活まで基本的に連続しており、中国法継受の時代

として一括したゆえんである。第2は、明治維新以降における西欧法の導入による大変革である。西欧法の場合には継受母法に変動がみられたわけであるが、その影響を絶え間なく受けて今日に至っている。

これに関連して2点を指摘しておきたい。第1に、外国法の影響をうけて法のあり方を根本的に変える場合に、当該外国法をそのまま取り入れるのではなく、一定の内容的変更を加えてわが国に適合するような細工を多かれ少なかれ施している。いわば比較法的手法を用いている。わが国の固有の地理的、歴史的条件や以前の社会環境との調和を図って運用されてきたといえる。

第2に、外国法が、以前の法を一切払拭して新しい法体系の構築をもたらすのではなく、それまでの法を何らかのかたちで残しつつ重畳的に導入されている。すなわち、以前の法との調和を図って運用されてきた。今日の日本法も、実定法の文言を超える社会現象という観点からは、固有法的要素、律令とその派生法の要素、西欧法の要素が並存しているとみうる。同じような現象は、わが国の文化の形成一般についても指摘することが可能であり、とりわけ宗教に関して明瞭に見て取ることができる。まず古来の神道があって祖先や自然に神々がおり、一神教的な排他性をもたなかった。そのため法と同様に大陸から儒教や仏教を導入したが、軋轢は大きくなかった。元来一神教であるキリスト教も、社会の中で比較的平穏に共存している。多宗教の平和的共存は単に社会の中においてだけではなく、同一の人間の中でもまったく違和感なく共存している。多神教の中に取り込まれているわけで、平均的日本人は、正月には神社におまいりに行き、お盆にはお寺にお墓まいりに行き、クリスマスには教会に顔を出したりする。生まれるとお宮参りは神社であるが、結婚式は教会のチャペルであり、死ぬときは檀家のお寺の世話になる。日本法形成要素の多元性も、多神教的感覚と一脈通じるところがあるように思われる。

このような文化的重畳現象はなぜ生じたのであろうか。民俗学などで種々議論されているが、ひとつの見方として丸山真男教授（1914 - 96）の大陸文化とのスタンスによる地理的説明を紹介しよう。すなわち、地勢学的にみて一方で朝鮮は大陸と陸続きであり、伝統文化を残す余地なく影響を受けるところから洪水型となる。他方でミクロネシアは大陸から相当離れており、影響をほとんど受けることなく独自の文化を維持しており無縁型となる。わが

国はちょうど中間であって島国で征服を受けたことがないので文化の連続性は強いものの、大陸の影響は及ぶ。しかも受容するだけで出て行く場所がないため、文化の吹き溜まり、堆積がみられ、雨漏り型となる。

(2) 上からの改革　法整備にあたっては、国家の役割が常に大きかった。国民からの強い要望をうけて動くというのではなく、為政者の国家統治の手段として必要とされたことによる。まず律令は律が刑法であって令が行政法であり、臣民を規律する準則を公務員に宛てて定めたものである。武家法も内容的に異なるところが多いとはいえ、基本的に犯罪処罰と家臣の武士の守るべき準則について定めており、今日でいう刑法と行政法、広義での公法を中核とする。いずれも大化の改新後の天皇中心の国づくりや武家政権の確立のために編纂されており、下々の意見が取り入れられたという事実はない。

明治維新ののちの法整備も典型的な上からの近代化であって、条約改正の至上命令があると同時に、中央集権的国家体制を実現する手段であった。もっとも統治のためというのであれば公法を対象とすれば足りるところ、それまで蚊帳の外で慣習法的規律に委ねられていた私法も体系的に整備されるに至った。さらにいえば、私法を中心に法典編纂が行われた。私法中心の考え方は、ローマ法以来の西欧における法観念であって、近代にあっても市民社会を規律する理念である。わが国ではそうした伝統に欠けていたものの、西欧法の継受に伴いこうした外観をとる必要性に迫られた結果である。相当程度にみせかけの西欧化であって、国民が実際にこうした法典を利用し、積極的に権利の実現を目指すことはあまり期待されておらず、むしろ大いに警戒がもたれていた。権利の具体化に不可欠な裁判制度や法曹養成に手薄であったのは、その反映と考えられる。国家の主導による外見的な法の近代化は、私法の分野のみならず公法の分野においても見受けられ、明治憲法の制定は欽定の見せかけの民主制憲法であり、君主の圧制に対する国民の要求によって成立した民定の西欧憲法と根本的に異なっていた。

(3) 法の役割の限界　律令制の導入にせよ西欧型の法典編纂にせよ、法制度の一大転換がわが国において比較的短期間のうちに成し遂げられたのは、そもそも社会統制のための規範として法の役割がそれほど大きなものとして考えられていなかったことがあろう。統治における儒教の考え方の影響が根強いことに多く由来すると思われる。中国では古来様々な法思想が展開され

てきており、その中には法の役割を重視する韓非子や商鞅が説いた法家の思想もあったし、統治に関心を示さない老子や荘子が説いた道家の思想もあったが、もっとも有力であったのは孔子、孟子などが説いた儒家の思想である。法治よりも徳治を重んじる考え方であり、中国では「法三章」ということわざがある。前漢の高祖の故事によるものであり、「殺すなかれ、傷つけるなかれ、盗むなかれ」だけを規定して、優れた統治をしたという。為政者の人徳で治めるのが本筋であり、法でがんじがらめにすることは社会の安定を保障するものというよりは、混乱の危険を示すものであって、なるべくこれに拠らないほうが良いと考える。わが国でも古く中国から法制度を取り入れるに際して、儒教思想が背景となっていた。たとえば聖徳太子は十七条憲法（604年）を制定したが、その第1条では「和を以って貴しとなす」と定めた。法自体が法による統治を消極的にみているわけである。

伝統的な日本社会においては、とりわけ私人間の関係で法は二次的役割しか期待されてこなかった。契約において相手方が内容どおりに履行しないからといって、直ちに強制手段に訴えるのは穏便ではないし、不法行為があったからといって、加害者側の事情を一切考慮に入れずにいきなり裁判所に訴えるのも望ましい解決とは考えられてこなかった。法の規定は一応横に置いておいて、譲り合って、当事者が納得する解決が図られる。個人が親族、地域、企業といった集団に強く帰属している社会を前提とすれば、紛争の自発的、自然的な解決が波風を立てない。和解や調停が頻繁に行われ、裁判所や法的強制を無縁なものとする。生ける法の並存であり、結局、法は統治手段としての公法、刑事法が中心となってきた。

2 法系論における位置づけ

(1) **従来の議論**　法系論からみた日本法の位置づけについて、最後に考えてみたい。一方では、日本法は西欧法の継受により西欧法族に分類すべきであるという考え方がある。古くは穂積陳重の法系論における位置づけが、法律進化の現象と捉えてこの立場に立つ。他方では、日本法の特殊性は法観念や生ける法の次元では依然として失われていないとして極東法族に分類すべきであるとする考え方もある。わが国において『日本人の法意識』（1967年、岩波書店）を著した川島武宜教授（1909－92）や野田良之教授らによる国民性や法文化に立脚した研究が西欧に紹介され、これに基礎を置く法系論では、日

本法の西欧化はみられるにせよ西欧法との相違が強調される。これに対して、『日本人の法観念』(1983年、東京大学出版会)で大木雅夫教授は、外在的制約を指摘し国民性による説明に疑問を呈する。先のわが国の法系論に即していえば、大木教授は西欧法に木下教授は極東法にそれぞれ日本法を分類される。

　これら一連の議論において注意しなければならないのは、日本法の伝統の強調が日本主義と結びつきやすく、逆に西欧化の強調が近代化と西欧化の同視に結びつきやすいことである。制定法次元での西欧化の中で固有法の部分をいかに説明し、それを世界に発信するかが問われている。

　(2) 私　見　　私見によれば、この両主張にはそれぞれ十分な根拠があって、いずれかが正しく、他が誤っているという性質の問題ではないように思われる。根拠の次元を異にしているわけで、ダヴィドの分類基準を借用して整理できるのではないか。すなわち、ダヴィドのイデオロギーという観点からは、日本法はとりわけ戦前においては西欧法と異なる法イデオロギーに基づく運用が際立っていた。近代法時代の特徴としての生ける法の並存や、全体的特徴としての法の役割の限界として指摘した点である。それが近代法として受容が未成熟に終わっていたためであるか、日本文化の特殊性に由来するものであるかは、議論のあるところである。さらには、戦後に至ってイデオロギーの面でも法の近代化が著しく進展した。しかし、今日においてなお、法化社会の実現が司法改革の中心に据えられているということは、単に近代化の遅れに還元することができない背景の存在を示唆する。戦後の日本の法学は、それまでの日本的法学の強調への反動があり、ややもすれば固有の伝統を時代遅れとして軽視する傾向があった。しかし、西欧化が近代化の唯一の方法ではなかろう。この点はダヴィドが中国法や日本法を極東法として独自の法文化を背景とするものと位置づけ、積極的に評価したことを想起すべきであろう。そして自ら日本法の位置を世界に発信して、新たな法系論の構築に貢献することこそが、求められているといえよう。

　ダヴィドの法技術という観点からは、日本法は戦前においては比較法的継受を駆使しつつ、フランス法ついでドイツ法を主たる模範としたため、大陸法の圧倒的影響下にあったことは疑いない。戦後においては英米法の法技術が大幅に取り入れられるに至ったが、大陸法から英米法に転換したとまではいえなかった。ところがその後においてもアメリカ法の影響が強くなってお

り、今日では大陸法とも英米法とも分けがたいところまできている感がある。法科大学院の存在はその象徴であろう。ところで、じつは同様の現象は西欧諸国の内部でも見受けられる。ドイツ法やフランス法には近時アメリカ法の顕著な影響がみられるようになったし、英米法でもとりわけイギリス法はヨーロッパ統合の結果として大陸法的色彩がとみに強まっている。またヨーロッパにおける法統合の動きは、眼が離せないほどである。

　世界の法がこのように近年急速に相互に関連しつつ変動しているとすれば、明治維新以来、英法、独法、仏法といった各国別に外国法研究を進めてきたわが国の学者達の対応自体が時代遅れであり、今日その妥当性が問われているといってもよい。この点は、五十嵐教授が日本の比較法学のセクショナリズムとして憂慮され、大木教授が外国法一国主義の弊害として指摘されることである。広い比較法的視点の重要性をここでも指摘しておきたい。

第3編

世界の諸法体系の変動

世界の諸法は決して固定的なものではなく、変動を繰り返して今日の状況に到達しているのであって、外国法の影響がその要因のひとつである。第1章、第2章においてはミクロ的にどのようなかたちで外国法との関係で法変動が生じるかを検討する。一方の法が他方の法に影響を及ぼすというのが通常の形態であり、法の継受として第1章で扱う。しかし場合によっては新しい法の形成に向けて諸国が共同歩調をとることにより、国境を越えた法変動がもたらされることもあり、法の統一として第2章で別に扱う。第3章においてはマクロ的に法変動の潮流を把握する。

第1章　法の継受

　ある国家法が他の国家法に影響を与える現象を一般的に「継受（reception, réception, Rezeption）」と呼んでいる。受け入れる側が自覚的に取り入れる場合にこの表現はふさわしくないとして、そうした場合には「摂取」という日本語を用いる立場もある。また異なる歴史的、文化的土壌に受け入れることを実感させる言葉として、「移植（transplant, transplantation）」という表現を用いる者もある。ここでは価値中立的に客観的現象を指示する継受で統一している。

第1節　法の継受をめぐる問題状況

　まず法の継受の意義について検討し、ついで歴史上みられた継受につき代表的な事例を概観する。

1　意　義

　多くの国家法体系は、自律的に発展した部分は当然にあるが、同時に様々なかたちで外国法から影響を受けている。法系とか法族という表現自体が、国家法相互の継受を前提とした母法と娘法関係という系譜を示している。こうした影響関係の積み重ねによって、世界の法の大きな潮流もマクロ的には形成されてきた。他方でミクロ的には各国家法の現在ある法状況を十分に理解するためには、歴史的経緯の中で外国法をどの時期にどの程度どうした内容で受け入れたのかを知ることが、大いに役立つ。

　若干の例をあげてみよう。日本法は、古くは中国の律令法の継受により、近時は西欧法の継受により大きな展開を遂げるとともに、現行法の土台を形

成している。ドイツ法については、もともとのゲルマン法の土壌の上に近世に至ってローマ法の継受が行われ、今日のドイツ法の内容が確定している。フランス法はいち早くローマの支配下でローマ法を受け入れ、またゲルマン民族の移動によりゲルマン法ももたらされたけれども、その後もローマ法との距離をどう保つかは常に念頭にあった。イギリス法はよく歴史性が強調されるが、アングロ・サクソン法のほかノルマン・コンケストで当時のフランス法の影響が強くあり、またローマ法を継受しなかったこと自体が、大陸法との対比でイギリス法を特徴づけている。

　法の継受が具体的にどのようなかたちで行われるかを一般的に理解していれば、各国法の形成が多かれ少なかれ外国法の影響の下に行われたものであるから、その正確な理解へと導いてくれよう。

2　歴　史

　多くの継受現象のうちとりわけ歴史上著名であるのは、ローマ法の各国における継受である。これについては、第3章で法変動の潮流に関連して詳しく述べる。近代ではフランス民法典（ナポレオン法典）の継受が注目される。これらは優れた法がこれを見倣う国に影響を与え、世界に伝播する現象として容易に理解できる。ほかにも征服や植民地化に伴って、強制的に継受が行われることがある。このように法の継受は一方が送り手であり他方が受け手となるわけであるが、常に送り手と受け手の立場が固定しているわけではなく、相互に影響しあう関係もあり、歴史上は近代におけるフランスとドイツの民法学の交流に顕著にみられたところである。ここでは、この事例のみを紹介する。

　フランス民法典は1804年に制定されたものであるが、ナポレオン（Napoléon Bonaparte, 1769－1821）の政治的、軍事的統治下に施行されたものであったところから、ナポレオンのヨーロッパ征服に対応して、フランス本土以外でも適用をみた。ベルギーではフランス語のままの法典がそのまま利用されたのに対して、ドイツのライン左岸地方（ラインラント）や南部（バーデン、ビュルテンベルク）ではドイツ語に翻訳されたフランス民法典が適用された。ドイツ民法典は1896年に制定され、1900年から施行されているので、およそ100年近くの間ドイツの一部の地域においてはフランス民法典が実定法として用いられていたのである。このことが、ドイツ民法典の編纂にあたって、フランス

民法典が大いに影響を与える原因となったことは想像にかたくない。

　こうした地域に含まれるハイデルベルク大学のツァハリエ教授 (Karl Zachriä, 1769-1843) は、自国の民法典、その実はフランス民法典の概説書である『フランス民法概論』(全4巻) を刊行する。当時のフランス国内においては、民法典の註釈学的研究が学界全体を支配しており、法典に忠実に条文ごとに解説を加えるのみであった。これに対して、ドイツのパンデクテン法学は論理的体系化を志向しており、こうした考え方に従ってツァハリエ教授は、法典の順序を解体して、体系的に叙述することをなした。フランス人の眼からはきわめて斬新なこの著書を、ドイツに近いストラスブール大学のオーブリ (Charles Aubry, 1803-83) とロー (Charles Rau, 1803-77) という2人の学者が翻訳し、ついでその体系を参照しつつ『フランス民法概論』を著し、フランス法学に革新をもたらした。普仏戦争ののちは、両者とも破毀院判事となり、その判例形成も指揮して新しい流れを導いた。ドイツに法典を輸出したことにより、フランスは逆に多大な学説上の影響を受けることになる。

　さらに、1896年にドイツ民法典が制定されると、フランスにおいて早速その研究を行う学者が出てくる。サレイユはドイツ民法典の翻訳を草案の段階から手がけており、フランスにおいて知られていなかった「意思表示」の概念を打ち立てる。フランスでは契約法で意思表示が説かれており、それで実際の利用には事欠かなかったわけであるが、一般理論を展開することにより、自国法に一層の明快さを与えた。

第2節　継受の形態

　継受にあたっては、法を送り出す側の態度いかんと、法を受け入れる側の態度いかんが、影響のあり方を左右するので、この両者に分けて検討する。

1　輸出国の対応

　法は文化のひとつであるから、その輸出入の形態も文化のそれと類似する。文化が伝播する際には、受け手の側が優れた文化に触れて感銘を受けたとか、これを受け入れて自国のために利用しようといった場合が多い。その場合には受入国の対応いかんが重要となる。したがって、ここで扱われるのは、受け手の側に受け入れるか否か、何をどのように受け入れるかにつき選択の余地がない場合、すなわちもっぱら送り出す側の論理で動いていく場合のみで

ある。

　受け手に対して強制される法の輸出は、たいていの場合他国への侵略、征服に伴ってなされるものである。これが具体的な統治の手段として長期にわたり行われるのは、近代にあっては植民地政策というかたちで示される。19世紀以降の植民地主義において覇権を争った二大強国はイギリスとフランスであり、両国においてはきわめて対照的な政策がとられた。イギリスの現地順応政策とフランスの本国同化政策である。

(1) 現地順応政策　　イギリスの植民地経営の基本は、現地の社会状況に応じて柔軟に対応し、自国のやり方を最初から押し付けようとはしない。たとえば、直接強権的に支配するのではなく現地人を教育して指導者に登用する、自己の政策をそのまま推し進めて反感を買うのではなく受け入れられやすいかたちに変形して適用するなどである。その影響力はじわじわと効いてゆき、結局は思うとおりの政策を実現させる、巧妙な手法である。現地の実情を尊重しているようにみえるが、実は本国と植民地を厳然と区別するところから出発している点で、冷徹な現実主義が基本にある。現地人との混血は進まず、人種差別の問題が根強く残ることになる。

　法の輸出においても同様であって、イギリスはイギリス法を最初から強制することはしない。裁判システムをイギリス流に構成したのちは、この枠組を利用して徐々にコモンロー的な法体系へと導いていく。そのためには、現地人をイギリスに留学させて法曹をコモンロー的に教育することからはじめなければならず、迂遠である。しかし、人的基礎を形成するということは、もっとも確実な法の輸出手段である。ただし、こうした政策がとられた背景として、イギリス法が判例法主義であってまた歴史的伝統に深く根ざしているものであるため、直接に輸出するには不適当であったということは見逃しえない。

　歴史を遡るならば、法の輸出に関するイギリス型に類似する政策は、過去においても見受けられた。征服の際の属人的な法適用である。ゲルマン諸部族が旧西ローマ帝国内に移動して建国した際には、原住民にゲルマン部族法を適用することを強制せず、かれらの法すなわちローマ法の適用を認めた。その背景にはゲルマン民族の移動が主としては征服というよりは平和的移住であって、しかも原住民よりも圧倒的に数が少なかったという事情もあった。

ゲルマン法の浸透は長い年月をかけて実現されていった。

　イスラム法の伝播も基本的に同様のものであった。イスラム人は征服したのちにも、イスラム法はイスラム教徒にのみ適用し、征服された原住民には従来どおりの法の適用を許容した。原住民のイスラム化に応じてイスラム法の適用を拡大していった。この点は、イスラム法が宗教と直結した法であることも関連していよう。

　(2) 本国同化政策　フランスの植民地経営の基本は、自国の体制や文化をそれが優れたものであるという確信の下に、輸出先である現地に強圧的に押し付けようとするものである。現地の事情を考慮に入れないということでは、硬直的な手法といえる。フランスは中国と並んで自民族至上主義思想 (ethnocentrism, ethnocentrisme) が強く、自国の文化がもっとも良いものであるという自信がある。さらにその採用が他国のためにもなるという善意が背景にあると、同化政策となる。自己中心的な考え方ではあるが、ある意味で植民地国を対等に扱っているわけで、自分が使っているものと同じものを薦めるという面がある。広くはラテン気質と言い換えてもよいかもしれず、中南米諸国で典型的にみられたように、現地人との混血も進む可能性が高い。なおアメリカは、アングロ・サクソン系の国であるがヨーロッパから離れており、孤立主義を脱すると楽天的に進化論的立場から良いと信じるものを善意で押し売りする思想があり、本国同化政策により近い立場をとりがちである。

　法の輸出について、法典編纂後のフランスは自国の法を最高のものと信じて、国内的にもその註釈に明け暮れていたのであるから、これを採用することが他国にとっても非常に良いことであると相当本気で思っていた。フランスが制定法主義を採用したことが、同化政策の実施を容易にする状況を作り出した。さらにこの政策が積極的に採用された背景として忘れてならないのが、法典編纂がフランスに存在していた慣習法の内容をまとめあげるという性格を有すると同時に、自然法に立脚した合理性を土台として制定されたと信じられていたことである。すなわち、法典は客観性が担保されており、その内容は普遍性を有すると考えられていた。具体例をあげるならば、ナポレオン法典は編纂直後にナポレオンによって征服したヨーロッパ諸国に積極的に適用が図られた。こうしてベルギーはフランス語を国語としていたためフランスとまったく同一の法典を採用し、ドイツもライン左岸地方や南部にお

いてドイツ語に翻訳して適用した。その後においても植民地の多くでは、学者を起草者として送り込み法典編纂を手助けするというかたちで、基本的にフランス民法典に拠りつつ草案を作成した。

　歴史的に法の輸出に関するフランス型に類似する政策は、ローマで典型的にみられた。ローマは征服して周辺諸国を属州として版図を拡大していくが、その際に法の適用に関する原則を確立していく。すなわち、ローマ市民にはローマ法を、属州にはその地の法を適用し、ローマ市民と属州民、ある属州民と他の属州民相互には万民法を適用した。形式的には現地順応主義と捉えることが可能であるが、万民法はローマ市民法を基礎としつつこれに普遍的性格を付与したものであるし、さらに属州民にローマ市民権を与えることにより、ローマ法の適用を急速に広めていった。

　現地順応主義と本国同化主義は正反対の手段であるが、具体的な対応ということになると、接近することが少なくない。現地順応主義といっても本国の基本的立場は譲らないわけであるし、本国同化主義といっても現地の実情や現地人の意向をまったく無視してかかることは著しく効率を悪くする。結局目的とするところは、自国の権益に適合した植民地の有効な支配ということであるので、理念は対極にあっても実際にとられる手段は近似することが少なからずみられた。

2　受入国の対応

　法を受け入れる場合には、法の輸出で話題となったように、公然とであると否とを問わず強制されて行うことがある。植民地となった国で宗主国の法体系を継受するのは、多くの場合このためである。そこでは継受の形態も様々なものがあるとはいえ、宗主国の意向が何よりも重要であり、輸出国の対応で述べた状況が基本的に支配している。これに対して、植民地化を免れた国々やかつて植民地であった地域が独立を達成しそれに伴いあらたに自国の法制度を構築する際には、自発的に外国法の受け入れが行われることがある。ここではそうした受け手の側の論理に基づいた法の継受を念頭に置いて、その形態にいかなるものがみられるかを検討する。

　(1)　**継受母法の確定**　継受を行う場合にどの国を模範とするかは、旧植民地国とそうでない国では対応に顕著な差異が認められる。旧植民地国にあっては、やはり旧宗主国の影響から全面的に免れることは、きわめて困難で

ある。しかしそれとともに旧宗主国法、あるいは同一の旧宗主国から独立した隣国の法と比較して独自性を発揮しなければ、自前の法体系を有したことにならない。そこで旧宗主国と類似する法体系をもつ同一法族の優秀な法体系を参考にすることが、よく行われる。独立後の中南米諸国における、スペイン法、ポルトガル法に対する一定の距離感とフランス法、ドイツ法への傾斜はこうして理解される。もっとも、この事実は諸国での法典編纂時におけるスペイン法、ポルトガル法に対するフランス法、ドイツ法の実体的優位性も関連していよう。旧宗主国がフランスである場合は、他法からの影響はより少ないのが一般的である。

これに対して、植民地化と無関係な国にあっては、継受母法の選択においていわばフリーハンドを有している。そのためどの国家法を模範とするかは重要な決断の問題となる。一般的には、導入のしやすさという点から、制定法主義を旨とする大陸法の法制を模範として採用するのが通例である。エジプトでは、イギリスの勢力下にあったもののフランス民法典を継受している。それ以上に具体的にどの国かということになると、偶然の要素が影響することも少なくない。植民地とならないためには自前の国家法体系をもって伍していくことが必要であり、それを制定する猶予期間はそれほどあるわけではなかった。すなわち、継受母法の確定を早急にしなければならなかったのである。若干の例をあげるならば、トルコはケマル・アタチュルク（ケマル・パシャ、Kemal Ataturk, 1881－1938〔1923－38〕）の下で近代化に努めたが、近代民法典編纂にあたってはスイス法を模範とした。スイス民法（1907年）・債務法（1911年）は当時最新の法典であって、優れた内容であったため、この選択は合理的であったが、真の動機は編纂を依頼された起草者の留学先がたまたまスイスであったことが重要である。

わが国においては、不平等条約の改定のために法治主義の確立を証拠立てる法典編纂が急がれた。既に述べたように当初はフランス法一辺倒であったが、その後は新たに法典編纂を進めていたドイツ法も積極的に取り入れており、両法を併用するという比較法的継受に転換している。さらに第二次世界大戦後は、占領下での強制的継受を含めてアメリカ法を付加しており、世界に例をみない複数母法を組み合わせる方式が特徴となっている。

(2) 継受方法の確定　　A　法典言語の選択　　外国法を継受して自国の

法典編纂を行う場合には、どういう言語でこれを制定するかという問題が関係してくる。もちろん模倣の対象である国と自国が同一の言語である場合は別であり、または少なくとも同一の語族に属する場合にもほとんど議論の余地はない。翻訳するに際して訳語の対応にそれほど困難はなく、容易に自国語に転換しうるからである。語族が異なっていても同一の法族としての共通する伝統がある場合には、別の意味で翻訳上の問題は少ない。

　これに対して、まったく異なる語族に属しており、しかも継受母法とは根本的に相違する法伝統を有してきた国においては、事態はそれほど単純ではない。翻訳に困難が伴うためであり、原語主義と翻訳主義という異なる対応の間で選択を迫られることになる。

　原語主義は、受け入れ国において法典を翻訳して継受するだけの態勢が整っていない場合に多く用いられ、安直といえる。ただし、国民一般が原語のままで十分に内容を理解できるとは考えにくい。すなわち、法典として形式だけを主として対外向けに整備するという意味合いが強く、国民は依然として旧来の法、とりわけ慣習法に従って生活することが予定されている。他方で、原語主義が意識的に採用されることもある。旧植民地国では多民族国家で国内に複数言語が存在している場合には、どの部族の言語を翻訳語として扱うかは対立の源となるので、旧宗主国の言語が政策的にそのまま用いられる。部族間の中立的な言語であり、しかも指導者たちが共通して理解できる言語であるからである。

　翻訳主義を採用する場合には、母法の内容を理解して、必要な法律用語を創造したり、法令的な文章作成技法を確立しなければならない。翻訳法典を作ること、さらにはこれに修正を加えて自国に独自な法典を編纂することは、それ自体で自主的に国家法を作り出すに等しいほどの能力が備わっていることを示すものといえよう。翻訳主義は、一定の文化水準がなければ不可能なのである。

　B　継受の水準　　外国法の受け入れは、何よりも立法継受というかたちで行われる。為政者の意図として一様に近代的法体系の形式的整備を念頭に置いたためである。立法継受に適したのは制定法主義であるため、大陸法が模範とされた。しかし、見せ掛けの法治主義体制を構築することで満足するか、さらにいえば国民にこうした法制度が浸透することを妨げようと意識す

るか、逆に国民に周知徹底することを考えるかで、その後の対応に差異が出てくる。

　まず法典を十分に使いこなすためには、条文の意味内容を明確に理解することが必要である。それと同時に実際に運用にあたる法曹を養成することも不可欠である。法曹養成機関が設けられ、そこにおいて継受母法での具体的適用を前提とした教育がなされる。わが国でいえば、律令を導入した際の大学明法道の設置であり、西欧法を導入した際の司法省明法寮の設置である。学説継受がこうして次の段階で行われる。

　ただし、学者や裁判官といった法律専門家を超えて国民全体が継受法を利用するには、さらに一段階先の対応が必要となる。国民の生活次元で継受法が実効的規律を及ぼすためには、母法国と同じような法環境を作り出さなければならない。それが西欧法治国体制であれば、国民の間に法典の内容を周知させること、裁判制度を国民が使いやすく、さらには信頼されるかたちで組織することが必要になる。情報宣伝活動を積極的に行う、訴訟手続の簡素化に努める、法律扶助制度を充実させる、弁護士など当事者を助ける法曹を身近に置くなどの法環境の整備がそれである。法化社会の実現というのはまさにこの段階の継受であり、運用継受とでも名づけることができよう。

第2章　法の統一

　法の統一は、国家法相互の影響による法体系の変動のひとつの形態である。しかし継受が送り手または受け手の一方的意思で実現されるのに対して、法の統一は共通の合意で実現される点で異なる。かつては国際社会が十分に組織されておらず、統一法は例外的であったが、国際化が進展した今日では法変動をもたらすきわめて重要な要因となっている。別に章を設けて説明するゆえんである。

　法の継受と法の統一では、法変動の結果にも相違がある。法の継受の場合には法制度が接近するとはいえ、継受母法と同一の法が継受国で形成されることは担保されていない。固有法と調和させる必要が多くの場合にあるためである。これに対して法の統一においては、変動を受けるのは関係する諸国のすべてであることが通例であり、また合意された範囲内では同一の法が各

国で形成される。

第1節　法の統一をめぐる問題状況

まず法の統一の意義について検討し、ついで歴史上みられた国内的な法の統一との関連について言及する。

1　意　義

法の統一の意義としては、何よりも実用目的がある。国際的な取引関係に入る、外国で生活するといった場合に、自国の法と関係する他国の法が同一であれば、著しく便利であることは直ちに気づくところである。現実の私法に関わる統一法の制定はこうした意図で行われてきた。

法の統一は、国際裁判所の判例法の形成という形態もないわけではないが、多くの場合は条約による法の成文化をもたらす。成文化は、法に対する認識や理解の深化に役立ち、法的安定性の増大、法に対する尊重の高まりにも寄与し、当事国の社会のより深い法化をもたらす。国内における慣習法の割拠に対して、法典編纂というかたちで法の統一がもたらされたことの意義が想起される。国家間においては依然として国際慣習法が規律している事項が多く、さらに国家法は主権国家の専権に属して不合理な規律も少なくない。関係国の議論を経て実現される法の統一には、正義と理性に適った法へと向かわせる効果が指摘される。

法の統一を突き詰めてゆくと、法が世界的にすべて統一されて、国家法の対立が解消され、平和な世界が出現するという理想社会論にまでゆきつく。田中耕太郎『世界法の理論』においては、こうした世界法（droit mondial, Weltrecht）が構想されている。こうした社会は、近時では夢物語であって、到底実現されないという認識で一致している。しかも、世界法の実現は必ずしも望ましいものとはいえないのではないか。近代的国家法の形成は、多くの利点をもたらしながらも、地域の文化や特殊性を近代化の名の下に犠牲にしたことはよく知られている。法の分野とはいえ世界が画一化してしまうことは、文化の多様性が消滅してしまうことであり、長い眼でみれば異なるものが競う活力が失われよう。平和な世界の実現は、別の手段で図るべきものであろう。統一が望ましい事項とそうでない事項を選別する視点が重要となってこよう。

2　歴　史

　法の統一という現象は、今日では国家法の存在を前提として、国家間での法の統一のみが念頭に置かれる。ところが歴史的にみると、法の統一はむしろ近代国家の成立に伴って国内法で中心的に問題とされていた。たとえば、フランスにおける民法典の編纂は、各地方（province）の慣習法を研究しその中からフランスにふさわしい統一された内容の規範を抽出する作業であり、国内における多様な慣習法の統一であった。スイスにおける民法・債務法の編纂も同様に異なる州（canton, Kanton）法を連邦法として統一した性格を有する。ドイツにおける民法典の制定は、ローマ法に由来するパンデクテン学説の集成といった性格が強いものであるが、それはまさに各州（Land）の法の分立を帝国各地の慣習法を統一するという手法により終止符を打つことができなかったことによる。

　こうした国内法次元における法の統一は、ヨーロッパにおいては国際的次元における法の分立をもたらすことになる。西欧諸国においては、国民国家の形成による近代的法典編纂以前には慣習法が基本的に社会を規律していたので、地域によって少しずつ内容を異ならせてはいたが、ローマ法、カノン法に基づく規律という点では共通するものがあった。ボローニャ大学に始まる学説法の展開がこれを支え、類似する法が並立しており、これを共通法（ユース・コムーネ）と呼んでいた。こうした状況が19世紀から20世紀にかけて各国が国内法の統一を図ったことにより、国内の地域的相違は解消されることになったが、逆に諸国の国家法相互の相違が鮮明となる。法族といった緩やかな集合体としては括れるとしても、実定法としての共通性は希薄となる。そこに国際的次元における法の統一の必要性が認識されるようになる。1900年の比較法国際会議で主張された立法共通法は、まさにその出発点であった。

　国家法の多様化は何も西欧諸国に限って見受けられるようになったものではない。イスラム諸国やアフリカ諸国でもかつては比較的均一な法文化を諸国のあいだで形成してきたのに対して、近代的国家法形成に伴い多様となる。新たに西欧法の浸透がみられた際に、どれだけ西欧法を継受するか、またどの国を模範とするかに応じて、内容が異なってくるからである。こうして全世界的な国民国家の形成とこれに伴う国家法の整備を前提として、国家法の分立を統合する今日的意味における法の統一が問題とされるようになる。

第2節　統一の形態

法の統一の形態を、対象と手法に分けて考察する。

1　対象区域と対象事項

(1) 対象区域　法の統一の地理的範囲としては、世界的な統一と地域的な統一が区別される。世界的な統一は統一法への参加が世界に開かれている場合である。もっとも、主権国家に条約への参加を強制することはできない。全世界に効力が及ぶため、統一の意義が大きい反面、利害関係を調整することが困難であり、共通の合意の成立に難点がある。

地域的な統一は類似する社会的、経済的基盤を有する諸国の間であるため、合意形成が図りやすい。とりわけヨーロッパは共通法の伝統があり、しかも裁判所による権利保護の体系が整備されているため、統一法においても実効性が十分に担保されている点に特徴を有する。欧州共同体における法統合はその顕著な成功例であるが、同様のことは欧州人権条約や欧州特許条約についても指摘することができる。欧州共同体法については、統一手法に独特のものがあるため、詳細は次の**2**において扱う。

(2) 対象事項　法の統一が全法分野にわたって行われることは、不要でありさらにいえば有害ですらあるとしても、特定の法分野についてはそれが望ましいことは、既に法の統一の意義として述べたところである。それでは具体的にはどのような事項が望ましい対象として考えられているのであろうか。私法と公法に分けて、代表的な事例を検討することにする。

A　私　法　a　国際取引法　私法と公法を比較すると、私法が一般的には統一になじみやすいとされている。とりわけ国際的な取引活動の展開に伴って、これに関連する法分野において統一が便宜とされる。まず実体法の面では、国際動産売買法、国際海上運送法、国際航空運送法といった直接に取引内容に関わる事項がある。同時にこうした取引に伴う国際的な決裁に関して、手形法や小切手法の統一が必要となる。1930年および1931年の手形及び小切手に関するジュネーヴ統一条約が著名である。さらには紛争解決手続法の面で国際商事仲裁に関する条約がある。

さらに、国際的な取引が対等な条件の下で行われることが公正であると認識されるようになると、経済活動のあり方に各国の経済政策、社会政策が反映することから、これら間接的に国際取引に関わる法分野についても、統一

が視野に入ってくる。特許法、独占禁止法、労働者保護法さらには企業環境法や税法などである。ごく一例として、工業所有権の保護に関するパリ条約、著作権の保護に関するベルヌ条約、世界貿易機関（WTO）を設立するマラケシュ協定がある。

　b　国際私法　　国際私法とは、国境を越える法関係が生じた場合に、どの国の法を適用してこれを規律するかを決める法のことである。たとえばA国でB国人とC国人がD国に所在する財産について契約をしたとすれば、行為地に着目するか、当事者の国籍に着目するか、財産所在地に着目するか、さらにはこれ以外の国の法の適用を当事者が合意していたらどうかなど、きわめて複雑である。こうした際の対応を決定する国際私法そのものは国内法であるから、各国によって対応が異なっており事態を一層面倒なものにしている。そこで法の内容は各国で多様であっても、どの国の法を適用すべきかという準則だけは画一的に規律されていることが望ましい。そこで国際私法の統一は常に課題とされている。

　c　その他の私法分野　　私法のうちでは、財産法の分野が経済合理性に則って規律されることから、一般には各国で共通する要素が多く、統一になじみやすいとされてきた。また財産法でも債権法がこうした性質を強く有するのに対して、物権法は土地の利用方法が地理的環境に左右されるところから、統一になじみにくいとされた。上記の例でも統一法は債権法に集中していることがわかる。地域的な統一としては、ヨーロッパ債務法やヨーロッパ会社法が検討されている。

　家族法は各国における歴史的、文化的伝統に根ざすところが多く、固有性がもっとも強い分野とされてきた。法の統一を家族法の分野で行うという発想は、たしかに存在しない。しかし、家族法の分野であっても法の事実上の画一化が顕著に見受けられるのが、近時の特徴である。その根底にあるのは、社会の均質化が国境を越えて進行しており、家族のあり方に関する文化的共感が国際化に伴い醸成されていることを指摘できよう。たとえば、かつては離婚を認める国と認めない国という際立った対照がみられた。今日では離婚は認められることを共通の土台とすることとし、離婚原因やその限界についても破綻離婚を承認するが過酷条項の存在を前提とするなど、法技術的な接近現象が頻繁に見受けられることになる。

B 公 法　a 憲 法　憲法分野のうち統治機構については、民主政原理に則った制度が望ましいという基本的枠組は、共通の合意が得られる状況が生じている。かつては社会主義国家が東西両陣営の一方を占めており、共産党の一党独裁が良いという選択肢もありえたが、ソヴィエト連邦の崩壊と中東欧諸国の民主化の進展により、基本的変化が生じた。たとえば、欧州連合への加盟の資格要件として、国内における民主政の確立が要求されている。しかし、民主政原理に則った統治機構を採用するにしても、その具体的な発現形態ということになれば、立憲君主政か共和政か、議院内閣制か大統領制かはたまたフランスのような両頭制か、司法審査制か憲法裁判所制かなど選択の幅はきわめて広い。これらは各国民の選択に委ねられており、統一になじまない。

これに対して、基本的人権の保障は、人類普遍の原理であるという認識が西欧先進国を中心として根強い。ところが人権が十分に保障されていない国が地球上に依然として多いという事実認識から出発して、統一法というかたちで強制的にこれを遵守させるという方向に進みつつある。途上国には反論もあるが人権の内容は国によって差異があってはならないと考えるからである。まず、1948年12月10日に第3回国際連合総会において世界人権宣言が採択されている。この宣言には法的拘束力はないものの、あらゆる国家と国民に共通する基本的人権と自由について模範を示した意義は大きい。これに倣う各国の立法も少なくなく、国家機関への事実上の影響も指摘されるところである。

その後は、条約として拘束力を有する基本的人権の保障に関する規定が次々と設けられる。国際人権規約は1966年の国際連合総会で採択され、日本も1979年に批准している。これは2つの部分からなり、1つは「経済的、社会的及び文化的権利に関する国際規約」いわゆるA規約であり、他の1つは「市民的及び政治的権利に関する国際規約」いわゆるB規約である。同じ1966年には「あらゆる形態の人種差別の撤廃に関する国際条約」も成立している。「女子に対するあらゆる形態の差別の撤廃に関する条約」いわゆる女子差別撤廃条約は、1979年の国際連合総会で採択され、日本は1985年に批准している。「児童の権利に関する条約」は、1959年の児童の権利宣言の30周年に合わせて1989年の国際連合総会で採択され、日本は1990年に署名し、

1994年に批准している。

　地域的には、ヨーロッパにおける1954年の「基本的人権及び自由の保障に関する欧州条約」いわゆる欧州人権条約が注目される。独自の人権裁判所を有して、きわめて有効に活動していることが知られている。ほかにも、その実効性は遠く及ばないものの米州人権条約も締結されている。

　　b　行政法　　行政法分野は、統治機構の下で各国が具体的に政策を遂行するわけであるから、原則は各国固有の規制である。統治機構におけると同様に、法治行政の原理を採用すべしといった基本的枠組のみが課せられる。ところが近時は国境を越える問題が生じてきており、共通の規制の必要性が説かれるようになった。1つは国際取引法に関連して既に述べた、競争基盤の平等化の必要性に由来する経済条件、労働条件などの基準の統一である。1つは国境を越える汚染に関わる環境規制であって、たとえば、1985年のオゾン層の保護のためのウィーン条約、1992年の生物の多様性に関する条約がある。

2　統一手法

(1)　統一の手段　　法の統一の通常の手段は、条約の締結である。これは主権国家が同意した内容にのみ拘束されるからである。国際法は基本的にこうした性格を有する。これに対して欧州共同体においては、その創設自体は条約によるのであるが、条約によって設けられた共同体機関に規則や指令を定める権限、いわば立法権を付与している。国内法になぞらえれば、条約が憲法に相当し、規則は法律ということになる。条約を一次法とすれば、二次法、派生法が存在しそれが重要な役割を果たしていることに特徴がある。そこから国際法と国内法の中間的な性格をもち、超国家法と呼ばれたりする。

　ここで欧州共同体法の基本的仕組みを述べておきたい。欧州共同体法は、欧州石炭鉄鋼共同体を設立するパリ条約、欧州経済共同体、欧州原子力共同体を設立するローマ条約、さらにはこれらの三共同体を統合し欧州共同体とする条約、新たな加盟を承認する条約など、基本となる事項は条約によって決められており、そこから生じる法の統一の効果は一般の条約の場合と異なるところがない。欧州共同体法に特徴的なものは、条約が欧州共同体の立法機関を設けており、この立法機関が構成国の意思とは独立して、しかし構成国に対して拘束力をもつ法規を制定する権限を有していることである。国家

主権の中心をなす立法権の一部が、超国家機関に移譲されたわけである。

　欧州共同体は、立法機関を有するが、共同体法を実施するための機関も、その実施に関して生じる紛争を解決するための機関も各構成国という出先に設けられていない。国内法でいえば行政機関や裁判機関はもたないということになる。共同体法の適用を確保するのは各構成国の国内行政機関であり、その適用に関して生じる紛争を解決するのも各構成国の国内裁判所である。こうした方法を採用する場合には、共同体法の適用が構成国によって異なってしまうおそれがある。そこで共同体裁判所が設置されている。この裁判所は、共同体機関そのものに関する事件を除けば、事件そのものを裁くことを任務とするのではなく、各構成国から共同体法の解釈につき不明であるという理由で移送されてきた先決問題（question préjudicielle）について判断することを任務としている。この先決問題移送（renvoi préjudiciel）の制度が、共同体法の画一的運用を担保している。

　欧州共同体の形成には、様々な共同体機関が役割を分担しつつ協力している。委員会は政府に相当し、立法の原案を作成する。閣僚理事会は国会に相当し、法規を制定する。ほかに直接選挙で選出される欧州議会は諮問機関であり、欧州理事会は基本方針を審議する首脳会議である。共同体機関の行為形式としては、規則、指令、決定、勧告、意見が区別される。これらのうち、勧告と意見には法的拘束力がない。決定は法的拘束力を有するが個別的なものであり、法規としての効力はもたない。そこで規則と指令のそれぞれにつき次に検討する。

(2) **統一の形態**　　同一内容の法を条約当事国が採用するという強行的統一とガイドラインによる各国の自主性に委ねられた統一が区別される。後者は法の統一ではなく法の調和（harmonization, harmonisation, Harmonisierung）と呼ばれることがある。欧州共同体法はこの両者を規則と指令というかたちで併用している点で特徴を有する。規則（regulation, règlement、Verordnung）は国内法でいえば法律に相当し、共同体立法機関が制定する通常の法規範である。規則は、その規律する内容に応じて欧州共同体機関や構成国に対して拘束力を有することは当然であるが、同時に構成国の個人や団体に対しても直接適用（direct applicability, applicabilité, directe）がなされる。これはローマ条約第189条が明文をもって規定しており、欧州共同体裁判所の1963年のファン・ヘント・

エン・ロース判決（Van Gend en Loos）が詳細に理由づけている。すなわち、何らの国内法化の手続を経ることなく適用される。

そうであるならば、規則と国内法とりわけ法律とが抵触する場合において、相互の優劣関係が問題となる。ローマ条約はこの点について直接規定してはいないが、共同体裁判所の1964年のコスタ対エネル判決（Costa v. ENEL）により、共同体法の優位性（supremacy, primauté）が認められた。このようにして、共同体が規制対象とする経済を中心とする事項については、規則の直接適用性と優位性の組み合わせにより、構成国に共通する法の実施が可能とされた。

指令（directive, directive, Richtlinie）は達成されるべき目標と期限のみが定められ、これを実現するための具体的手段は各構成国の裁量に委ねられるというものである。指令の基本的性格は、構成国に立法義務を課すものであって、個人や団体に対して直接的効力を有するものではない。ところで、構成国は諸般の事情により必ずしも立法義務を適正に履行しないことがある。委員会は早期の立法化を勧告したり、裁判所に対して不履行につき罰金強制（astreinte）を命じるように請求することがある。しかし不履行国が多いなどの場合には、逆に期限を延長するとか、指令の内容に修正を加えることもある。

他方で欧州共同体裁判所は、指令の内容が十分に明確であり、個人に権利を与えるものであり、かつ立法の期限が到来している場合には、指令に違反する国内法の効力を否定するために、個人が指令を援用することを認めるに至った。これを援用可能性（invocabilité）という。また指令に違反する立法によって損害を被った当事者は、国に対して損害賠償の請求をなすことができる。1991年の共同体裁判所のフランコヴィッチ判決（Francovich）による。こうして指令は、本来的機能として構成国間の立法の調和をもたらすと同時に、その後の共同体判例法の展開により、一定の範囲内において直接的に構成国の法対応の統一にも寄与している。

第3章　法変動の潮流

諸国の法体系が継受をすることにより、または統一法を形成することにより、個別に変動をしてきており、そこに一定の傾向をみることができる。し

かし、変動の潮流という全体的な観点からみた場合には、共通する方向に動いていると捉えることができる局面がある。いわば歴史的にマクロの眼でみた特徴である。比較法史的な観点からの検討と言い換えてもよい。一方ではイデオロギーの衰退という傾向を指摘することが可能であり、他方では法技術が接近し、画一化がみられる。

第1節　イデオロギーの衰退

　法が社会統制の道具として他の様々な手段と十分に区別されていない時期にあっては、他の社会統制規範が含むイデオロギー的要素と結合して、そのイデオロギーが理想とする社会を法によって実現することが直接に目指された。法の根本に政策的判断が混入していたといえよう。もちろん法にイデオロギーを持ち込まないという立場自体が、または特定のイデオロギーを持ち込んでいないと主張する立場自体が、ひとつの価値判断であるともいえよう。ここではそうした議論に深入りすることなく、イデオロギーの衰退という潮流をあとづける。

　イデオロギーとの結合のうち、法と道徳は比較的早期から棲み分けが確立していた。これに対して法と宗教は、強い連結が昔からみられたものであるが、近時は宗教からの自立が際だつ。近代以降においては、これに代わって法と政治、経済イデオロギーが結合することが多くみられたが、これもまた衰退しつつある。ダヴィドはかつてイデオロギーと法技術という2つの法族分類要素のうちイデオロギーを重視していたが、こうした動向をふまえてその後法技術に比重を移している。

1　宗教からの自立

(1)　キリスト教文化圏における政教分離　　西欧諸国においてもわが国においても、現在では国家と教会の分離、信教の自由が憲法上に規定されており、当然のことのように受け入れられている。しかし、ヨーロッパ社会においても、近代市民革命以前においては、キリスト教および教会法と世俗の権力および国家法とは、きわめて密接な関係にあったし、わが国でも国家神道が存在していた。以下では、キリスト教文化圏における政教分離の確立、法の宗教からの自立を概観する。

　キリスト教はその誕生のときから政治に関わっている。ローマではキリス

ト教は当初は迫害の対象であり、その後は逆に公認されている。ゲルマン諸部族の移動に際しては、その多くが異端のアリウス派を信じていたのに対して、フランク王のクローヴィス（Clovis, 465－511〔481－511〕）は正統のアタナシウス派に改宗し（496年）、先住民のローマ人との融和によって勢力を伸張させる基礎を築いた。教権と世俗権力との結びつきは、古くはフランク王国のペパン（Pépin, 714－68〔751－68〕）の教皇領の寄進（754－56年）、シャルルマーニュ（カール大帝、Charlemagne, 742－814〔768－814〕）の戴冠（800年）にはじまり、中世においては教権がもっとも力をふるい、世俗の権力と衝突したり協力しあう複雑な様相を呈した。近世になると世俗の国家権力の優位が明白となっていくが、統治のために宗教を利用することは頻繁に行われた。カトリックを国教に据えたり、反カトリックのプロテスタントの立場で国づくりを目指すなどして、法に対する宗教の影響はきわめて強く、血なまぐさい争いが絶えなかった。まさにこうした状況に対して、市民革命を経て信教の自由を確保することを目指して政教分離原則が樹立されていくのである。

　こうしてヨーロッパ社会においては法の非宗教化、キリスト教信仰との分離が実現されていく。もっとも、直接の宗教的色彩は希薄になってきているものの、キリスト教が文化の一部になってしまっている部分は広く残っている。また各国における歴史的背景の相違から政教分離の形態は国によって相当に異なる。たとえば、フランスにおいては市民革命が旧制度の強力な一角を形成していたカトリック教会と断固として戦うことにより成就したものであるところから、政教分離がきわめて厳格に捉えられている。公共の場にキリスト教を示すものは一切ない。これに対して、イギリスには国教会が存在しており、アメリカもプロテスタントである清教徒が新大陸に渡って建国したことから、政教分離はゆるやかに考えられている。特定の宗教を支援するのでなければ、聖書に手を置いて大統領が宣誓することは構わないのである。

　(2) キリスト教以外の宗教と政教分離　キリスト教がいち早く政教分離を実現しえた背景としては、キリスト教の特質も関わっている。聖書に「カイザルのものはカイザルに、神のものは神に」（ルカによる福音書20－25）とあるように、キリスト教は本来的に精神的な面の支配に特化し物質的な面に介入することを考えていなかった。教会法も元来はきわめて限定された内容をもち、世俗法との競合は少なかった。これに対して、キリスト教以外の宗教

が支配する国々においては、政教分離はそれほど明確ではない。ユダヤ教のイスラエル、ヒンズー教のインド、イスラム教の中近東を中心とする多くの国では、現在でも程度の差こそあれ国家法が宗教と関連性を有している。たとえば、イスラム教ではクルアーン（コーラン）は最高の教典であるが、イスラム教徒にとっては最高の法典でもある。家族法だけでなく財産法上の規定も少なくない。政教分離は、こうした国では、宗教を捨てることなくしては少なくとも建前の上では不可能である。しかし、全体の流れとしては法から宗教色は薄まりつつある。建前はそれとして、事実上非宗教的な国家法が規律する領域を拡大させる、解釈のかたちで柔軟な対応を心がけるということを行っているからである。イスラム原理主義運動がこうした動きに逆行するものではないかという疑問が提起されようが、宗教からの自立という長い眼でみた傾向に対する保守派の危機意識の表われであり、部分的な一種のゆり戻し現象とみることができよう。

2　団体思想からの自立

　西欧諸国で形成された個人主義の思想は、宗教からの法の自立をもたらした原動力であり、個人の自由意思に最高の価値を認める考え方の伝統を築きあげた。しかし、同じ西欧諸国の内部から、これと真っ向から対立する団体主義的なイデオロギーに基づく考え方が2つの異なる方向から強力に主張され、その克服が課題とされた。

　(1)　国家社会主義　国家社会主義は、アーリア人種の優位という人種による差別を前提とする、非合理的な民族史観に基づく団体優位の考え方である。ナチスドイツが採用したが、第二次世界大戦で敗北したため、この思想は急速に勢力を失った。

　(2)　社会主義　マルクスが説いた共産主義という、合理的な経済史観に基づく団体優位の考え方である。資本主義が高度に発達すると、搾取する資本家階級と搾取される労働者階級に分かれる。労働者階級が資本家階級を打倒し階級が消滅すると、労働者のための理想の社会への途が開ける。これへの過渡期に労働者階級が権力を掌握して、共産社会の実現に向けて独裁的に施策を行うのが社会主義の段階である。西欧民主主義と異なるので、人民民主主義ともいわれる。東西両陣営の対立が激しかった時代には、資本主義法と社会主義法はイデオロギーによる大きな法族の分類であった。しかし、ソ

ヴィエト連邦の崩壊、中東欧諸国の脱社会主義の政策により、現在では力をなくしている。

第2節　法技術の接近

　法におけるイデオロギーの衰退がみられるのに応じて、法が類似する社会を統制するための道具として技術的な面から精緻化されていくことになる。宗教的、習俗的な影響から切り離せば、社会工学的な見地から社会統制を効率的になしうる法という技術的優位性が比較的単純に見分けがつく。優れた法技術を備えていると評価される法が支配するというかたちで、法の画一化が進行する。

　画一化は一方では古くからの形態としてローマ法の継受というかたちで広く行われてきた。ローマ法がきわめて優れた法を発展させ、これが長期にわたり様々なかたちで世界の法に影響を与えた。他方では近時における国際化の進展に伴い、技術的優秀さにとどまらず政治的、経済的、軍事的、文化的な面を含めた力関係により、同一の基準を採用することへの圧力という面からも、画一化が強く促進されるようになっている。

1　ローマ法の伝播

　ローマ法の伝播は、固有のローマ法の伝播とローマ法を基礎として形成された大陸法の伝播に分けることができる。

　(1)　固有のローマ法の伝播　ギリシャ文明が思想的、芸術的な面において卓越するものを展開したのに対して、ローマ文明はより実際的な面において社会の発展に貢献するところが大きかった。それが橋梁や水道といった工学技術であり、法学であった。テオドシウス法典、後に東ローマ帝国時代になって編纂されたユスティニアヌス法典に示されるローマ法は、法技術としてきわめて優れたものであったため、未開なため単純な法をもつ国、独自の伝統により体系化されず錯綜した法をもつ国は、ローマ法を知ることによりそこから多大の影響を受けることになる。

　ローマ法は、まずローマがその版図をイタリア半島のみからラテンヨーロッパ諸地域の全体に拡大したことにより、それらの地域にもたらされる。属州では当初その地域の法が適用され、ローマ人との関係でのみローマ法に準じる万民法が適用されたが、万民法自体が徐々にローマ法的内容となり、さ

らにこれら属州の民にローマ市民権が付与されるに及んでローマ法が全面的に適用をみた。こうして定着したローマ法はローマ帝国の分裂、西ローマ帝国の滅亡にもかかわらず、慣習法化して生き続けた。

　第2に、中世末期に至り東ローマ帝国で編纂されたものの長く忘れられていたユスティニアヌス法典が、再発見される。折からのボローニャ大学をはじめとする大学の勃興と相俟って、ローマ法は学説法としてヨーロッパ全体に広まっていく。教会法大全（Corpus juris canonici）に倣って市民法大全（Corpus juris civilis）と呼ばれたのもこの頃である。もっとも各国のローマ法に対する対応は、それぞれの国情を反映して多様であった。まずドイツの地では、古代以来ローマ法の影響を受けずにゲルマン法の伝統に依拠してきたが、この時期にローマ法の継受を行った。その背景のひとつは、神聖ローマ帝国は名称から知れるようにローマ帝国の後継国家という地位にあり、現実にも北イタリア地方を領有していた時期もあったことである。他方で、国内的には皇帝の中央集権的権威が低下して、各領邦（Land）が国王の下で自律的傾向を強めていた。そのため帝国全体の統一的な法規律に事欠く状況であり、各領邦の多様な法を統合することは到底望みえなかった。そこで内容的に優れており、つながりも深いローマ法を帝国の共通法として借用することに思いいたったわけである。

　これに対してフランスにおいては、古代にはローマの属州でありラテン系ということではローマ法との結びつきは深かった。しかし当時のフランスは神聖ローマ帝国とヨーロッパ大陸で覇権を争う関係にあり、ローマ的な文化をそのまま受容するということは、神聖ローマ帝国の風下に立つことを意味した。しかも当時のフランス国王は、封建諸侯を抑えて徐々に絶対主義的な体制を確立しつつあった。ローマ法の力を全面的に借りるのでなくとも、慣習法を統一することにより王国全体の法を構築しうる見通しがあった。ローマ法の浸透は南部地方を中心として強かったが、国王はその直接的適用を禁止し、その影響はあくまで間接的なものにとどまった。ローマ文明からの相対的自立というフランスの政策は、フランスキリスト教の自立（gallicanisme）についても、公用語としてのラテン語の使用禁止とフランス語の使用義務化についても指摘することができる。

　ローマ法の影響を受けてこなかった国は、ヨーロッパではイギリスと北欧

諸国であった。イギリスは古代においてはローマの支配が及んだ時期があった。また中世初期にはフランス法がノルマン・コンケストでもたらされている。しかし、近世においていち早く中央集権的な国家体制を確立させる。それに伴う国王裁判所の確立は、判例による法の統一をもたらし、ローマ法の助けを借りることなく王国全体の国家法を形成することができた。そのことが、イギリス法を歴史と伝統を抜きにして理解できない難解なものとし、ローマ法との接点を有しないことに由来する独特の法制度へと導いた。これに対して北欧諸国は、近代的法典編纂にあたって大陸法をモデルとしたため、次の(2)のかたちでローマ法と結びつきをもつに至った。

 (2) **大陸法の伝播**　　イギリスは西欧諸国のうちで産業革命をいち早く成し遂げ、海外進出と植民地支配において世界でもっとも力を示した国であったため、その影響下にある国も少なくない。アメリカ、カナダ、オーストラリア、ニュージーランドなどとともに、コモンロー諸国を形成している。しかし、ローマ法から影響を受けて法典編纂をなした大陸法諸国は、制定法主義が継受に適していることもあって、各国に一層大きな影響を与えた。フランスのナポレオン法典、ドイツのBGB、スイスの民法・債務法が代表的なモデルである。ローマ法そのものではないとしても、ローマ法を基礎とした法体系の支配はヨーロッパの枠を超えて世界全体で強まっていると見受けられる。

　代表的な例として、中南米のラテンアメリカ諸国がある。これらの国々は元来がスペイン・ポルトガルの植民地であったことから、これら宗主国の法の影響が強かったが、独立後の自主的法典編纂にあたっては、フランス民法典やドイツ民法典を模範とした。アジアにおいては日本が明治政府とのつながりという面ではイギリスがもっとも緊密な関係にあったが、法典編纂にあたってはフランス民法典やドイツ民法典が参考とされた。中近東でもトルコがケマル・アタチュルクによる近代化にあたって、当該地方に最大の影響力を有していたイギリス法ではなく、スイス法に倣った法典を整備している。同様にしてエジプトでもフランス法を模範とする法典が編纂された。近代法の整備には、法典編纂が手っ取り早いという事情もあって、制定法主義による大陸法が伝播する現象はほかにも多い。

2 国際化の進展

ローマ法の伝播が昔からみられた現象であって、その技術的優秀性のゆえに各国が自発的に採用するに任されてきた。これに対して、国際化の進展による統一の動きはより近時の現象であって、また各国は世界的な標準に否応なく対応をせまられるという性質のものである。もちろん、主権国家であれば、条約による共通立法の採用を同意する、他国の立法に倣った法整備を決断するといったように、当事国の自発性が少なくとも理論上は前提とされていることが通例である。ただし欧州共同体法のように、超国家機関で制定された法規が構成国に直接適用されるということも、また閣僚理事会での決定が全会一致ではなく特別多数決で行われることもあり、強行的要素が強まっている。

(1) **標準となる適性**　法技術の接近は、どのような法を標準として形成されるのであろうか。多くの国に受け入れられるためには、普遍性を有していることが必要である。体系的であり、内容について合理的説明ができることが望ましく、要するに法技術的な優秀性が客観的に担保されていることである。法典化されている大陸法が、全体としてこの観点から有利な立場にある。とりわけ理論的に精緻なドイツ法がこうした性格を強く有しており、重要な役割を果たしている。

しかし他方では、経済的分野を中心として世界経済に占めるアメリカや欧州共同体の影響力が強いことから、これを規制する法にもアメリカ法や欧州共同体法を標準として採用するといった現象がある。たとえば産業活動で自由で公正な競争を確保するための特許法や独占禁止法といった経済法分野、労働者の労働条件が同等であることを要請する労働法や社会保障法といった社会法分野、さらにはより広く企業の社会的責任が問われる環境法分野などである。アメリカ法の影響に特化していえば、政治的、軍事的ヘゲモニーさらには英語の国際共通語としての通用力といったものも無視できない。しかし同時にアメリカが技術的に世界の最先端を行く国であるので、それに関連する新しい問題への法的対応も当然に早いことになり、そのために法技術の標準を形成する面もある。たとえば、臓器移植や医学補助生殖といった医事法、情報通信に関する法、遺伝子操作に関する特許法がある。

(2) **接近の背景**　国際化の進展は、法技術が優秀なものに収斂していく

ということにとどまらない。社会そのものが、かつてよりもはるかに世界的に画一化していく傾向があり、その結果これを規律する法も自然と類似した内容に収斂していくという現象として捉えられる面ももつ。たとえば、19世紀のフランス人が同時代のイギリス法を理解する度合いと、19世紀のフランス人が現在のフランス法を理解する度合いでは、どちらがより高いであろうか。大陸法と英米法という法技術的相違はもちろん大きいものの、同時代であれば類似する社会を規律する準則として理解可能であろう。これに対して、経済活動が個人ではなく会社によって担われる、労働者という社会階層が出現している、運輸通信技術の発達により国境が消滅しつつある、といった事態は、1世紀前の法律家には想像もつかないであろう。

　これからの比較法は、こうした社会の国際化とこれに伴う同質化という潮流に対して、法の次元で各国の個性がどれだけ生かされるかにも、十分な関心をもつ必要があろう。

補論　比較法研究の手引き

　比較法について、より立ち入った勉強を目指す者のために、序の参考文献において指摘した一般的な概説書に加えて、様々な専門的文献を若干の解説を加えつつ紹介する。**1**と**2**が日本語による単行書を中心とする文献資料であり、そのうち**1**で比較法、**2**で外国法を扱う。**3**は比較法・外国法に関する邦文雑誌を紹介する。**4**は欧文の文献資料の案内である。

1　日本語による比較法の文献

(1)　文献案内

五十嵐清「法律学の道しるべ──比較法」ジュリスト臨時増刊・法学案内（1963、64、65年）

野村敬造「外国法入門──比較法（外国法）」中川善之助ほか編『読書案内法学』(1968年、社会思想社)

大木雅夫「法律学の道しるべ──外国法（比較法）」法学教室増刊新法学案内（1985、86年）

　比較法原論に関する最近の文献案内がみられないため、本欄がもっとも新しくかつ詳細なものといえよう。野村・案内は事実上外国法のみ扱う。

(2)　著　書

　単行書のうち、比較法の数少ない概説書については、序論の第3節「参考文献」において紹介した。以下では、比較法に関する記述や論稿を含んだ著書や論文集をあげる。論文集には、個人の論文を収録したもの、多くの論者による献呈論文集、一定の企画に基づく記念論文集が区別される。

A　法学概論

山田　晟『法学』(1964年、東京大学出版会)

三ヶ月章『法学入門』(1982年、弘文堂)

五十嵐清『法学入門』(2001年、一粒社；第3版、2005年、悠々社)

　法学概論は多数にのぼるが、比較法的視点や日本法の比較法的位置づけを重視し、こうした記述が充実している代表的文献に限り、掲げた。

B　個人論文集

杉山直治郎『法源と解釈』(1957年、有斐閣)

水田義雄『英国比較法研究』(1960年、勁草書房)

水田義雄『西欧法事始』(1967年、成文堂)

ローソン／小堀憲助ほか訳『英米法とヨーロッパ大陸法』(1971年、中央大学出版部)

五十嵐清『比較民法学の諸問題』(1976年、一粒社)

五十嵐清『比較法学の歴史と理論』(1977年、一粒社)

五十嵐清『民法と比較法』(1984年、一粒社)

大木雅夫『異文化の法律家』(1992年、有信堂)

大木雅夫『資本主義法と社会主義法』(1992年、有斐閣)

角田猛之『法文化の諸相』(1997年、晃洋書房)

田島　裕『比較法の方法』(1998年、信山社)

木下　毅『比較法文化論』(1999年、有斐閣)

五十嵐清『現代比較法学の諸相』(2002年、信山社)

グロスフェルト／山内惟介ほか訳『比較法文化論』(2004年、中央大学出版部)

杉山論文集には、比較法に関する先駆的業績がすべて収録されている。五十嵐教授は沢山の比較法に関する論文を書かれているが、ほぼすべてが上記の論文集に収録されているので、参照に便宜である。木下教授の著書は、概説書の形式であるが論文が基になっており、出版直後に刊行中止となったので、序論においてではなくここに掲げた。なお後に掲げた『アメリカ法入門・総論』にも最初の部分にかなり詳細な比較法への言及がなされている。

C　献呈論文集

福井勇二郎編『杉山教授還暦祝賀論文集』(1942年、岩波書店)

野田良之編『現代ヨーロッパ法の動向・石崎政一郎先生古稀記念論文集』(1968年、勁草書房)

山口俊夫編集代表『東西法文化の比較と交流・野田良之先生古稀記念』(1983年、有斐閣)

『民法学と比較法学の諸相・山畠正男、五十嵐清、藪重夫先生古稀記念Ⅰ、Ⅱ、Ⅲ』(1996－1998年、信山社)

滝沢正編集代表『比較法学の課題と展望・大木雅夫先生古稀記念』(2002年、信山社)

D　記念論文集・企画論文集

日本比較法研究所『現代比較法の諸問題・十周年記念論文集』(中央大学出版部)
伊藤正己編『外国法と日本法』(1966年、岩波書店)
日本比較法研究所『比較法の諸問題・二十周年記念論文集』(1972年、中央大学出版部)
日本比較法研究所『比較法の課題と展望・三十周年記念論文集』(1982年、中央大学出版部)
日本比較法研究所編『比較法の方法と今日的課題・創立四十周年記念論文集』(1990年、中央大学出版部)
日本比較法研究所編『Conflict and Integration・創立四十周年記念論文集』(1990年、中央大学出版部)
日本比較法研究所『多文化世界における比較法』(2000年、中央大学出版部)
早稲田大学比較法研究所編『比較法研究の新段階』(2003年、成文堂)
早稲田大学比較法研究所編『日本法の国際的文脈』(2005年、成文堂)
早稲田大学比較法研究所編『日本法のアイデンティティに関する総合的・比較法的研究』(2008年、成文堂)
早稲田大学比較法研究所編『比較と歴史のなかの日本法学』(2008年、成文堂)

　日本比較法研究所も早稲田大学比較法研究所も、個別の実定法の比較や外国法研究の多くの書物を刊行しているが、ここでは省略した。また上記の比較法と銘打っている論文集でも、内容の多くは外国法研究であり、比較法原論に関わる論文は少ない。『外国法と日本法』は「岩波講座現代法」第14巻(1966年)であり、多くの力作が収録されている。

　E　比較実定法
有泉亨編『借地借家法の研究』(1958年、東京大学出版会)
公法学会＝私法学会編『法学教育』(1959年、有斐閣)
宮崎孝治郎編『新比較婚姻法1〜4』(1960－62年、勁草書房)
樋口陽一『比較憲法』(1977年、青林書院)
加藤雅信『所有権の誕生』(2001年、三省堂)
青木人志『動物の比較法文化』(2002年、有斐閣)

広渡清吾編『法曹の比較法社会学』(2003年、東京大学出版会)

上記の書物はまったくの例示にすぎず、比較法的手法による外国法研究を含めれば枚挙に暇がない。そのほかにも比較法研究に掲載されている、比較法学会における毎年のシンポジウムは、次のFに掲げるもの以外の多くは各法分野の比較実定法を対象としている。

F 比較法原論に関わる比較法学会のシンポジウム

「比較法・外国法教育の現状と課題」比較法研究57号（1996年）
「法観念を中心とする世界法文化の比較」比較法研究60号（1999年）
「西暦2000年における比較法の回顧と展望」比較法研究62号（2001年）
「法科大学院と比較法・外国法教育」比較法研究64号（2003年）
「新世紀における比較法学の課題」比較法研究65号（2004年）
「法科大学院の誕生と比較法・外国法のポジショニング」比較法研究65号（2004年）

(3) 論　文

論文は多数にのぼるのですべて省略する。本書の内容に関連するものについては、後に掲げる本書の章別主要参考文献を参照されたい。

2　日本語による外国法の文献

比較法を実践する際には、外国法の知識が前提となる。主要な外国法につき、基本的と思われる文献に限定して紹介する。詳細はそれぞれの外国法の代表的概説書を参照されたい。

(0) 総　説

早川武夫ほか『外国法の常識』(1970年、日本評論社)
田中英夫ほか『外国法の調べ方』(1974年、東京大学出版会)
北村一郎編『アクセスガイド外国法』(2004年、東京大学出版会)

『アクセスガイド外国法』は、『外国法の調べ方』を時代の変化に合わせて全面改訂したものであり、インターネットを利用したサイトにも詳しい。『外国法の常識』は、英米法を早川武夫、ドイツ法を村上淳一、フランス法を稲本洋之助、社会主義法を稲子恒夫の各氏が分担執筆した概説書である。

(1) 英米法

ゲルダート／末延三次訳『イギリス法原理（新版）』(1960年、東京大学出版会)

田中英夫『英米法総論上下』(1980年、東京大学出版会)
伊藤正己＝木下毅『アメリカ法入門（新版）』(1984年、日本評論社)
望月礼二郎『英米法』(1985年、青林書院)
木下　毅『アメリカ法入門・総論』(2000年、有斐閣)
プラクネット／イギリス法研究会訳『イギリス法制史総説篇上、下』(1959年、東京大学出版会)
ベイカー／小山貞夫訳『イングランド法制史概説』(1975年、創文社)
田中英夫編『英米法辞典』(1991年、東京大学出版会)

(2)　ドイツ法

山田　晟『ドイツ法概論Ⅰ、Ⅱ、Ⅲ（第3版）』(1985－89年、有斐閣)
村上淳一＝ペーター・マルチュケ『西ドイツ法入門』(1988年、有斐閣)
村上淳一＝守矢健一＝ペーター・マルチュケ『ドイツ法入門（第7版）』(2008年、有斐閣)
ミッタイス／世良晃志郎訳『ドイツ法制史概説』(1954年、創文社)
ヴィーアッカー／鈴木禄弥訳『近世私法史』(1961年、創文社)
山田　晟『ドイツ法律用語辞典』(1981年、大学書林)

(3)　フランス法

山口俊夫『概説フランス法上、下』(1978、2004年、東京大学出版会)
滝沢　正『フランス法（第3版）』(2008年、三省堂)
野田良之『フランス法概論上Ⅰ、Ⅱ』(1954、55年、有斐閣)
オリヴィエ-マルタン／塙浩訳『フランス法制史概説』(1986年、創文社)
山口俊夫『フランス法辞典』(2002年、東京大学出版会)

(4)　ソヴィエト法・ロシア法

稲子恒夫『ソビエト法入門』(1965年、日本評論社)
ソ連科学アカデミー国家・法研究所／藤田勇監訳『マルクス・レーニン主義国家・法の一般理論』(1973年、日本評論社)
藤田勇＝畑中和夫＝中山研一＝直川誠蔵『ソビエト法概論』(1983年、有斐閣)
藤田　勇『概説ソビエト法』(1986年、東京大学出版会)
小森田秋夫編『ロシア法』(2003年、東京大学出版会)

(5)　中国法

針生誠吉『中国の国家と法』(1970年、東京大学出版会)
福島正夫『中国の法と政治』(1971年、日本評論社)
浅井　敦『現代中国法の理論』(1973年、東京大学出版会)
小口彦太＝木間正道＝田中信行＝国谷知史『中国法入門』(1991年、三省堂)
木間正道＝鈴木賢＝高見澤磨『現代中国法入門（第3版）』(2003年、有斐閣)
小口彦太＝田中信行『現代中国法』(2004年、成文堂)
西村幸次郎『現代中国法講義（第3版）』(2008年、法律文化社)

(6)　韓国法

西尾　昭『韓国――その法と文化』(1993年、啓文社)
高　翔龍『現代韓国法入門』(1998年、信山社)
尹　龍澤＝姜　京根『現代の韓国法』(2004年、有信堂)

(7)　その他

安田信之『アジアの法と社会』(1987年、三省堂)
千葉正士『アジア法の多元的構造』(1998年、成文堂)
安田信之『ASEAN法』(1996年、日本評論社)
大内穂編『インド憲法の制定と運用』(1977年、アジア経済研究所)
大内穂編『インド憲法の基本問題』(1978年、アジア経済研究所)
孝忠延夫『インド憲法』(1992年、関西大学出版会)
稲　正樹『インド憲法の研究』(1993年、信山社)
遠峰四郎『イスラム法入門』(1964年、紀伊国屋書店)
眞田芳憲『イスラーム法の精神・改訂増補版』(2000年、中央大学出版部)

　英米法、ドイツ法、フランス法については、古典的書物を数点指摘したほかは、今日の標準的概説書、歴史書、辞典の順に代表的なものを紹介している。ソヴィエト法については、歴史書に代わって理論的基礎を示す書物をあげた。

3　日本語による比較法・外国法に関する雑誌

比較法（早稲田大学比較法研究所）
比較法（東洋大学比較法研究所）
比較法研究（比較法学会）

比較法雑誌（日本比較法研究所）
比較法文化（駿河台大学比較法研究所）
アメリカ法（日米法学会）
日独法学（日独法学会）
日仏法学（日仏法学会）
アジア法研究（アジア法学会）
社会体制と法（「社会体制と法」研究会）
アメリカ法の内容を英文で編集したものに、Law in Japan（日米法学会）

4 欧文の文献

(1) 英　語

Harold Gutteridge, Comparative Law, 2 ed., 1949

R. Schlesinger, Cases and Materials on Comparative Law, 2 ed., 1959

Jerome Hall, Comparative Law and Social Theory, 1963

H.W. Ehrmann, Comparative legal cultures, 1976

H.J. Liebesny, Materials on Comparative Law, 1976

G. Eörsi, Comparative Civil (Private) Law, 1979

J.H. Merryman, The Civil Law Tradition, 2 ed., 1985

W.E. Butler, Comparative Law and Legal Systems, 1985

Peter de Cruz, A Modern Approach to Comparative Law, 1993

(2) フランス語

René David, Traité élémentaire de droit civil comparé, 1950

Pierre Arminjon, Boris Nolde et Martin Wolff, Droit comparé, 3 vol., 1950-52

Marc Ancel, Utilité et methodes du droit comparé, 1971

René David et Camille Jauffret-Spinosi, Les grands systèmes de droit contemporains, 11 éd., 2002

Leontin Jean Constantinesco, Traite de droit comparé, t.1 Introduction au droit comparé, 1972 ; t.2 La methode comparative, 1974 ; t. 3 La science des droits comparés, 1983

Schwarz-Liebermann von Vahrendorf, Droit comparé, 1978

René Rodière, Introduction au droit comparé, 1979

Eric Agostini, Droit comparé, 1988

(3) ドイツ語

Adolf Schnitzer, Vergleichende Rechtslehre, 2 Bde, 2 Aufl., 1961

Konrad Zweigert und Hein Kötz, Einführung in die Rechtsvergleichung auf dem Gebiete des Privatrechts, Bd. Ⅰ Grundlagen, 3 Aufl., 1995; Bd Ⅱ Institutionen, 3 Aufl., 1995

Max Rheinstein, Einführung in die Rechtsvergleichung, 1974

K.H. Ebert, Rechtsvergleichung, 1978

(4) イタリア語

Turio Ascarelli, Studi di diritto comparato, 1952

Mario Rotondi, Scritti giuridici, 1973

Rodolfo Sacco, Introduzione al diritto comparato, 1980

G. Gorla, Il diritto comparato in Italia et nel mondo occidentale e una introduzione al dialogo civil law- common law, 1983

A. Pizzorusso, Corso di diritto comparato, 1983

(5) スペイン語

F. de Sola Cañizares, Iniciación al derecho comparado, 1954

D.J. Castan Tobenas, Reflexiones sobre el derecho comparado y metodo comparativo, 1957

　欧文の文献は枚挙にいとまない。ここでは最近の代表的概説書に限定し、しかも他外国語への訳書でなく原著のみを紹介した。より詳細な文献案内は、これらの概説書の文献紹介欄を参照するのがよい。たとえば、ダヴィドの『現代の諸大法系』においては、巻末に付録として掲げられているものは、大変詳細である。そこには、付録Ⅰ「文献情報」として、1比較法の雑誌、2比較法と外国法の一般的入門書、3比較法百科事典・論文集、4ローマ・ゲルマン法族、5社会主義法族、6コモンロー法族、7社会秩序と法のその他の観念、8法の統一と調和、に分けて、フランス語、英語、ドイツ語、スペイン語、イタリア語に分類しつつ、およそ参照しうる数百点の文献が網羅され、必要な解説が加えられている。最新版ではインターネットのサイトの紹介も詳細になされている。さらに付録Ⅱ「実践的案内」では、フランスを中心とするという限界はあるものの、1比較法情報センター、2図書館、3比較法研究施設、が紹介されている。

本書の章別主要参考文献

《序論》

西　賢「比較法の教育」比較法研究8号（1954年）
高木　武「紹介・ジェローム・ホール『比較法と社会理論』」東洋大学比較法4号（1966年）
五十嵐清「比較法教育」比較法研究38号（1977年）
五十嵐清「比較法教育論」『法学政治学の課題・北海学園法学部10周年記念論文集』（1977年、日本評論社）
日本学術会議比較法学研究連絡委員会「比較法・外国法科目の開講又は設置状況」法律時報66巻8号（1993年）

《第1編》

● 第1章

杉山直治郎「比較法学ノ観念ニ就テ」法学志林20巻9号・富井博士還暦祝賀号（1918年）
牧野英一『法律における実証的と理想的』（1925年、有斐閣）
杉山直治郎「比較法ノ総合的体系」法律時報10巻10号（1938年）
牧野英一『日本法的精神の比較法的自覚』（1944年、有斐閣）
牧野英一「法律と歴史的精神—民族学から比較法への発展」『法理学Ⅰ』（1949年）
牧野英一「比較法学の種々相」判例タイムズ4巻8号（1950年）
杉山直治郎「比較法の現在及び将来」比較法雑誌1巻1号（1951年）
サレイユ／大木雅夫訳「比較法学の概念及び対象」立教法学2号（1961年）
マリオ・ロトンディ／野田良之＝小菅芳太郎訳「法技術・法教義学・比較法」法学協会雑誌85巻2号（1968年）
野田良之「比較法文化論の一つの試み」『比較法と外国法』（1978年、早稲田大学比較法研究所）
ケッツ／村上淳一訳「比較法の将来の諸問題」比較法研究42号（1980年）
ランベール／大木雅夫＝滝沢正訳「比較法学の一般的概念および定義、その方法とその歴史、比較法と法学教育」上智法学論集35巻3号（1992年）
石村善助「アフリカ法研究序説」法律時報36巻9、11月号（1964年）
千葉正士「現代『法人類学』の発展」法律時報39巻9月号（1967年）
野田良之「法社会学と比較法学」『法社会学講座3』（1972年、岩波書店）
五十嵐清「比較法と法社会学の関係についての覚書」『東西法文化の比較と交流』（1983年、有斐閣）

● 第2章

ジョルジオ・デル・ヴェキオ／野田良之訳「比較世界法学の理念について1、2」法律時報18巻10、11号（1946年）

トゥリオ・アスカレリ／野田良之訳「比較法と解釈論に関する研究」法律時報26巻6号（1954年）
ジョルジオ・デル・ヴェキオ／野田良之訳「比較法の基礎と法の一般原理」法学協会雑誌81巻3号（1965年）
石崎政一郎「比較法と法の統一」綜合法学2巻5号（1959年）
大木雅夫「統一法の解釈と比較法的解釈方法」立教法学1号（1960年）
タンク／稲本洋之助訳「諸国間のよりよき理解のために、比較法研究は、いかなる貢献をなしうるか」比較法研究27号（1965年）
高木　武「法の解釈方法としての比較法」東洋法学2巻2号（1958年）
五十嵐清「法の解釈と比較法」北大法学論集31巻3=4号（1981年）
五十嵐清「比較法学と民事立法学」『民事立法学・法律時報臨時増刊』（1981年）

● 第3章

石崎政一郎「比較法の対象としてのフランス法」法律タイムス33号（1950年）
アンセル／山口俊夫訳「比較法の対象」比較法研究42号（1980年）
石崎政一郎「比較法と比較方法」比較法研究3号（1951年）
石崎政一郎「比較方法と比較法研究所」比較法研究13号（1956年）
望月礼二郎「外国法研究における機能的方法」法律時報38巻11月号（1966年）
大木雅夫「ソヴェト法とブルジョア法の比較可能性」比較法研究29号（1968年）
大木雅夫「ソヴェト法とブルジョア法の比較可能性について」立教法学10号（1968年）
福島正夫「比較社会主義法論の課題」比較法研究42号（1980年）
松下輝雄「法制度の異質性と比較可能性」『東西法文化の比較と交流』（1983年、有斐閣）

● 第4章

原田慶吉「比較法制史より見たる楔形文字法の諸問題」『杉山教授還暦祝賀論文集』（1942年、岩波書店）
原田慶吉『楔形文字法の研究』（1967年、清水弘文堂書房）
川村泰啓「比較法前史素描」私法2号（1950年）
久保正幡＝片岡輝夫「原田慶吉著楔形文字法の研究と比較法制史」比較法雑誌1巻1号（1951年）
広浜嘉雄「比較法学派について」法学3巻9，10号（1934年）
石崎政一郎「現代における比較法の趨勢」法律時報10巻10号（1938年）
水田義雄＝佐々木信「比較法国際会議の系譜」比較法研究18号（1958年）
杉山直治郎「万国比較法大会の企画」法学協会雑誌48巻1号（1931年）
宮崎孝治郎「国際比較法会議」法学協会雑誌51巻9号（1933年）
石崎政一郎「ラムベールの統一法論」法学5巻11，12号（1936年）
西　　賢「フランスにおける比較法の発展」法学論叢62巻2号（1956年）
野田良之「マルク・アンセル『比較法の効用と方法』（紹介）」比較法研究35号（1974年）
五十嵐清「ドイツにおける比較法の発展1、2、3」北大法学論集20巻4号、21巻1，2号（1970年）
水田義雄「アメリカ比較法教育現況」比較法研究2号（1950年）

早川武夫「アメリカの大学における比較法教育の沿革」季刊法律学14号（1953年）
早川武夫「アメリカの大学における比較法教育の概観」神戸経済大学50周年記念論文集・法学編Ⅱ（1927年）
五十嵐清「アメリカにおける比較法の研究および教育の現状について」北大法学論集19巻4号（1969年）
田中英夫「日本におけるアメリカ法研究・アメリカにおける日本法研究」比較法研究42号（1980年）
水田義雄「欧米諸国の比較法研究所」早大比較法研究所紀要20号（1962年）
水田義雄「わが国比較法発達史」早大比較法研究所紀要20号（1962年）
西　　賢「わが国における比較法学の発展」神戸法学雑誌20巻3＝4号（1970年）
五十嵐清「比較法学と日本の法学」『外国法と日本法』（1966年）
五十嵐清「比較法学と日本の法学」比較法研究27号（1966年）
五十嵐清「比較法の理論と方法」法律時報37巻5号（1965年）
野田良之「日本における比較法の発展と現状1、2」法学協会雑誌89巻10号、90巻1号（1972, 73年）
田中英夫「比較法学者としての高柳賢三」『東西法文化の比較と交流』（1983年、有斐閣）
五十嵐清「比較法の40年」北大法学論集40巻3号（1990年）
五十嵐清「亡命ドイツ法学者のアメリカ法への影響」札幌法学6巻1＝2号（1995年）
北村一郎「外国法文献センター41年めの試練」UP385号（2004年）

《第2編》

●第1章
五十嵐清「三つの比較法」比較法研究7号（1953年）
五十嵐清「法系論序説」北大法学論集16巻2＝3号（1965年）
五十嵐清「法系論再説1、2」北大法学論集25巻1, 2号（1974年）
大木雅夫「法圏論に関する批判的考察」上智法学論集23巻2号（1980年）
木下　毅「東西法文化と法系論」立教法学34号（1992年）
木下　毅「比較法文化論序説」『現代ヨーロッパ法の展望』（1998年、東京大学出版会）
木下　毅「法観念を中心とする世界法文化の比較」比較法研究60号（1999年）
木下　毅「『法秩序』と『法文化圏』『法系』『法族』」法学新報113巻9＝10号（2007年）

●第2章
大木雅夫「西欧と極東における法観念について」時の法令1024＝1025号（1979年）
大木雅夫「極東の法観念に関する誤解」『東西法文化・法哲学年報』（1986年）
五十嵐清「資本主義法と社会主義法」法律時報39巻6号（1967年）
五十嵐清「資本主義法と社会主義法」法学セミナー137号（1967年）
五十嵐清「資本主義法と社会主義法・総論」比較法研究29号（1968年）
大木雅夫「ソ連におけるブルジョア法の継受」立教法学9号（1967年）
五十嵐清「社会体制の相違と比較法」札幌学院法学1巻1号（1984年）
五十嵐清「比較法学者からみた社会主義法の崩壊」比較法研究55号（1993年）

大木雅夫「脱社会主義法圏研究の道」比較法研究55号（1993年）
五十嵐清「比較法と社会主義法」比較法文化2号（1994年）
高柳賢三「比較法における大陸法と英米法」ジュリスト122号（1957年）
五十嵐清「大陸法と英米法」法学セミナー87号（1963年）
五十嵐清「現代大陸法における法源の機能」『法源論・法哲学年報』(1965年)
五十嵐清「大陸法と英米法」『現代法学事典1』(1973年、日本評論社)
大木雅夫「大陸法と英米法」上智法学論集24巻特別号（1980年）
山田　晟「ドイツ的法思考の形式について」日本法哲学会編『法思考の問題』(1961年)
五十嵐清「大陸法序説」札幌法学1巻1号（1990年）
五十嵐清「大陸法の基礎」札幌法学2巻1号（1990年）
大木雅夫「先例の価値」『東西法文化の比較と交流』(1983年、有斐閣)
木下　毅「『西洋文化圏』における『大陸法系』」『民法学と比較法学の諸相』(1998年、信山社)

●第3章
野村二郎『ヨーロッパの裁判』(1984年、有信堂)
司法研修所編『イギリス、ドイツ及びフランスにおける司法制度の現状』(2000年、法曹会)
大木雅夫「ソヴェト法秩序の造形者」上智法学論集20巻3号（1977年）
大木雅夫「独仏法秩序の造形者」比較法研究42号（1980年）

●第4章
穂積陳重『法窓夜話』(1916年、有斐閣)
北川善太郎「学説継受」判例タイムズ194号以下（1965年）
「日本における外国法の摂取」『外国法と日本法』(1966年、岩波書店)：序説・フランス法（野田良之）、ドイツ法（奥田昌道）、イギリス法（伊藤正己）、アメリカ法（田中英夫）
Ichiro Kitamura, La traduction juridique, un point de vue japonais, Les Cahiers de droit, vol. 28, n°4, 1987
滝沢　正「比較法的にみた日本法のアイデンティティ」『日本法の国際的文脈』(2005年、早大比較法研究所)
川島武宜『日本人の法意識』(1967年、岩波書店)
大木雅夫『日本人の法観念』(1983年、東京大学出版会)
柴田光蔵『法のタテマエとホンネ』(1983年、有斐閣)
五十嵐清「法系論と日本法」『東西法文化・法哲学年報』(1987年)
Ichiro Kitamura, Une esquisse psychanalytique de l'homme juridique au Japon, Rev. int. dr. comp. 1987
藪　重夫「『日本人の法意識』論再考」北大法学論集38巻5=6上号（1988年）
中川　剛『日本人の法感覚』(1989年、講談社)
広渡清吾「資本主義法の段階論と比較論」『民法学と比較法学の諸相Ⅱ』(1997年、信山社)
菅原勝伴「最近の訴訟率・法文化比較論」『民法学と比較法学の諸相Ⅲ』(1998年、信山社)

北村一郎「『非法』(non-droit)の仮説をめぐって」『日本民法学の形成と課題(上)』(1996年、有斐閣)
Ichiro Kitamura, La part du droit dans la Société japonaise contemporaine, Droit Global Law, 2001

《第3編》

●第1章
沢木敬郎「法の継受」立教法学3号（1961年）
野田良之「日本における外国法の摂取・序説」『外国法と日本法』(1966年、岩波書店)
沢木敬郎「法の継受」『外国法と日本法』(1966年、岩波書店)
大木雅夫「文化移動の一局面としての法の継受」比較法学4巻2号（1968年）
大木雅夫「トルコにおける外国法の継受」立教法学11号（1969年）
大木雅夫「独仏法学交流の史的素描」上智法学論集19巻2=3号（1976年）
五十嵐清「ドイツにおけるナポレオン法典の継受」北大法学論集29巻3=4号（1979年）

●第2章
大木雅夫「ヨーロッパ共同体における法の統一」立教法学4号（1962年）
石崎政一郎「法の統一について」比較法1号（1963年）
高木　武「フランスの法統一運動におけるモンテスキューとルソー」東洋大学比較法1号（1963年）
木下　毅「ヨーロッパ統合と法・序論」比較法研究54号（1992年）
堀部政男「ヨーロッパ統合と法・総括」比較法研究54号（1992年）
伊藤洋一「EC法における『国内手続法の自律性』の限界について」『現代ヨーロッパ法の展望』(1998年、東京大学出版会)
滝沢　正「欧州人権条約と法統合」聖学院大学総合研究所紀要38号（2007年）

事項索引

▼ア行

アンリ・カピタン協会　44
生ける法　29, **90**, 118, 136, 160, 161, 166
EC　⇒欧州共同体
EC裁判所　⇒欧州共同体裁判所
EC法　⇒欧州共同体法
イスラム法　52, 60, 61, 62, 63, 64, 66, **71**, 72, 174
イデオロギー　62, 64, 67, 69, 77, 78, 79, 166, **187**〜
インスティテュティオネス方式　83, 149
運用継受　136, 178
英米法(コモンロー)　**80**〜, ほか
欧州共同体　17, 85, 94, 181, 184, 185, 193
欧州共同体裁判所　93, 94, 185
欧州共同体法　65, 94, 181, **184**〜
欧州経済共同体条約　23
欧州人権条約　23, 27, 181, 184

▼カ行

外国法　19, ほか　⇒比較法と外国法
カイザー・ヴィルヘルム外国私法・国際私法研究所　45
解釈学的比較　38
学説継受　137, 149, 152, 153, 160, 161, 162, 178
カノン法(教会法)　41, 42, 61, 72, 109, 180
慣習法主義　71, 86, 87, 88, 90, 128
規定的要素　34, 67
機能的比較　17, 20, 34, 38, 39
教会法大全　41, 191
強行規定　95
共産主義　52, 64, 77, 79, 190
行政国家体制　98, 117

共通法(ユース・コムーネ)　4, 8, 19, 21, 22, 26, 34, 41, 45, 58, 109, **180**, 181, 191
極東法　8, 32, 53, 63, 64, 66, 71, 72, **73**〜, 118, 125, 166, 167
公事方御定書　131, 133, 136
国別比較　32
継受　**170**〜, ほか　⇒法の継受
継受母法　26, 51, 143, 153, 157, 163, 175, 178
権限裁判〔所〕　99, 100
現地順応政策〔主義〕　173
建武式目　127
行為規範　80, 81, 95
合議制　101, 103
恒常的要素　33, 34, 67
項目別比較　32, 37, 38
国際私法　3, **22**, 24, 25, 44, 45, 182
国際司法裁判所規程　23, 27
国際人権規約A規約　183
国際人権規約B規約　23, 27, 183
国際〔公〕法　3, **22**〜, 42, 44, 79, 90, 93, 137, 141, 184
国際法協会　43, 44
国家社会主義　77, 189
コモンロー　⇒英米法

▼サ行

裁判規範　80, 95
裁判国家体制　98
裁判事務心得　91, 141
参審制　100, 104, 105
シヴィルロー　⇒大陸法
寺社法　46, 122, 127, 129
自然法　22, 42, 48, 71, 79, 83, 89, 174
司法国家体制　97, 115
司法省明法寮　142, 143, 146, 178
資本主義法　8, 31, 32, 58, 63, 77, 80, 190

市民法大全 ⇒ユスティニアヌス法典
社会あるところ法あり　16, 70
社会主義法　8, 13, 31, 32, 38, 50, 52, 58, 63, 64, 65, 66, **77**〜, 190
社会的進化論　60
儒教〔道徳、思想〕　71, **73**〜, 119, 123, 124, 125, 132, 133, 134, 135, 163, 165
朱子学　47, 75, 133
準拠法　22, 24, 25
貞永式目〔御成敗式目〕　127, 131, 136
荘園法　46, 122, 127, 129
常設国際司法裁判所規程　27
嫁法秩序　32
職権主義　106, 107, 108
進化論的比較法　21, 22
信　託　33, 34, 67, 154
スイス民法・債務法　176, 180, 192
西欧法　**73**, **192**, ほか
制定法主義　2, 6, 32, 37, 59, 61, 69, **86**〜, 93, 94, 96, 102, 114, 115, 139, 160, 174, 176, 178, 192, 193
制度的比較　38
世界憲法学会　44
世界人権宣言　183
世界法〔の理論〕　43, 49, 179
先決問題　99, 185
先決問題移送　185
先例拘束性〔の原理〕　87, 102, 133, 139
ソヴィエト法　32, 45, 52, 59, 62, 63, 64, 65

▼タ行

体系的比較　32, 37, 38, 39
大宝律令　124, 136
大陸法（シビルロー）　8, 17, 30, 32, 33, 37, 42, 44, 57, 58, 59, 61, 62, 63, 64, 65, 66, 68, 69, 79, 80, 81, 82, 85, 87, 89, 93, 94, 95, 96, 99, 100, 102, 103, 104, 105, 109, 110, 111, 112, 113, 137, 152, 153, 154, 155, 157, 158, 167, 171, 176, 178, 190, 192, 193, 194
単独裁判官制　101, 114
適正手続　82, 105

ドイツ民法典（BGB）　83, 84, 89, 144, 147, 149, 150, 151, 171, 172, 192
統一法　6, 8, 19, 22, 31, 39, 45, 94, **178**〜
当事者主義　106, 107, 108
徳治主義　73, 74, 75
特徴的法制度　34, 64, 67, 68

▼ナ行

ナポレオン法典（フランス民法典）　67, 83, 84, 88, 142, 144, 147, 149, 171, 175, 176, 192
日本比較法研究所　49
任意規定　95

▼ハ行

陪審制　101, 104, 154, 155
判決理由　87, 94
パンデクテン方式　83, 84, 149
万民法　41, 175, 190
判例法主義　32, 37, 57, 61, **86**〜, 93, 94, 102, 111, 114, 139, 154, 173
比較可能性　17, **31**
比較実定法　5, 6, 7, 12, 19, 23
比較法学会　49
比較法原論　5, 6, 7, 8, 12, 23
比較法国際アカデミー　44
比較法国際委員会　44
比較法国際会議　18, 27, 39, 43, 60, 180
比較法史〔学〕　6, 8, 9, 21, 28, 43, 187
比較法社会学　20
比較法的継受　137, 158, 160, 161
比較法的な視野の拡大　27, **29**, 58
比較法と外国法　5, **19**〜, 24, 65
比較法文化〔論〕　1, 5, 50, 51, 53, 65, 66
比較立法協会　43, 44, 61
武家法　46, 75, 122, **129**〜, 162, 164
不平等条約　138, 140, 152, 158, 162, 176
普遍法史　21, 42, 43
フランス民法典　⇒ナポレオン法典
分国法　130, 131
文明国が認めた法の一般原則　23, 27

BGB ⇒ドイツ民法典
法　家　40, 74, 75, 125, 135, 165
法学国際協会　44
法化社会　136, 162, 167, 178
法学校　83, 110, 111, 112, 133, 142
法技術　9, 23, 26, 29, 31, 34, 63, 67, 69, **79**～, 167, 183, 187, **190**～
法　群　56
法　系　21, **56**, 170
法系論　**56**, ほか
法　圏　56, 64, 69
法　源　9, 17, 23, 27, 36, 61, 64, 66, 67, 68, 69, 71, 79, **86**～, 114, 127, 128
法三章　74, 165
法史学　2, 18, **21**, 24, 28, 29
法社会学　2, 18, **20**, 24, 29, 38, 40, 136, 157, 162
法整備支援　53
法曹一元　111, 112, 113, 115
法曹学院　110, 111, 112, 113, 146
法曹二元　111, 112
法　族　**56**, ほか
法族別比較　32
法治主義　73, 74, 77, 138, 176, 178
法秩序の造形者　69, 109, **113**～
法哲学　2, 18, **21**, 24, 28, 29
法の一般原理　86, 90
法の継受　6, 67, 68, 122, 136, **170**～
法の支配　30, 77, 96, 132, 155, 157
法の統一　6, 8, 9, 10, 22, 23, 26, 34, 45, 49, 84, 88, 89, 115, 170, **178**～
法文化圏　57, 66
法文化的比較　17, 21, 32, 35, 38, 39
傍　論　87, 94
母法秩序　32
母法秩序比較　32
本国同化政策〔主義〕　173, 174

▼マ行

マックス・プランク外国私法・国際私法研究所　22, 45
明法道　46, 124, 178
明法博士　46, 125
民法典論争　145
無政府主義（アナーキズム）　78

▼ヤ行

ユース・コムーネ　⇒共通法
ユスティニアヌス法典（市民法大全）　83, 87, 190
〔法の〕様式　34, 64, 65, 67, 69, 136, 162
様式形成要素　34, 67
養老律令　123, 124

▼ラ行

リステートメント　86, 90
立法共通法　**26**, 45, 180
律令〔制・法〕　46, 47, 73, 75, 120, 121, **122**～, 131, 132, 133, 134, 135, 138, 140, 141, 143, 163, 164, 165, 170, 178
律令格式　124
令義解　125
令集解　46, 125
礼　71, 73, 74, 76, 119
歴史的伝統　26, 38, 61, 64, 67, 68, 113, 156, 173
ローエイシア（アジア法学会）　44
ローマ条約　⇒欧州経済共同体条約
ローマ法　26, 41, 59, 60, 61, 64, 66, 67, 68, 73, 77, 79, 83, 85, 87, 89, 90, 109, 115, 126, 136, 164, 171, 173, 175, 180, **190**～
論　語　74, 76, 126

※太字は中心的な言及箇所である。多数の箇所で言及されている事項については、すべてを列挙することはせず、重要な言及箇所のみを太字で具体的に指摘し、「ほか」を付した。

人名索引

▼ア行

アインテーマ（Yntema）（米） 45
アゴスチーニ（Agostini）（仏） 9
足利尊氏 127
アスカレリ（Ascarelli）（伊） 18
アペール（Appert）（仏） 142, 146
新井白石 47
アリストテレス（Aristoteles）（希） 40
アルマンジョン（Arminjon）（仏） 60, 62, 64, 67
アンセル（Ancel）（仏） 45, 64, 68
イエリング（Jhering）（独） 43
五十嵐清 5, 12, 50, 65
石崎政一郎 47
伊藤正己 156
ウィグモア（Wigmore）（米） 44, 61, 133
ヴィーコ（Vico）（伊） 21, 42
ヴィシンスキー（Vyshinskii）（露） 52
ヴィトリア（Vitoria）（西） 42
ヴィノグラードフ（Vinogradoff）（英） 43
ヴィントシャイト（Windscheid）（独） 115, 147
ヴォルフ（Cristian Wolff）（独） 42
ヴォルフ（Martin Wolff）（独） 60, 62, 64, 67
梅謙次郎 148, 150, 151, 152
卜部兼好 75
江川英文 22
エスマン（Esmein）（仏） 60
江藤新平 139, 140, 142, 144
エンゲルス（Engels）（独） 77, 78
大木雅夫 5, 12, 30, 50, 65, 94, 116, 165
大沢 章 50
大塩平八郎 132
岡野敬次郎 151

荻生徂徠 47
織田信長 130
小田 博 51
小野妹子 122
オーブリ（Aubry）（仏） 172

▼カ行

カークウッド（Kirkwood）（英） 151
ガッタリッジ（Gutteridge）（英） 12, 18, 31, 43, 45
加藤弘之 159
カピタン（Capitant）（仏） 49
川島武宜 165
川名兼四郎 152
韓非子（中） 135, 164
菊地武夫 159
キケロ（Cicero）（羅） 41
北川善太郎 51
木下 毅 5, 50, 66
木下広次 159
清原夏野 125
グナイスト（Gneist）（独） 148
グラッソン（Glasson）（仏） 61
栗塚省吾 159
栗本鋤雲 139
クルース（Cruz）（英） 65
クローヴィス（Clovis）（フランク） 188
グロチウス（Grotius）（蘭） 42
ケッツ（Kötz）（独） 12, 45, 64
ケマル・アタチュルク（ケマル・パシャ、Kemal Ataturk）（土） 176
孔 子（中） 75, 126 165
高 祖（中） 74, 165
後醍醐天皇 126
惟宗直本 46, 125

惟宗允亮　127
コンスタンチネスコ (Constantinesco) (ルーマニア)　33, 34, 64, 67, 67, 69

▼サ行

ザウザー–ハル (Sauser-Hall) (瑞)　60
サルファッティ (Sarfatti) (伊)　61, 66
サレイユ (Saleilles) (仏)　19, 43, 45, 48, 172
始皇帝 (中)　135
シドッチ (Sidotti) (伊)　47
シャルルマーニュ (Charlemagne) (フランク)　188
シュタイン (Stein) (墺)　30, 45, 148
シュニッツアー (Schnitzer) (瑞)　62
シュペングラー (Spengler) (独)　63
シュミット (Schmitt) (独)　77
シュレジンジャー (Shlesinger) (米)　45
商　鞅 (中)　135, 164
荀　子 (中)　135
聖徳太子　117, 122, 165
ジョフレ-スピノジ (Jauffret-Spinosi) (仏)　63
スアレス (Suarez) (西)　42
末岡精一　47
末延三次　48
末弘厳太郎　153
杉山直治郎　3, 5, 47, 49, 50
スターリン (Stalin) (露)　52
スペンサー (Spencer) (英)　150
セント・ジャーマン (Saint-Germain) (英)　42
荘　子 (中)　164
副島種臣　139
ソロン (Solon) (希)　40

▼タ行

ダイシー (Dicey) (英)　97
ダーウィン (Darwin) (英)　21, 43
ダヴィド (David) (仏)　8, 12, 18, 30, 33, 45, 56, 57, 62, 63, 64, 65, 66, 67, 69, 71, 79, 166, 187
高木　武　12
高柳賢三　48
竹内昭夫　156
滝沢　正　51
田中耕太郎　48, 179
田中英夫　51, 156
田部　芳　151
タルド (Tarde) (仏)　43
タンク (Tunc) (仏)　18, 45
ツァハリエ (Zachriä) (独)　172
ツヴァイゲルト (Zweigert) (独)　8, 12, 34, 45, 57, 60, 64, 65, 66, 67, 68, 69
辻　士章　140
津田真道　159
ティボー (Thibaut) (独)　43
テオフラストス (Theophrastos) (希)　40
デカルト (Descartes) (仏)　42
テヒョー (Techow) (独)　151
天智天皇 (中大兄皇子)　123, 124
トインビー (Toynbee) (英)　63
徳川家康　132
徳川吉宗　131
董仲舒 (中)　135
ドマ (Domat) (仏)　42
トマジウス (Thomasius) (独)　42
富井政章　146, 148, 150, 152, 158
豊臣秀吉　130
トルストイ (Tolstoi) (露)　78
ドロブニッヒ (Drobnig) (独)　45

▼ナ行

中川善之助　155
中臣鎌足 (藤原鎌足)　123
中大兄皇子　⇒天智天皇
中村宗雄　49
ナポレオン (Napoléon) (仏)　171, 174
ナポレオン3世 (Napoléon III) (仏)　138, 147
西　周　159
西　賢　22

野田良之　*5, 12, 50, 65, 142, 165*
ノルド（Nolde）（露）　*60, 62, 64, 67*

▼ハ行

パウンド（Pound）（米）　*44*
バクーニン（Bakunin）（露）　*78*
バッハオーフェン（Bachofen）（独）　*43*
鳩山秀夫　*153*
林　子平　*132*
林　羅山　*132*
原田慶吉　*40, 135*
土方　寧　*159*
ビスマルク（Bismarck）（独）　*147*
卑弥呼　*119, 120, 121*
フィルモア（Fillmore）（米）　*137*
フォイエルバッハ（Feuerbach）（独）　*43*
フォーテスキュー（Fortescue）（英）　*42*
藤原通憲　*127*
ブスケ（Bousquet）（仏）　*142, 143, 146*
武　帝（中）　*135*
プーフェンドルフ（Pufendorf）（独）　*42*
プラトン（Platon）（希）　*40*
ブラン-ジュヴァン（Blanc-Jouvan）（仏）　*45*
ヘーゲル（Hegel）（独）　*21*
ベーコン（Bacon）（英）　*42*
ペパン（Pépin）（フランク）　*188*
ペリー（Perry）（米）　*137*
北条泰時　*128*
ボーマノワール（Beaumanoir）（仏）　*41*
ホール（Hall）（米）　*12, 20*
穂積重遠　*50, 153*
穂積陳重　*48, 60, 65, 146, 148, 150, 159, 165*
穂積八束　*145, 150*
ポティエ（Pothier）　*42*
ポロック（Pollock）（英）　*18, 39, 43, 44*
ボワソナード（Boissonade）（仏）　*48, 83, 142, 144, 145, 146, 150, 151, 152*

▼マ行

マーチン（Martin）（米）　*140*
マッカーサー（MacArthur）（米）　*154*
松本烝治　*152*
マルクス（Marx）（独）　*77, 78, 190*
マルムシュトレーム（Malmström）（スウェーデン）　*64*
マルチネス-パス（Martinez-Paz）（西）　*61, 66*
丸山眞男　*163*
水田義雄　*12, 49*
三潴信三　*152*
箕作麟祥　*139, 142, 150, 159*
ミノス（Minos）（希）　*40*
宮崎孝治郎　*49*
宮崎道三郎　*159*
ミル（Mill）（英）　*148*
メイン（Maine）（英）　*43*
メートランド（Maitland）（英）　*43*
メリマン（Merryman）（米）　*45, 64, 68*
孟　子（中）　*135, 165*
モッセ（Mosse）（独）　*148, 151*
モンテスキュー（Montesquieu）（仏）　*21, 42*

▼ヤ行

山田三良　*22*
山之内一郎　*52*
ユスティニアヌス（Justinianus）（羅）　*83, 87*
柚木　馨　*49*
吉田松陰　*132*

▼ラ行

ライプニッツ（Leibniz）（独）　*21, 42*
ラインシュタイン（Rheinstein）（米）　*30, 44*
ラーベル（Rabel）（独）　*45*
ランベール（Lambert）（仏）　*19, 31, 43, 45, 48*
李　斯（中）　*135*

リュクルゴス（Lykurgos）（希）　40
ルソー（Rousseau）（仏）　148
レヴィ-ユルマン（Lévy-Ullmann）（仏）　45, 61, 66
レースラー（Roesler）（独）　144, 148, 150
レーニン（Lenin）（露）　78
ロー（Rau）（仏）　172

老子（中）　164
ロディエール（Rodière）（仏）　45

▼ワ行

我妻栄　155
和田英夫　50

※「補論」以下の文献紹介における人名、本文中の列挙項目中の人名および拙稿のカッコ内における典拠を示す人名は省略した。

〔著者紹介〕
滝沢　正（たきざわ・ただし）
　1946 年 7 月生まれ
　1969 年 6 月　東京大学法学部卒業
　1976 年 2 月　東京大学法学博士
　1976 年 4 月　上智大学法学部助教授
　1984 年 4 月　上智大学法学部教授
　2004 年 4 月　上智大学法科大学院教授、現在に至る
〈主要著書・訳書〉
　『行政法』近藤昭三ほかと共著、1980 年、有斐閣新書・有斐閣
　『フランス行政法の理論』1984 年、有斐閣〔渋沢・クローデル賞〕
　『フランス法』〔初版〕1997 年、〔2 版〕2002 年、〔3 版〕2008 年、〔4 版〕2010 年、三省堂
　『現代ヨーロッパ法の展望・山口俊夫先生古稀記念』編著、1998 年、東京大学出版会
　『比較法学の課題と展望・大木雅夫先生古稀記念』編著、2002 年、信山社
　『ウェール＝プイヨー著・フランス行政法──判例行政法のモデル』兼子仁と共訳、2007 年、三省堂

比　較　法

2009 年 2 月 25 日　　初版第 1 刷発行
2016 年 10 月 10 日　　　　第 2 刷発行

　　　　　　　　　　著　者　　　滝　沢　　　正
　　　　　　　　　　発行者　　株式会社　三　省　堂
　　　　　　　　　　　　　　　代表者　北口克彦
　　　　　　　　　　発行所　　株式会社　三　省　堂
　　　　　〒 101-8371　東京都千代田区三崎町二丁目 22 番 14 号
　　　　　　　　　　　　　電話　編集　(03) 3230-9411
　　　　　　　　　　　　　　　　営業　(03) 3230-9412
　　　　　　　　　　　　　　　口座振替　00160-5-54300
　　　　　　　　　　　　　　　http://www.sanseido.co.jp/

© T. Takizawa, 2016　　　　　　　　　　　　　　　Printed in Japan
落丁本・乱丁本はお取替えいたします。　　　　　〈比較法・224pp.〉
　　　　　　ISBN978-4-385-32314-5

　　Ⓡ本書を無断で複写複製することは、著作権法上の例外を除き、禁じられています。本書をコピーされる場合は、事前に日本複製権センター（03-3401-2382）の許諾を受けてください。また、本書を請負業者等の第三者に依頼してスキャン等によってデジタル化することは、たとえ個人や家庭内での利用であっても一切認められておりません。